スーパー・ラーニング

ビジネスに役立つ!
文書、プレゼン、話し方を
論理的に組み立てる

ロジック構築の技術

有限会社ロジカルスキル研究所
代表取締役
倉島保美

あさ出版

ロジック構築とは

ロジック構築とは、論理を組み上げ、伝えることです。つまり、「論証のすじみち」を、理路整然と整理して、分かりやすく示すことです。具体的には、目次となる見出しや、その下の小見出しが、論理的につながっているかをチェックします。次に、パラグラフ（プレゼンテーションならスライド）間が論理的につながっているか、パラグラフ内が論理的に構成されているかをチェックします。最後に、その「論証のすじみち」が分かりやすく示されているかをチェックします。

ロジック構築を、ごく簡単な具体例（目次の一部）を使って、ビフォー&アフターで紹介しましょう。ロジック構築前は、思いつくままに述べたようなロジックです。一方、ロジック構築後は、論理的にまとまっているのが分かるかと思います。

ロジック構築前

- 論理的思考力は習慣で身に付く
- 論理的思考力を鍛える
- 論理的思考力の土台は判断力
- 論理的思考力と仕事力は同じ
- 論理的思考力の技を身に付ける

ロジック構築後
- 論理的とは思考単位が分類・接続・展開できている状態
- 思考単位を分類するテクニック
- 思考単位を接続するテクニック
- 思考単位を展開するテクニック
- 分類・接続・展開でロジックを組む

論理とは

「論理」[1]とは、広辞苑（第6版）の定義（左記）によると「論証のすじみち」です。

思考の形式・法則。また、思考の法則的なつながり。
実際に行われている推理の仕方。論証のすじみち。
比喩的に、事物間の法則的なつながり。「歴史的発展の―」

「論理」が「論証のすじみち」なら、「論理的」とは、「論証の筋が正しく通っている状態」と言えます。言い換えれば、スタートからゴールまでの道筋が、理にかなっている状態です。

1 本書では論理とロジックを同じ意味で使うこととします

たとえば、あるビジネス戦略（＝スタート）を採れば、目標としている業績（＝ゴール）が得られることを、筋道を立てて説明できるということです。あるいは、ある対策（＝スタート）を立てれば、トラブルが解決（＝ゴール）することを、筋道を立てて説明できるということです。

本書を読んでほしい人

本書は、大きく3種類の人を対象にしています。

まず、**文章やプレゼンテーションを論理的に構成することを勉強したことがない人です。**勉強したことがないと、現状とゴールが分かりません。つまり、自分の文章やプレゼンテーションが論理的に構成されているのか、論理的に構成されているとはどういう状態かが分かりません。現状とゴールが分からないと、「正しくできているはず」のような思い込み、過大評価をしかねません。そこで、本書でこの現状とゴールを認識してください。

次に、**ロジックツリーに代表される、論理的な構成を勉強したが、うまく応用できない人です。**たとえば、課題の答えを見ればその正しさは理解できるが、どうすればその解答にたどり着けるのかが分からない人です。そこで、本書では課題から解答までの導き方を詳しく説明しています。分かりやすいよう、具体例も豊富に用意しています。この解説と具体例で、解答の導き方を習得してください。

最後に、論理的な構成を勉強し、ある程度は実践もできるが、さらに深めたい方です。従来の学習だけでは不十分な部分が多くあります。一見、正しいように見えるロジック構成も、実は大きく改善できます。勉強しだいで、人がびっくりするほどの論理性を実現できます。その奥義を習得してください。

本書の特徴

本書には、大きく3つの特徴があります。

まず、本書では、論理的であることを明確に定義してから論じています。人が論理的であると感じるには、複数の要因があります。しかし、多くのビジネス書では、この要因を整理せず、筆者の得意分野だけで論じているのです。そこで、本書では、まず論理的である要因を明確に整理してから、各要因を深める学習をします。

次に、本書では、論理（＝ロジック）を伝える方法までを、文章とプレゼンテーション、話し方の3手法で紹介しています。人が論理的であると感じるには、論理的に構築されたロジックを、正確に伝える必要があります。ロジックが構築できても、そのロジックが伝えられなければ、人は論理的だとは感じてくれません。そこで、ロジックを正確に伝える方法を学びます。

最後に、本書では、整理できていない情報からロジックを組み上げる演習を掲載しています。

学習段階では、不十分なロジックを論理的な形に修正します。この方法は、学習しやすいようにビフォー&アフターを意識できるようにしているのです。しかし、実践段階、つまりビジネスの現場では、不十分なロジックを組み直すのではありません。多くの情報から必要な情報を取捨選択したうえで、ゼロからロジックを組み上げるのです。そこで、ロジック構築の実践力が養えるように、整理できていない情報からロジックを組み上げる演習を用意しています。

本書の構成

本書は、基礎編、構築編、伝達編、演習編の4編から構成されています。

基礎編は、「なぜ、ロジック構築なのか」について説明しています。まず、論理的であるという状態を定義するところから始めています。次に、従来のアプローチでは不十分であることを紹介します。そのうえで、ロジック構築とはどういうことか、どう有効かを紹介します。

構築編は、「ロジックを構築する」テクニックを紹介しています。まず、ロジックを構築するには、ロジック単位を明確にします。次に、その構成単位を縦と横に接続します。そのうえで、各構成単位を、根拠を持って論証します。

伝達編は、「ロジックを伝える」テクニックを紹介しています。まず、伝えるうえで知っておくべき情報認知の基本概念を紹介します。次に、その基本概念のもと、文章で伝えるテクニックを紹介します。さらに、プレゼンテーションで伝えるテクニック、日常の会話で伝えるテクニックを紹介します。

演習編は、整理できていない情報からロジックを組み上げる演習です。整理できていない情報を読んで、文章やプレゼンテーション資料を作ります。模範解答には、解答例を示すだけではなく、本書の説明に基づく解説を加えてあります。この演習では、ロジックをゼロから組むことで実践力を養います。

本書の読み方

本書は、「ロジックを構築する技術」を身に付けるためのノウハウ書ですが、見本集にもなっています。つまり、本書のロジックは、本書で解説してあるように組まれ、書かれています。

本書自身が、「構築編：ロジック単位を縦と横で接続して論証する」の手法によってロジック構成されています。すべての階層がパラグラフに至るまで、3、5、7を意識して構成されています（「ロジック単位を作る（分類）」86ページ参照）。すべての階層がパラグラフに至るまで、縦横で接続されています（「ロジック単位を縦につなぐ（接続）」104ページ、「ロジック単位を横に並べる（接続）」120ページ参照）。さらに、すべての階層がパラグラフに至るまで、PREP法で構成されています（「ロジック単位を論証する（展開）」144ページ参照）。

また、本書自身が、「伝達編：ロジックを文章やプレゼンテーションで伝える」の書き方で書かれています。ほぼすべての階層（小さな階層は例外）で先頭に要約があります（「最初に要約を述べる」181ページ参照）。すべての階層がパラグラフで書かれています（「ロジック単位を見せる（分類）」185ページ参照）。また、各論のすべてのパラグラフがPREP法で構成されています（「ロジック単位を論証する（展開）」203ページ参照）。

「**伝達編：ロジックを文章やプレゼンテーションで伝える**」で**説明している書き方で書かれているので、本書は読み飛ばしができます。**階層の要約を読み、詳細を読む必要がないと判断した場合は、その階層ごと飛ばしてください。詳しく知りたいと思う場合だけ読み進みます。同様に、パラグラフの先頭文（トピックセンテンス）を読み、詳細を読む必要がないと判断したら、そのパラグラフごと飛ばしてください。詳しく知りたいと思う場合だけ読み進みます。トピックセンテンスだけを読んでも、その階層のポイントが読み取れるように書いてあります。

また、本書で説明している書き方で本書が書かれていることを読者に意識してもらうために、編集上の工夫をしています。各階層の冒頭にある要約のパラグラフには、網掛けをしたり、フォントを変えたりしてあります。また、各パラグラフの冒頭にあるトピックセンテンスは、フォントをゴシック体にしてあります。この2つの工夫により、本書の「ロジックを文章やプレゼンテーションで伝える」が、はっきりと意識できるはずです。

上位階層の要約

同じ種類でそろえる

横並びのロジックの基本は、ロジック単位が同じ種類どうしだということです。同じ種類の情報を並べるには、わずかな言葉の差にも注意が必要です。しかし、同じ種類のロジック単位でも、縦つながりや包含という関係の場合もあります。種類が同じというだけで横に並べてはいけません。横、縦、包含で並び順が決まっていますので、接続関係を誤解してロジックを組むと、並び順が不適切になります。その結果、接続関係を誤解していることが、受信者にバレますので注意が必要です。

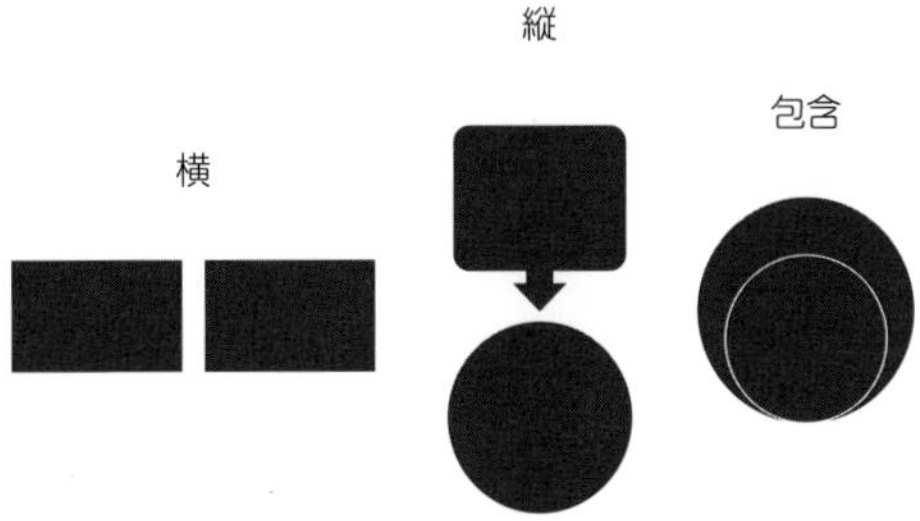

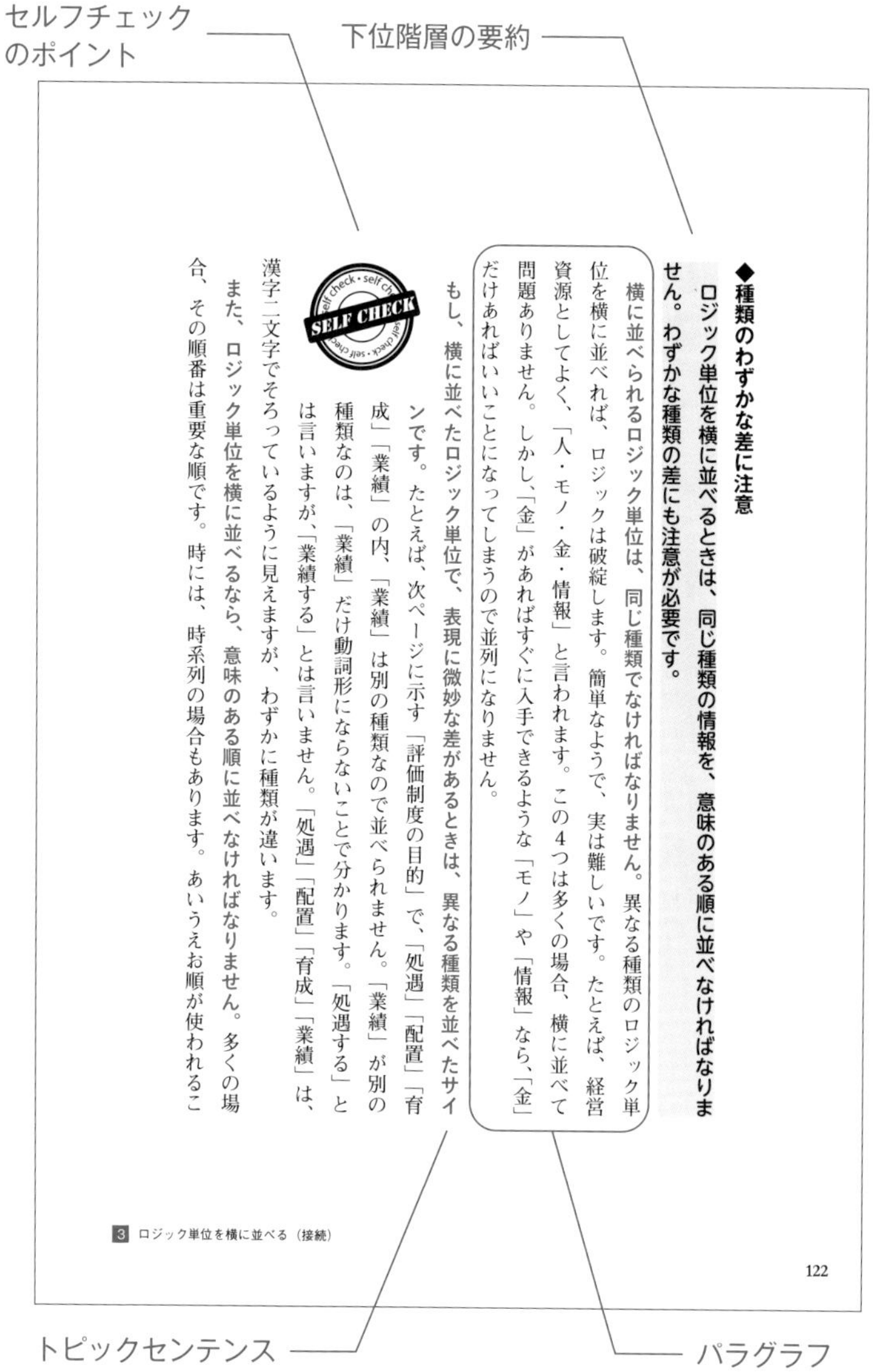

◆種類のわずかな差に注意

ロジック単位を横に並べるときは、同じ種類の情報を、意味のある順に並べなければなりません。わずかな種類の差にも注意が必要です。

横に並べられるロジック単位は、同じ種類でなければなりません。異なる種類のロジック単位を横に並べれば、ロジックは破綻します。簡単なようで、実は難しいです。たとえば、経営資源としてよく、「人・モノ・金・情報」と言われます。この4つは多くの場合、横に並べて問題ありません。しかし、「金」があればすぐに入手できるような「モノ」や「情報」なら、「金」だけあればいいことになってしまうので並列になりません。

もし、横に並べたロジック単位で、表現に微妙な差があるときは、異なる種類を並べたサインです。たとえば、次ページに示す「評価制度の目的」で、「処遇」「配置」「育成」「業績」の内、「業績」は別の種類なので並べられません。「業績」が別の種類なのは、「業績」だけ動詞形にならないことで分かります。「処遇する」とは言いますが、「業績する」とは言いません。「処遇」「配置」「育成」「業績」は、漢字二文字でそろっているように見えますが、わずかに種類が違います。

また、ロジック単位を横に並べるなら、意味のある順に並べなければなりません。多くの場合、その順番は重要な順です。時には、時系列の場合もあります。あいうえお順が使われるこ

3 ロジック単位を横に並べる（接続）

122

目次

基礎編　なぜ、ロジック構築なのか？

構築編

ロジック単位を縦と横で接続して論証する

伝達編

ロジックを文章やプレゼンテーションで伝える

1 情報認知の基本概念

2 文章で伝える

演習編

ロジックを実際に組んでみよう

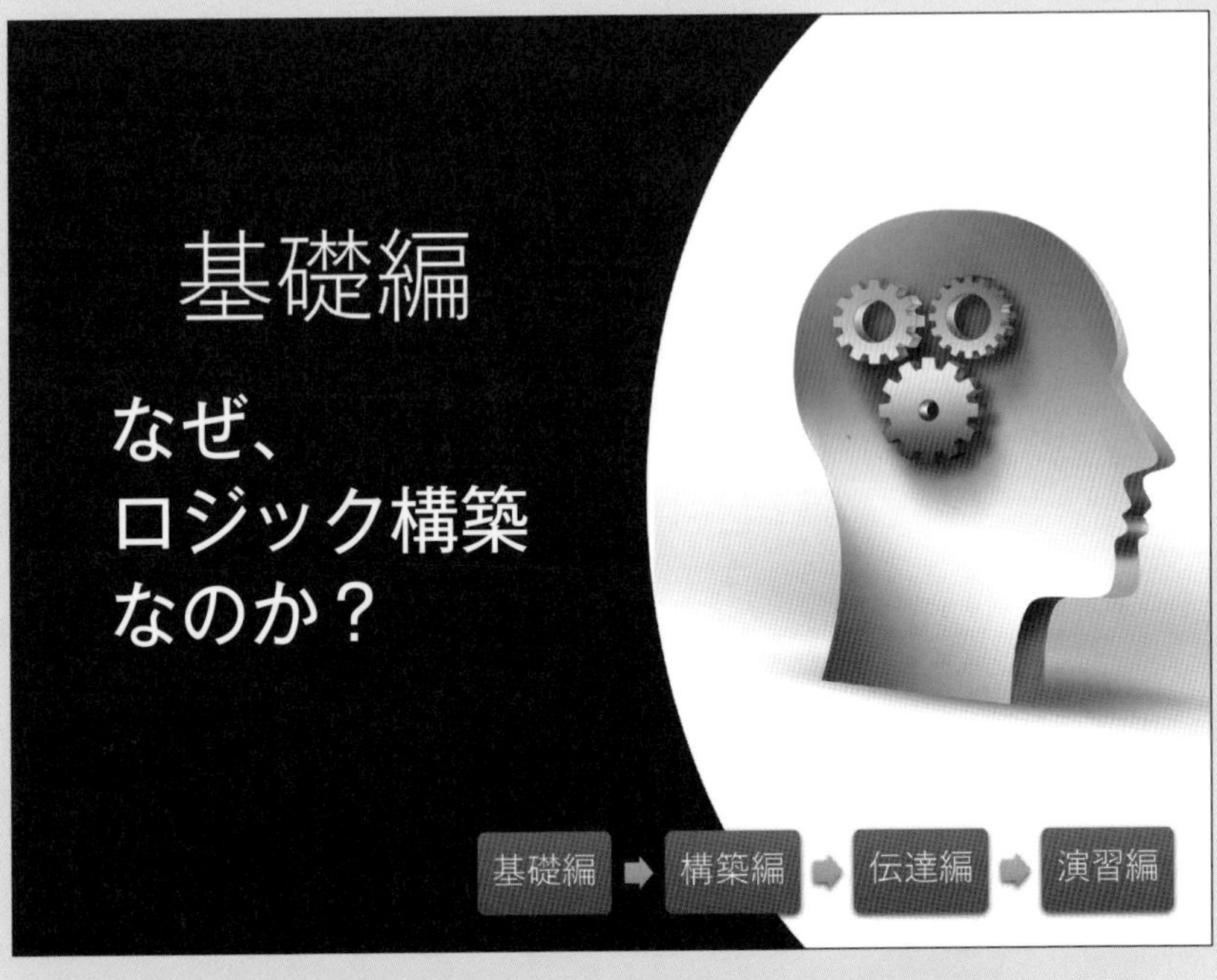
基礎編
なぜ、
ロジック構築
なのか？
基礎編
構築編
伝達編
演習編

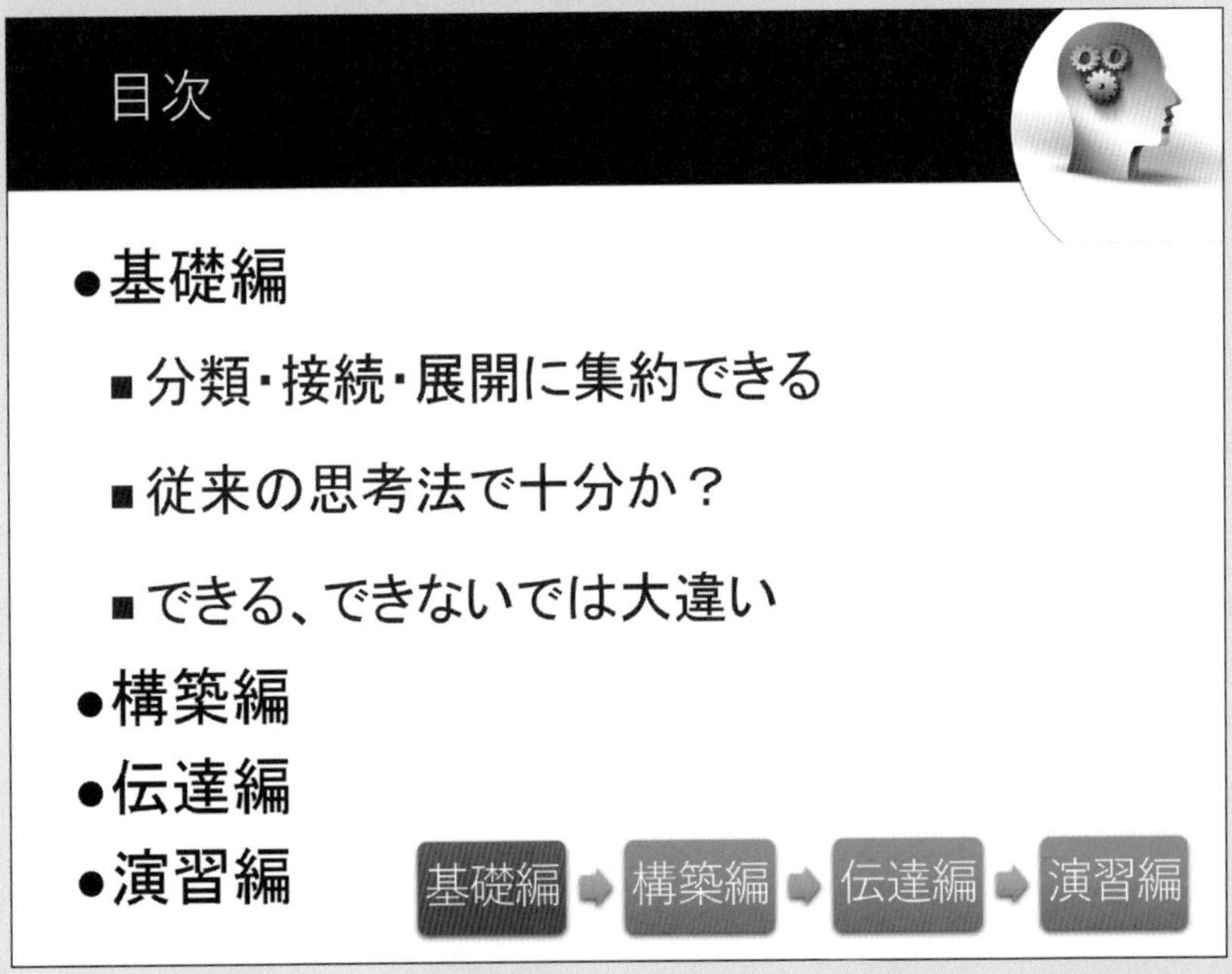
目次
●基礎編
■分類・接続・展開に集約できる
■従来の思考法で十分か？
■できる、できないでは大違い
●構築編
●伝達編
●演習編
基礎編
構築編
伝達編
演習編

まず、論理（ロジック）あるいは論理的という概念を定義しましょう。論理とは、「論証のすじみち」（広辞苑）です。あるいは、「議論の筋道・筋立て」（岩波国語辞典）です。したがって、論理的とは、「説明の筋道が正しく通っている状態」と言えます。

論理的である、つまり「説明の筋道が正しく通っている」とは、分類・接続・展開に集約できます。まず筋道を構成している各ステップを明確にしなければなりません（分類）。次にそのステップをしっかりつながなければなりません（接続）。さらには各ステップに納得感を持たせなければなりません（展開）。

本書のテーマであるロジック構築は、分類・接続・展開によって、説明の筋道を立てることです。一方、従来の思考法は、この一部を取り出しているにすぎないので、筋道の説明には不十分なのです。正しいロジック構築のスキルを身に付ければ、生産性は大幅に向上します。

1 分類・接続・展開に集約できる

「論理的でない」と感じる場面はいろいろあります。多くの非論理的な状態を突き詰めてみると、「論理的である」とは、情報が適切に分類・接続・展開できている状態に集約できます。「論理的である」ことは、ビジネス上の大きな武器にはなります。しかし、論理は万能ではないことも心得ておかねばなりません。

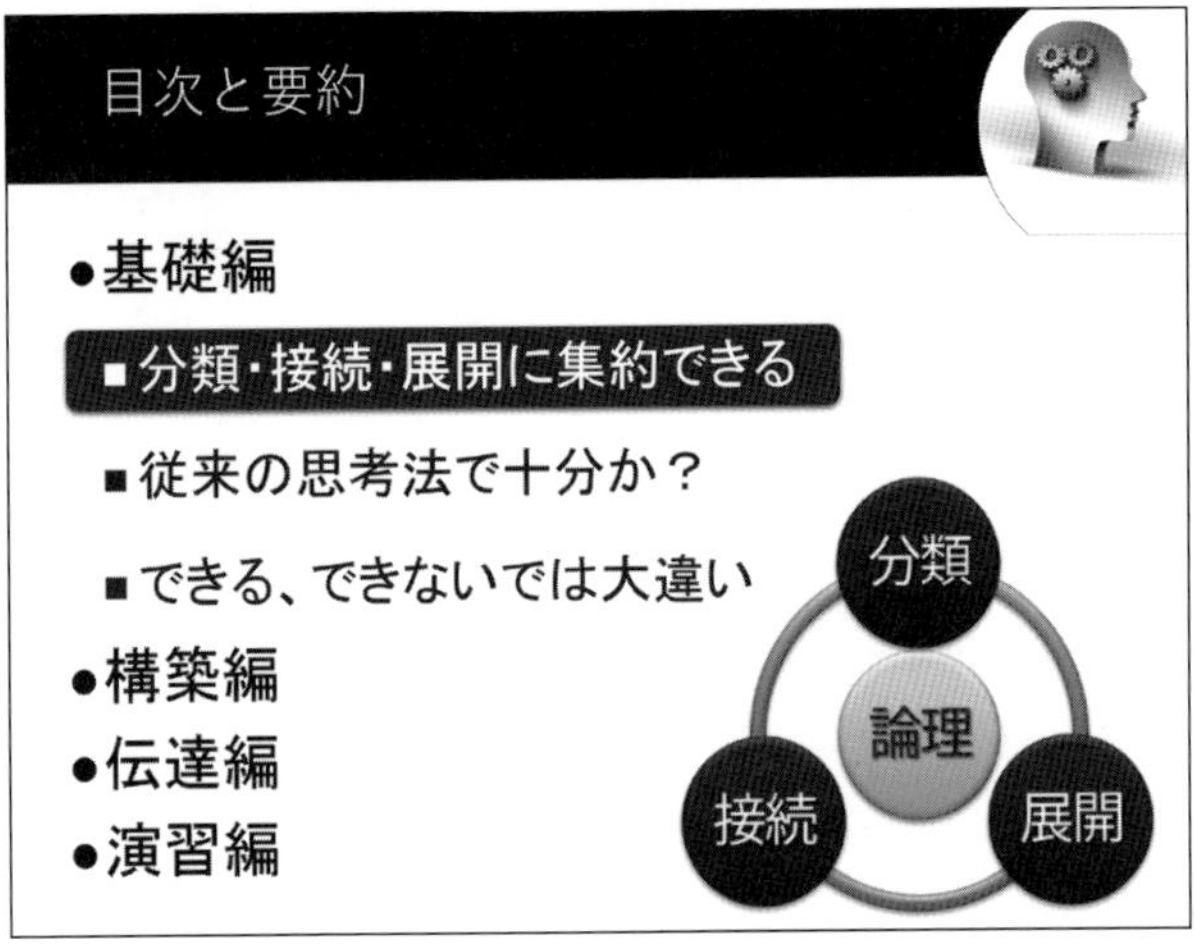

非論理的な事例は多種多様

「論理的でない」と感じる情報は多種多様にあります。たとえば、次に示すような場合です。決して、何か1つできれば論理的になるのではありません。

- 論理性を検討する気にならないぐらいグチャグチャ
- 情報間の関係が紐解けない・ただ並べてあるように感じる
- 異なる種類の情報が並列されている
- 情報が重複している・足りない
- 根拠がない・足りない

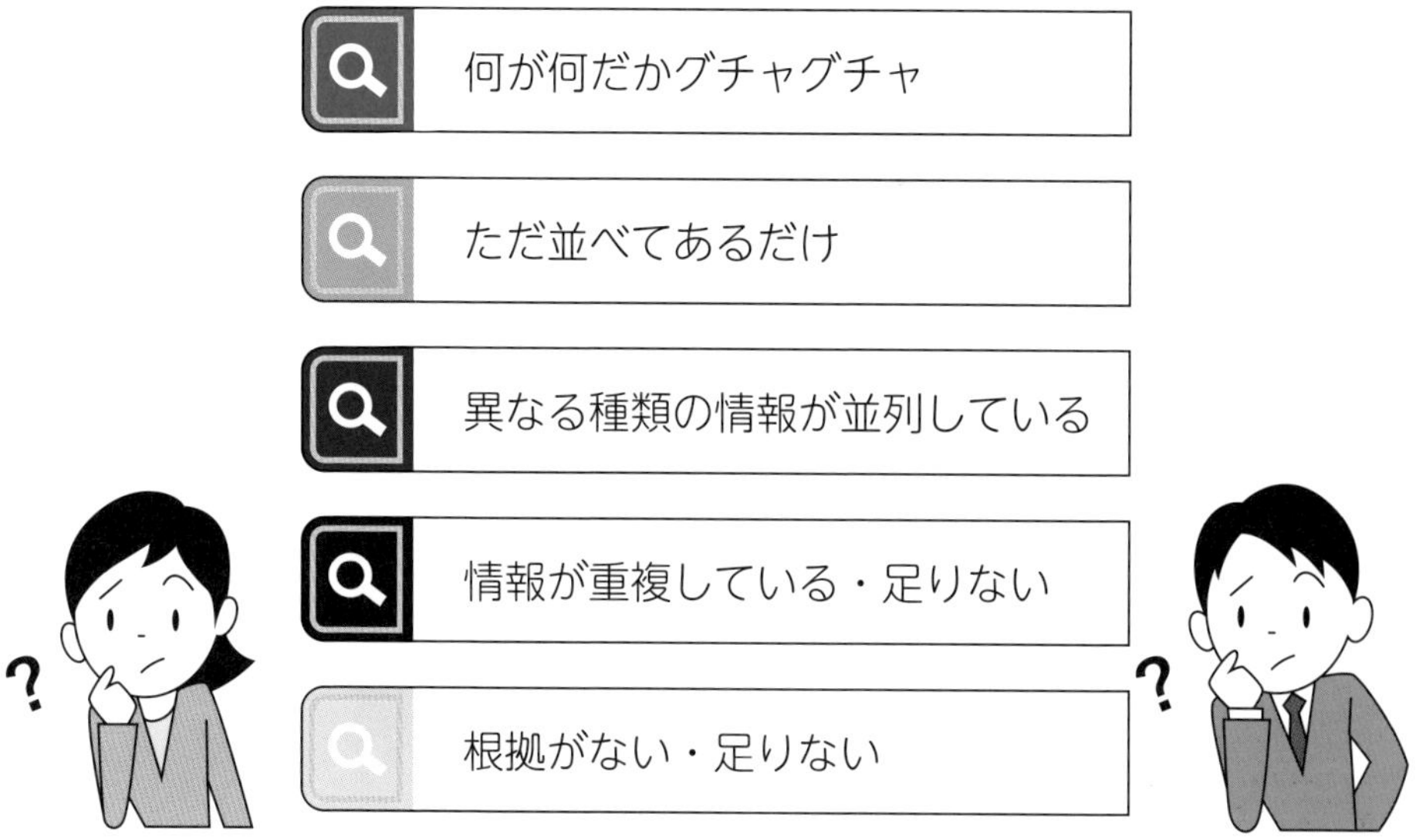
何が何だかグチャグチャ
ただ並べてあるだけ
異なる種類の情報が並列している
情報が重複している・足りない
根拠がない・足りない
?
?

◆これって論理的？　例1

では、あるビジネス戦略の説明が、以下のように見出しが立てられているとしたら、この説明は論理的でしょうか？

業界のパラダイムシフトと当社への影響
業界の重要成功要因（ＫＳＦ）の変化
顧客の購買決定要因（ＫＢＦ）の変化
自社の現状と課題
他社の方向性と戦略
新ビジョンと全社戦略
新たな技術開発の必要性
オープンイノベーションの可能性
新たなマーケティング戦略
多角化戦略と集中戦略
生産拠点の統廃合
組織・人材の改革の必要性
企業価値の向上

この説明は、検証するまでもなく論理的ではありません。おそらく多くの読者は、この説明が論理的であるかを検証しなかったのではないでしょうか。なぜなら、論理性を検討する気にならないぐらいグチャグチャだからです。なぜ、グチャグチャに感じるかと言えば、情報の数が多すぎるからです。人は、最大でも7つぐらいの情報までしか同時処理できません（「マジカルナンバー7 or 4」94ページ参照）。情報が多すぎるとオーバーフローを起こすので、論理性の検証ができないのです。

◆これって論理的？ 例2

それでは、情報の数を減らした次の例は論理的でしょうか？

4 成長機会
4.1 SDGs時代におけるEVの需要の変化
4.2 EVとブラシレスモーター
4.3 ブラシレスモーターのイノベーション
4.4 ブラシレスモーター・メーカーの競合
4.5 ブラシレスモーターに求められる性能

この説明は、情報間の関係が紐解けないので論理的ではありません。5つの情報がどのようにつながっているのかが理解できません。たとえば、4．3から4．5までの流れにおいて、「ブラシレスモーターのイノベーション」と「メーカーの競合」と「求められる性能」の間にはどんな関係があるのでしょう？　情報をただ並べただけでは、論理性は生まれません。

◆これって論理的？　例3

それでは、情報間の関係が並列と分かる次の例は論理的でしょうか？

- Customers（顧客）
- Company（自社）
- Competitors（他社）
- Circumstance（環境）

この説明は、異なる種類の情報が並列されているので論理的ではありません。最初の3つの情報は、マーケティングの世界で有名な3つのCです。マーケットには、この三者しかいないのですから、この三者それぞれに分析すると論理的になりやすいという組み合わせです。この三者に対して、Circumstance（環境）は、種類が異なるのですから並列しません。Circumstance（環境）は、マーケットを構成する人（または会社）ではありません。ちなみに、最近ではこの三者にCo-operator（協働者）を加えて4Cとする場合があります。Co-operator（協働者）なら、マーケットを構成する人（または会社）なので、4つ目として並列できます。

◆これって論理的？　例4

それでは、同じ種類の情報が並列されている次の例は論理的でしょうか？

例4―1

- Customers（顧客）
- Company（自社）
- Competitors（他社）
- Consumers（消費者）

例4―2

- Product（製品）
- Place（流通）
- Promotion（販促）

この説明は、情報が重複している、あるいは足りないので論理的ではありません。例4―1では、Consumers（消費者）は、マーケットを構成する人（または会社）なので、他の三者と同じ種類ですが、Customers（顧客）と重複してしまっています。また、例4―2では、商品の販売戦略の要素を並列していますが、しかし、大事なPrice（価格）が抜けています。ちなみにPrice（価格）を入れた4つは、マーケティングの4Pと呼ばれています。

◆これって論理的？　例5

それでは、次の主張は論理的でしょうか？　今度は情報間の関係とは別の視点での検証です。

「論理的で分かりやすい文章を書くには、まず量を書く必要があります。たくさん書けば文章は練れてきて、読み手が受け入れやすくなります。」

この主張は、根拠が足りないので論理的ではありません。主張である「論理的で分かりやすい文章を書くには、まず量を書く必要があります」には、2文目に根拠のような文が付いていますが、2文目が根拠になっていません。たくさん書くと、なぜ文章は練れてくるのでしょう？そもそも、文章が練れるとはどういう状態のことでしょう。文章が練れると、なぜ読み手は受け入れやすくなるのでしょう。また、文章が練れると、なぜ、論理的で分かりやすくなるのでしょう。こういった説明があって初めて論理的になるのです。

論理性の3要件

非論理的な事例を分析すれば、「論理的」（論証の筋が正しく通っている状態）であるには、分類・接続・展開の3つが大事な要件であることが分かります。つまり、「論理的」とは、ロジック単位が、

● 理解しやすく分類
● 縦と横で接続
● 根拠で展開（論証）

されている状態と言えます。

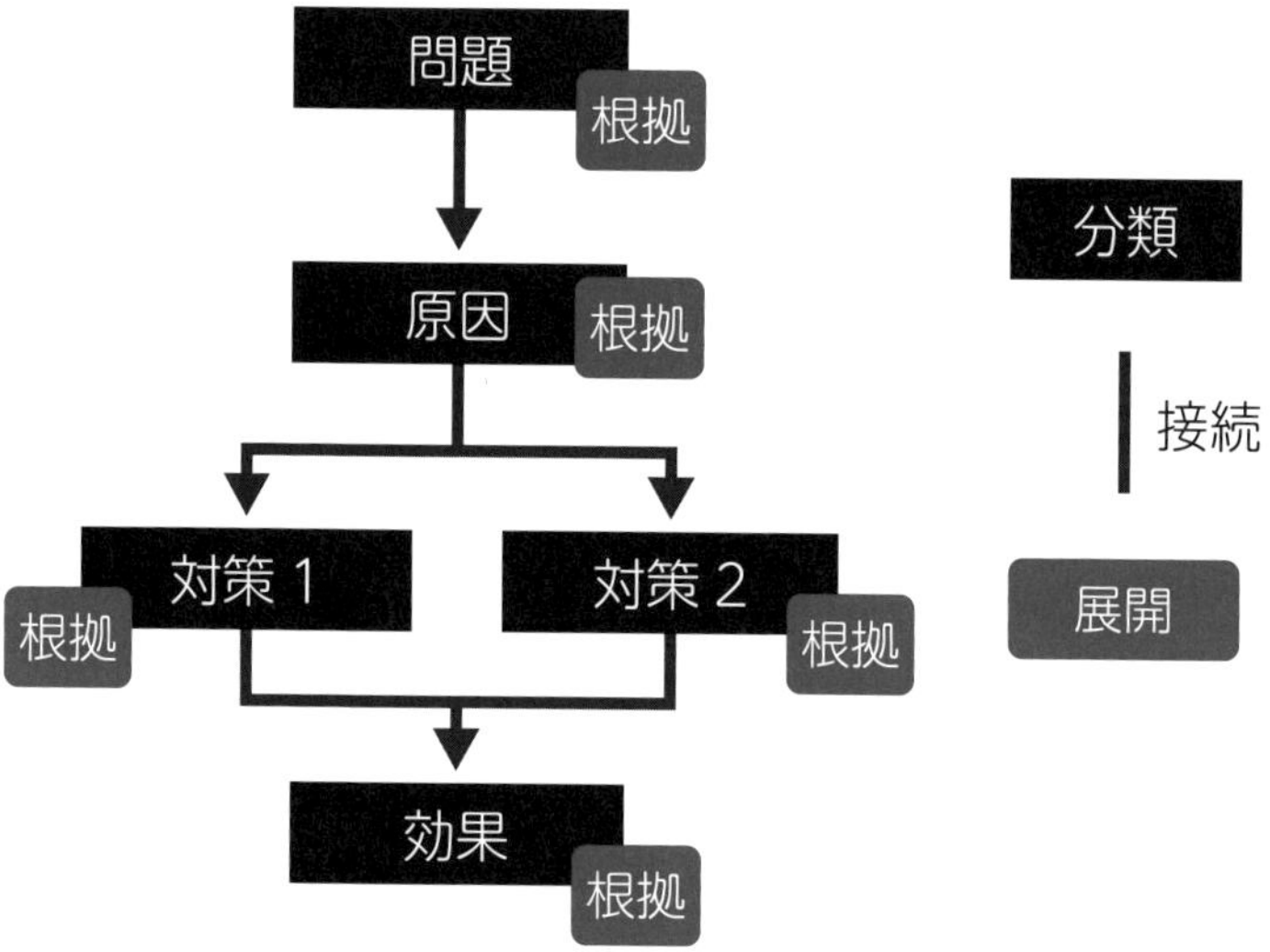

◆理解しやすく分類

論理的であるためには、まず、ロジック単位を明確に分類する必要があります。このロジック単位は、最大でも7までとします。7を超えるようなら階層を変えます。

このロジック単位とは、論証のステップとも言えます。論証の筋を構成しているステップです。ステップなので、ロジック単位は文ではありません。文よりもっと大きな単位が必要になります。たとえば、トラブル解析の説明なら、問題・原因・対策・効果がロジック単位です。

このロジック単位は、できれば5まで、最大でも7までに抑えます。なぜなら、ロジック単位が多いと、頭がオーバーフローを起こすので理解できなくなるからです。たとえば、

トラブル解析の説明で、問題・原因・対策・効果というロジック単位なら、理解は容易です。しかし、この説明を、問題・原因1・原因2・原因3・対策1・対策2・対策3・効果1・効果2と展開したら、理解しにくくなります。ロジック単位が多すぎて理解できない別の例が、「非論理的な事例は多種多様」の例1（24ページ）です。

ロジック単位が5を超えたら、階層構造化して階層分けします。階層を変えれば、理解する処理がいったん完結するので、次のロジック単位を頭に置けます。階層内でロジック単位が5を超えてきたら、さらに下位の階層を作ります。本書でも、1つの階層は5つまでの下位階層で構成されています。

◆縦と横で接続

次に、ロジック単位を縦か横で接続します。「論証のすじみち」は、ロジック単位が縦か横で必ずつながっています。

縦の接続とは、問題—原因—対策—効果のように、ロジック単位が接続関係を持ってつながっている状態です。ロジック単位が互いに接続し合っているので、説明順は、この接続順になります。縦の接続では、ロジック単位を並べ替えできません。ロジック単位が縦につながらずに理解できなくなっている例が、「非論理的な事例は多種多様」の例2（25ページ）です。

一方、横の接続とは、対策1―対策2のように並列している状態です。横の接続は、ロジック単位が同じ種類なだけで接続関係はありません。したがって、ロジック単位は自由に並べ替えできます。そこで、横の接続では、多くの場合、重要な順に並べます。ロジック単位が正しく横に並んでいないために非論理的になっている例が、「非論理的な事例は多種多様」の例3（26ページ）と例4（27ページ）です。

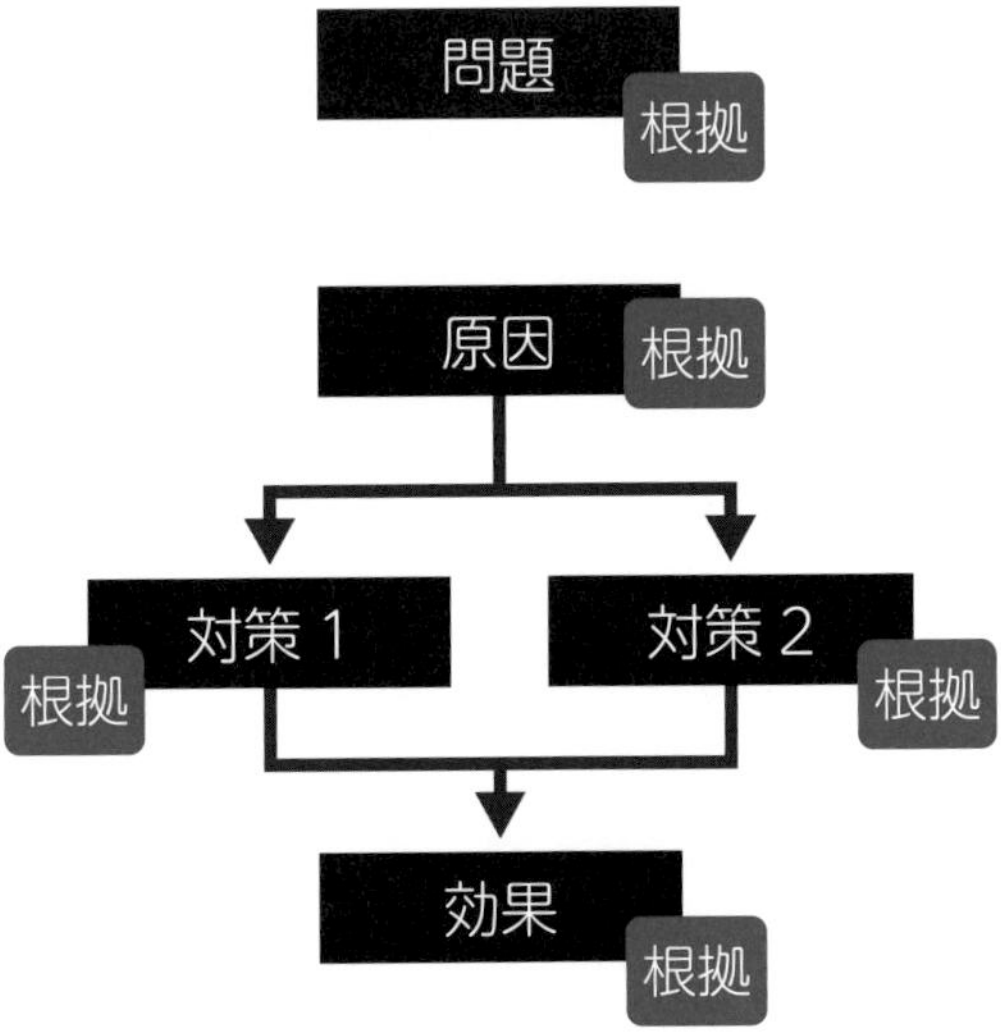

◆根拠で論証

さらに、ロジック単位は、根拠によって、1つずつ論証されていなければなりません。根拠によって、説明を受けた側を、「なるほど、確かにそう言える」と納得させるのです。根拠とは、理由や具体例、データを意味します。ロジック単位が十分に論証できていないために非論理的になっている例が、「非論理的な事例は多種多様」の例5（27ページ）です。

論理は万能ではない

「論理的」であることが、ビジネスの場で有効であることは言うまでもありません。しかし、論理は万能ではありません。論理が通用しないケースで、論理を振り回しても意味がありません。論理的な人は、左記のような、論理が通じない状況を知っています。

● 論理より、習慣が優先される
● 論理で価値観は変えられない
● 論理が通じるのは論理的な人だけ

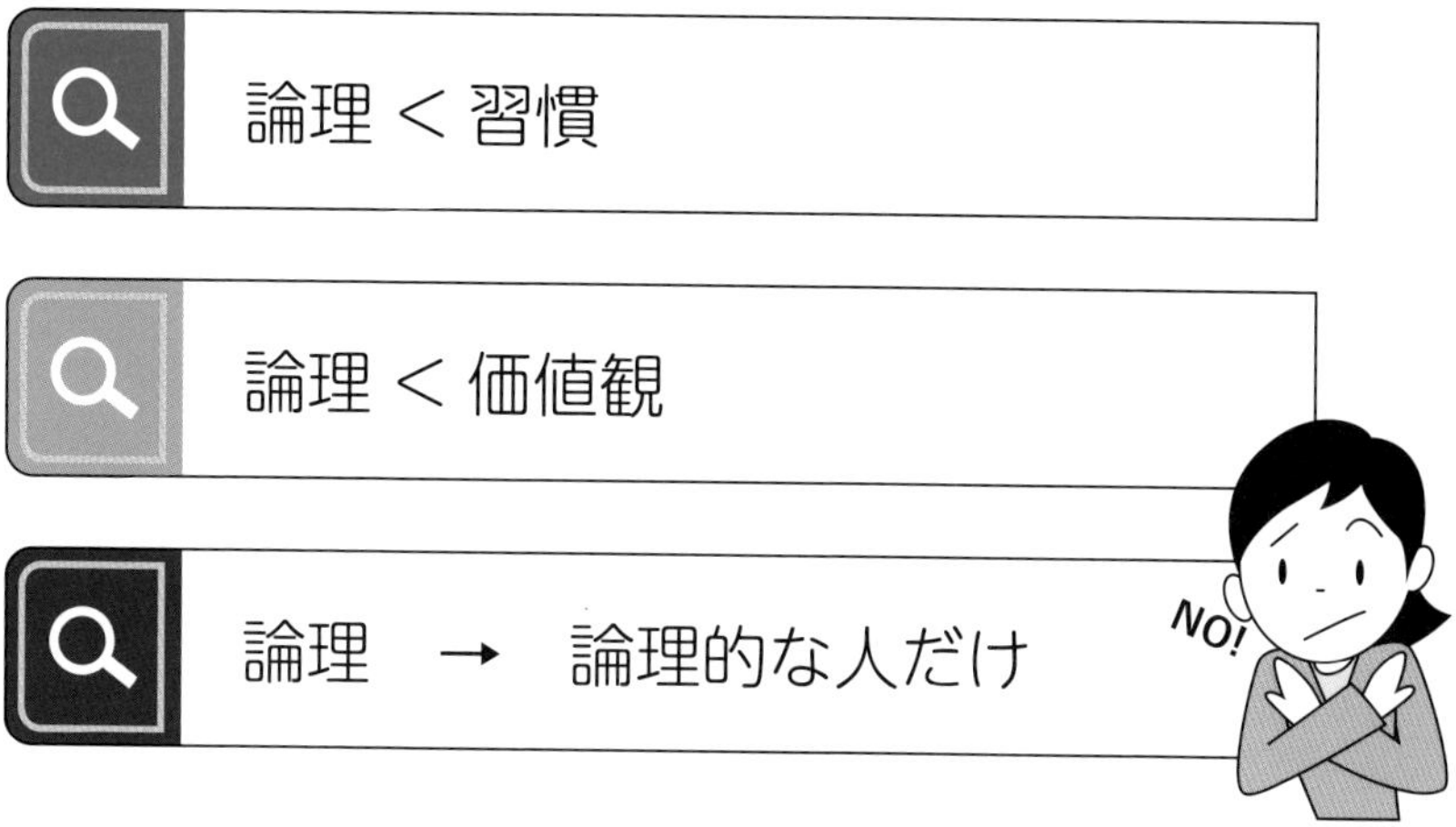

◆論理より習慣が優先

世界標準の論理より、習慣つまり村の掟が優先します。

習慣で固定してしまうと、論理ではひっくり返せません。たとえば、会社の中で、「このフォーマットに基づいた形で作成のうえ、提出してください」と指定のある文章です。この習慣は、明示的な場合もあれば、暗黙の了解の場合もあります。仮に、その習慣が理不尽で納得がいかなくても、一人で習慣に立ち向かっても、多勢に無勢です。

悪しき習慣がはびこっている代表例が、お役所の文章です。その極めつきは、特許出願の明細書における特許請求の範囲でしょう。特許請求の範囲では、ありえないぐらいおかしな、分かりにくい文を書く習慣があります。しかし、習慣なので変えられません。

同様に、研修で指導する論理は、現場の習慣には勝てません。私は、研修中に受講者からの「上司の言うことが矛盾したらどうするか？」という質問を受けるときがあります。このときには、「上司に従いましょう」と答えます。論理である研修内容より、習慣である上司の言うことが優先です。習慣に立ち向かっても、勝ち目はありません。

◆論理で価値観は変えられない

論理で価値観（たとえば嗜好）は説得できません。

価値観、つまり好きか嫌いかは論理ではありません。好きか嫌いか以外にも、美味しいや不味い、楽しいやつまらない、腹が立つかどうか、などは価値観なので、論理では説得できません。たとえば、「苦いビールが好き」だからといって、「苦いビールは嫌い」な人を、論理では説得できません。「人を陥れても大金を手に入れたい」と思う人に、「汗水流して手に入れたなら、わずかなお金にも価値がある」と論理で説いても説得はできません。好きか嫌いかを議論してはいけないのです。

したがって、異なる価値観は、受け入れるか、距離を置くしかありません。たとえば、人気芸能人が入れ墨を入れても、第三者が何か述べるべきことではありません。入れ墨を入れたのは、その人の価値観です。その価値

観を受け入れられないのなら、距離を置くだけです。論理で意見を述べてはいけません。逆に、入れ墨を入れた結果、これまでのファンが距離を置いたとしても、それもまたそのファンの価値観なのです。入れ墨を入れた人が、論理で意見を述べてはいけません。

◆論理が通用するのは論理的な人だけ

論理で説得できるのは論理的な人だけです。非論理的な人に向かって論理を振り回しても馬耳東風にすぎません。

論理は、非論理的な人には何の意味もありません。なぜなら、非論理的な人は、論理的であるかどうかの判断ができないからです。また、論理を意思決定の第一優先としていないからです。非論理的な人を、論理で説得しようとする行為は、頭痛を便秘薬で治そうとしているのと同じです。効果は全く期待できません。別のアプローチである、恩や義理、権威などの方法を考えるべきです。

一方で、論理的な人は論理で説得されやすいです。なぜなら、論理的な人は、論理的である状態を理解できるからです。また、論理が通ることを意思決定の基準にするからです。したがって、筆者にとって、研修を最もやりやすいのは研究所や外資系企業です。論理的な人は、論理さえ通ってしまえば、その方法が嫌いでも納得してくれます。

まとめ

ご紹介したように、「論理的でない」と感じる場面はいろいろあります。しかし、多くの非論理的な状態を突き詰めてみると、「論理的である」とは、情報が適切に分類・接続・展開できている状態に集約できます。「論理的である」ことは、ビジネス上の武器にはなりますが、論理は万能ではないことも心得ておかねばなりません。

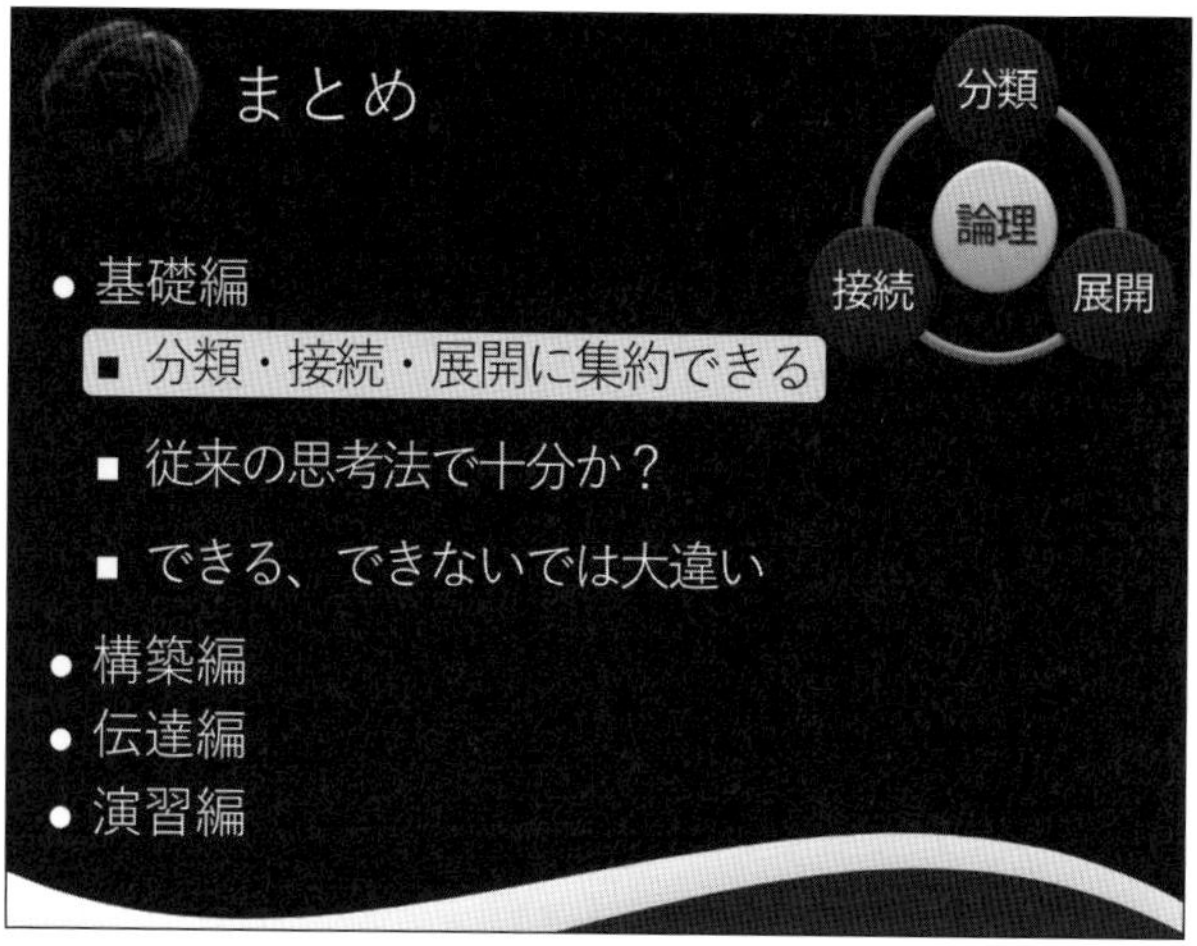

2

従来の思考法で十分か？

「論理的である」が、情報を適切に分類・接続・展開できている状態となれば、従来の論理的思考法は、「論理的である」状態の一部だけを取り立てているにすぎません。従来の論理的思考法とは、たとえば、MECE、フレームワーク思考、ロジックツリーなどです。一部を取り立てているだけなので、従来の論理的思考法の1つ、2つをマスターしても、「論理的である」状態には到達できません。

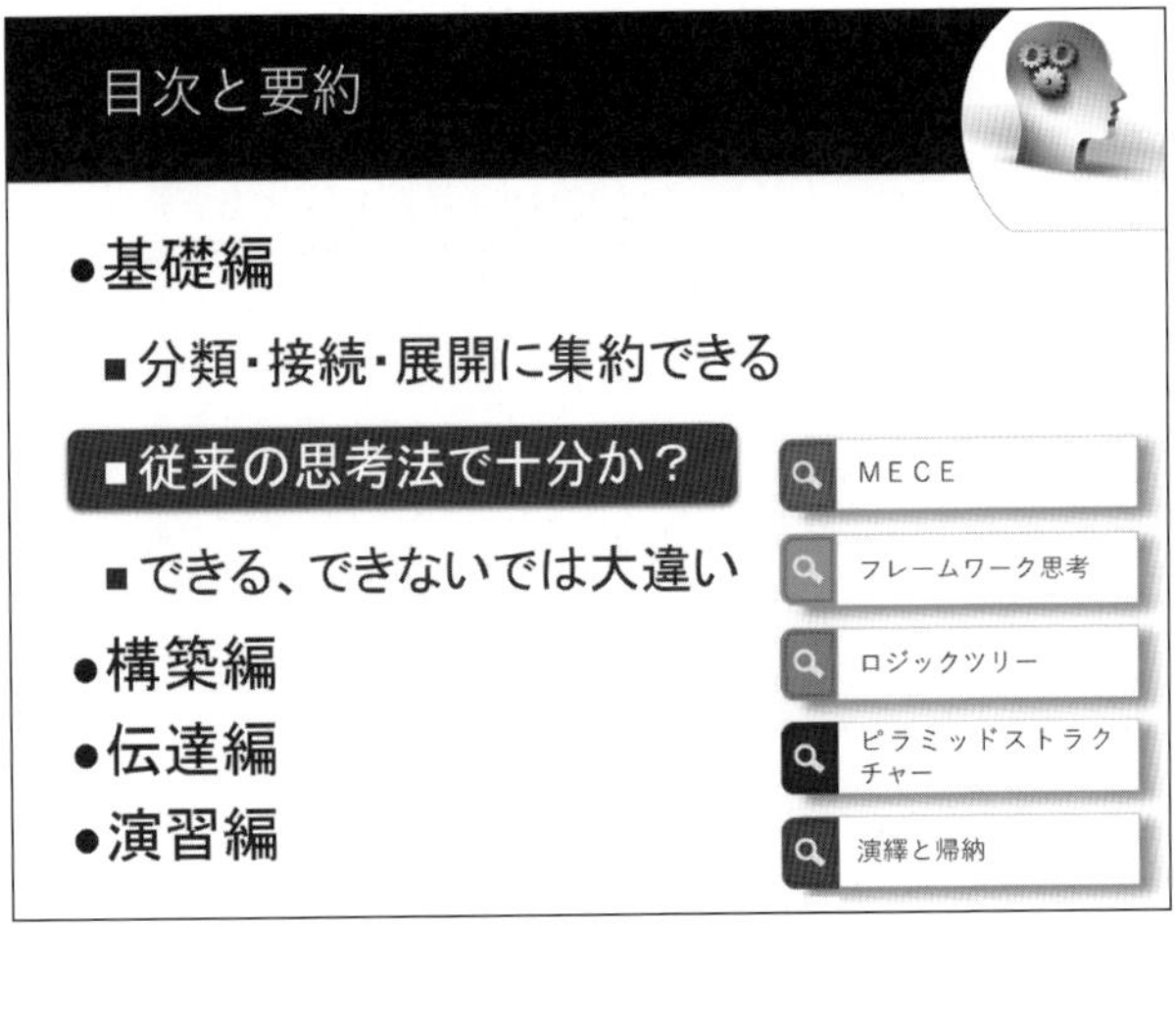

ＭＥＣＥは有効か

　ＭＥＣＥは、情報を並列するうえでとても重要な考え方です。しかし、ＭＥＣＥという概念を知っているからといって、ロジック単位を正しく並列できるわけではありません。また、ＭＥＣＥはロジック単位を並列するための考え方なので、ロジック単位を縦につなぐ場合や、ロジック単位を論証する場合には使えません。

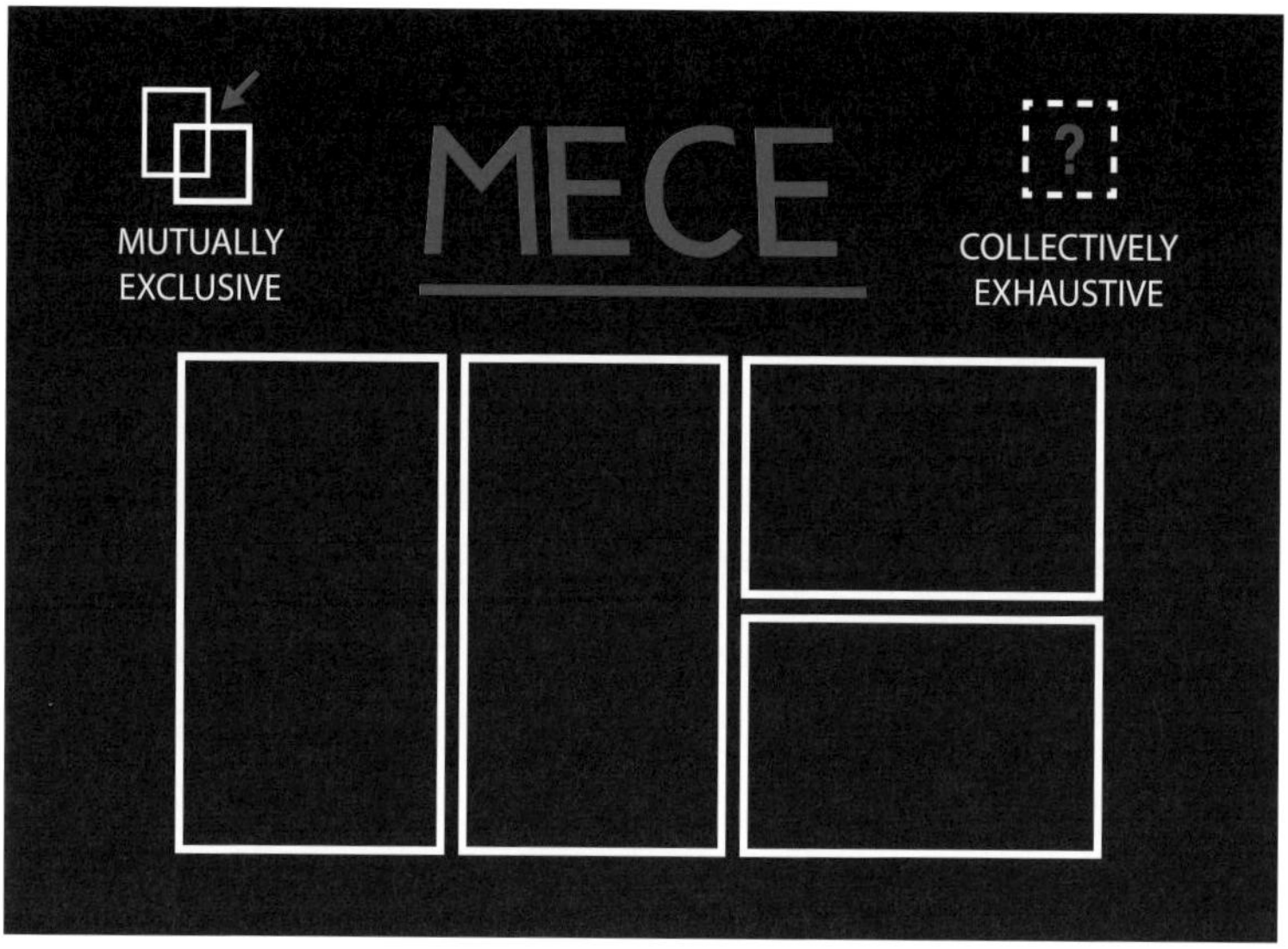

◆MECEとは

MECE（ミーシー／ミッシー）とは、ダブりもなければモレもない並列状態のことです。

MECEと書くのは、Mutually Exclusive and Collectively Exhaustiveの略です。MECEに考えると、情報を論理的に分析しやすいのです。この考え方は、コンサルティング会社であるマッキンゼー社が考えたと言われています。論理的思考法の勉強では、定番の考え方です。

たとえば、ビール飲料の特徴を分析するなら、味、価格、イメージ、付加価値の4つでロジックを組めば、おおむねMECEです。ここで、5つ目として原料という項目を加えると、味や価格（原料によって税率が変わる）とダブります。付加価値という項目を抜かすと、「糖質ゼロ」のような特徴を分析する項目がなくなります。いずれも論理性が下がってしまいます。

◆MECEの有効性

ダブりもなければモレもないことは、ロジックを組むうえでとても重要です。ダブりもモレもないなら、網羅的に分析したことを相手に伝えられます。その結果、論理的な分析という印象を与えられます。ダブりのあるロジックは、同じことを複数箇所で述べることになります。モレのあるロジックは、分析が不十分と言われるでしょう。

◆MECEの限界

MECEは論理的なロジックを組むには必要な考え方ですが、MECEの概念を知っていれば使えるというわけではありません。また、MECEという考え方は、ビジネスの現場でそうたびたび使われるわけでもありません。

ほとんどの人は、MECEという概念が分かっていても、どうすればMECEの組み合わせが作れるのかが分かりません。また、どうすればMECEかをチェックできるのかを知りません。これでは、論理的なロジックが組めるはずもありません。多くの人は、MECEな組み合わせを見たときに、論理的であると感じるだけです。自分でできるわけではありません。MECEという概念は、理解はできるのですが、実践が難しいのです。

たとえば、製造業において粗利を上げる方法を考えたとき、左記の箇条書きがMECEになっているかの判断は難しいはずです。仮にMECEでないと判断しても、どう改良すればMECEになるかを見出すのは、さらに難しいはずです。

- 値上げする
- 製品の価値を高める
- 原価を低減する
- 営業力を強化する

● 企業イメージの向上を図る

また、MECEは、ロジック単位を論理的に並列するための考え方なので、ロジック単位を並列する場合にしか使えません。ロジック単位を縦につなげたり、ロジック単位を論証したりするときには使えません。したがって、ビジネスの現場で、MECEで思考すべき状況がそう多いわけではありません。仮に、ロジック単位を並列する場合でも、いつでもMECEになるとは限りません。MECEで考えると論理的に思考しやすいときがあるという程度にすぎません。

たとえば、トラブル対応報告書で定番のロジック展開（左記の箇条書き）にMECEという概念が出てきません。なぜなら、この4項目は並列ではなく、縦につながっているからです。このロジックで言えば、「2．トラブルの原因分析」の中で、MECEで思考すると便利なときもあるにすぎません。

1．トラブルの状況説明
2．トラブルの原因分析
3．対策立案
4．効果確認

フレームワーク思考は有効か

フレームワークは、情報を並列するうえでとても重要な考え方です。しかし、フレームワークという概念を知っているから、既存のフレームワークを記憶しているからといって、ロジック単位を正しく並列できるわけではありません。また、フレームワークは、多くの場合、ロジック単位を並列するための考え方なので、ロジック単位を縦につなぐ場合や、ロジック単位を論証する場合には使えません。

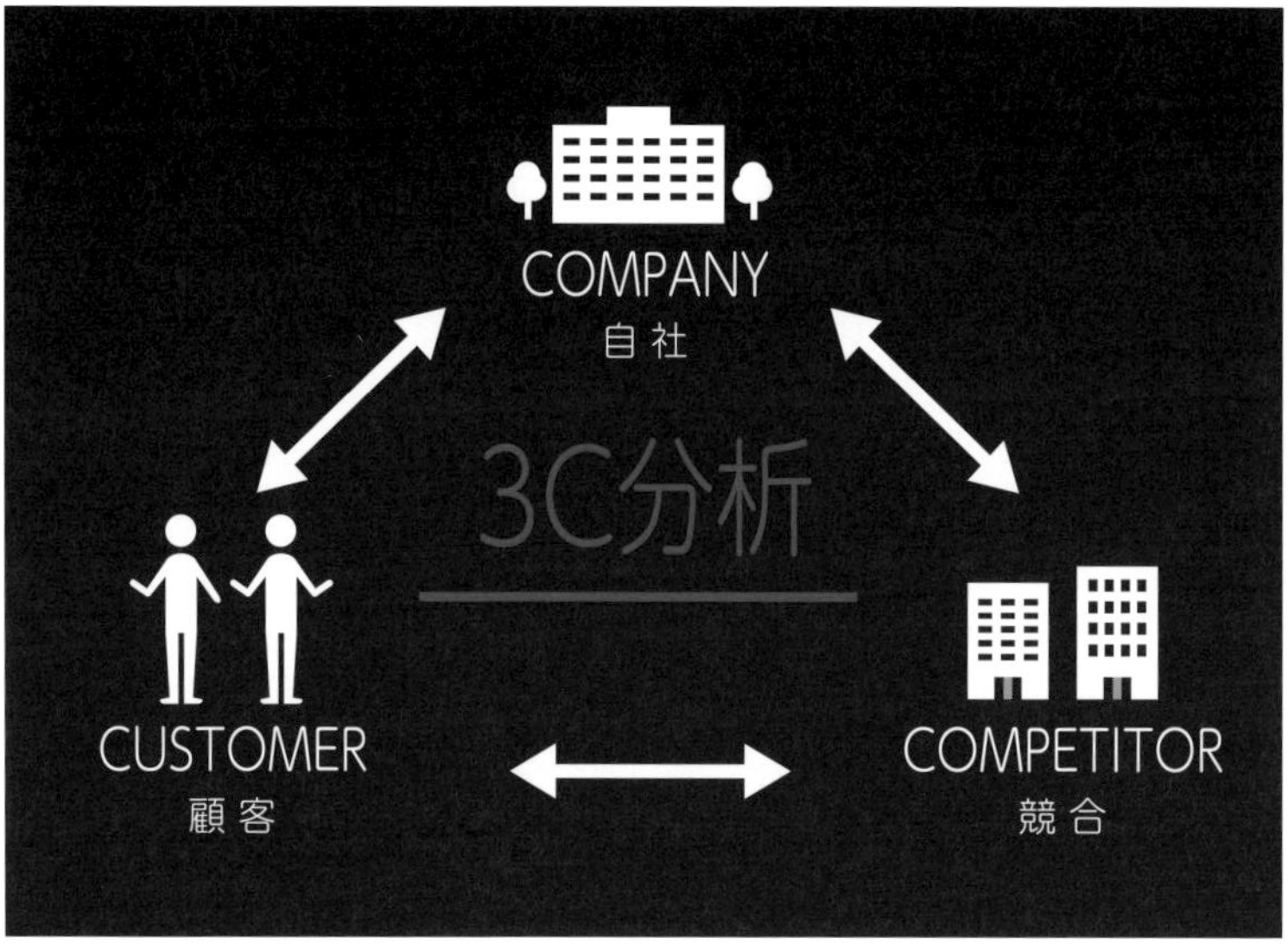

◆フレームワーク思考とは

フレームワークとは、思考のベースに使う、MECEな組み合わせのことです。MECEがモレもないダブりもない「状態」なのに対して、フレームワーク思考とはMECEな「組み合わせ」をもとにする思考方法です。フレームワークに基づくことにより、分析が網羅的になります。論理的に思考しやすくなるのです。ロジックを組むためのツールの1つです。

たとえば、人間の行動を分析するときに、独身男性、既婚男性、独身女性、既婚女性と分けて考えるのがフレームワーク思考です。この4つのカテゴリーはMECEになっています。したがって、人は、この4つのカテゴリーのどこか1つに属します（日本の法律上）。2つのカテゴリーに同時に属することはありませんし、どこにも属さないということもありません。この分類を、会社員、自営業、エンジニア、専業主婦のように分ければ、ダブりもあればモレも出てしまいます。会社員とエンジニアはダブっていますし、無職の人はモレてしまいます。このカテゴリー分けで分析しても論理的にはなりません。

◆フレームワークの有効性

このフレームワークを用いると、論理的に思考しやすくなります。たとえば、フレームワークの有名な例として、「マーケティングの4P」があります（「既存のフレームワークの活用」

132ページ参照）。「マーケティングの4P」とは、Product（製品）、Price（価格）、Place（流通）、Promotion（プロモーション）です。マーケティングをこの4つの切り口から考えれば、論理的に戦略を考えやすいというわけです。マーケティングの世界では定番の考え方です。

◆フレームワーク思考の限界

フレームワークは論理的に思考するのに有効な考え方ですが、その場に適したフレームワークを見つけるのはかなり難しい作業です。また、この考え方は、ビジネスの現場で頻繁に活用できるわけでもありません。

既存のフレームワークを覚えてもあまり意味はありません。なぜなら、ある組み合わせは、ある場面でしか有効でないからです。たとえば、先に紹介した「マーケティングの4P」はマーケティングの戦略を考えるには有効ですが、それ以外では使えません。また、「マーケティングの4P」の1つであるProductについて深く掘り下げるときに、「マーケティングの4P」は使えません。

一方で、**その場に適したフレームワークを考えることはかなり難しい作業です。**そもそもMECEであるかの判断すら難しいのです。情報がダブっていることやモレていることに気がつけないことはよくあります。まして、MECEな組み合わせを作って思考することはさらに難しくなります。そもそも、フレームワークのきっかけすら見つけられないこともよくあります。**たとえば、遅れたスケジュールを取り戻す手法を検討させると、「人・モノ・金」というフレームワークを持ち出す人がいます。**「人・モノ・金」は経営資源を並列したフレームワークです。ビジネスの現場でよく使われるので、記憶している人が多いのです。ビジネス経験の長い人ほど、思考せずに記憶している考え方で済まそうとしてしまいます。

しかし、このケースでは、「人・モノ・金」というフレームワークは使えません。なぜなら、このケースでは、金と人、金とモノがダブるからです。金は、遅れたスケジュールを取り戻すために、人を新たに雇ったり、残業代を払ったりすることに使われるはずです。ということは人とダブります。あるいは、その金は、遅れたスケジュールを取り戻すために、設備を買うのに使われるかもしれません。ということはモノとダブります。

また、フレームワークがMECEな組み合わせでできていることから、MECEと同様に、ロジック単位を並列する場合にしか使えません。ロジック単位を縦につなげたり、ロジック単位を論証したりするときには使えません。仮に、並列のロジックでも、必ずしも適切なフレームワークがあるとは限りません。フレームワークで考えると論理的に思考しやすいときがあるという程度にすぎません。

ロジックツリーは有効か

ロジックツリーは、情報を整理するうえでとても重要な考え方です。しかし、ロジックツリーという概念を知っているからといって、ロジックツリーが組めるわけではありません。また、ロジックツリーで組むと効果的なのは、ロジック単位を横に並べたロジックなので、ロジック単位を縦につなぐ場合や、ロジック単位を論証する場合には使えません。

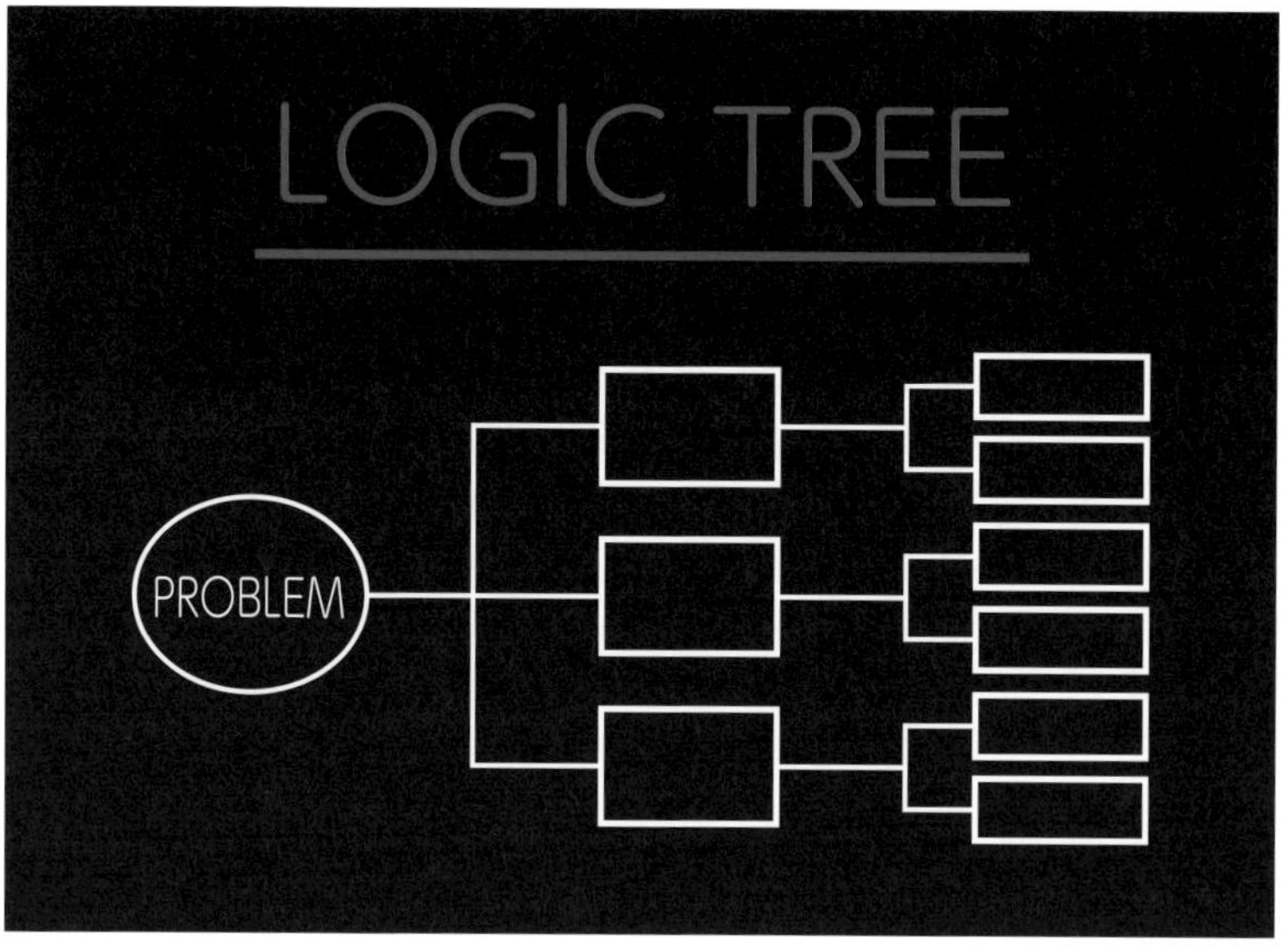

◆ロジックツリーとは

ロジックツリーとは、MECEな組み合わせで、上位概念を下位概念へと展開したピラミッド構造のことです。情報を分かりやすく分類したり、抽象概念を具体的な概念へと展開したりするときに使います。MECEな組み合わせで上から下へと展開するので、分析が網羅的になります。ロジックを組むためのツールの1つです。

たとえば、「利益低下の原因」という抽象概念を、より具体的な原因へと落とし込むと、下図のようなロジックツリーができます。

◆ロジックツリーの有効性

ロジックツリーは、情報を分類したり展開したりするときに効果的です。

ロジックツリーで分析すれば、多くの情報を論理的に分類できます。たとえば、他社製品の特徴をまとめたり、顧

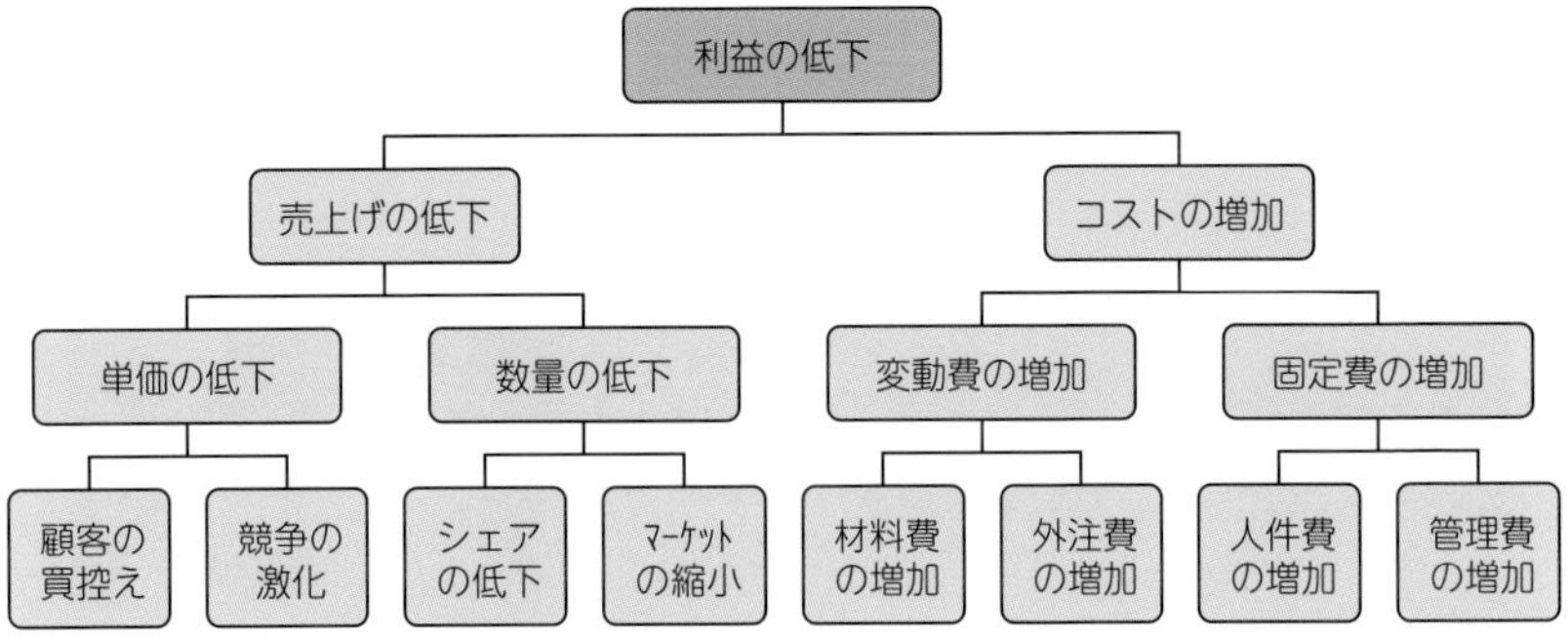

客のニーズをアンケートからまとめたりする場合です。集めた情報をベースに下から上へと、互いにMECEである複数のグループに分類すれば、論理的なツリー構造にまとめられます。こういう場合に、思いつくまま分類すると、まとまりのない、ダブりやモレの多い分類となります。

また、ロジックツリーで分析すれば、網羅的に展開できます。たとえば、「利益が低下する原因には何があるか」と考えたときに、「利益の低下」をトップに、上から下へとロジックツリーを組めば、利益が低下する原因をモレなくリストアップできます。こういう場合に、思いつくままリストアップすると、どうしてもリストアップのモレが出ます。

◆ロジックツリーの限界

ロジックツリーは、分類したり展開したりするときには有効ですが、効果的なロジックツリーを組むのが非常に難しいです。また、ロジックツリーで組むと効果的なロジックは、実際のビジネスの現場ではごく一部にすぎません。

まず、ロジックツリーは、正しく組むのが非常に難しいです。なぜなら、ロジックツリーがMECEやフレームワークをベースに置いているためです。先に説明したように、これらの概念はそう簡単に習得できるものではありません。したがって、どの階層もMECEになっているロジックツリーを作ることは非常に難しいのです。結局、単に情報がピラミッド型にまとめられているだけの状態になりがちです。

また、ロジックツリーが効果的な場面は、ビジネスではごく限られています。ロジックツリーは、並列な情報を分類したり、上位概念を下位概念へと展開したりするときに有効です。しかし、ビジネスの現場で、そのような状況がそう多いわけではありません。まして、ロジック単位を縦につなげたり、ロジック単位を論証したりするときには使えません。ロジックツリーを使うと論理的に思考しやすいときがあるという程度にすぎません。

たとえば、「不良率の増加」というトラブルで、原因をロジックツリーで解析しようと考えるかもしれません。「不良率の増加」というテーマをトップに置いて、上から下へとロジックツリーを組めば、不良率が増加する原因をモレなくリストアップできます。そのうえで、リストアップしたすべての項目をチェックしていけば、原因にたどり着けるでしょう。

しかし、実際のビジネスの現場ではこのような解析はしません。なぜなら、不良率が増加すれば、その仕事をしているプロなら、何らかの思い当たる節があるからです。まず、その一番怪しいところから原因を探るはずです。網羅的にリストアップした原因を、しらみつぶしに探っていくような非効率なアプローチは使いません。

ピラミッドストラクチャーは有効か

ピラミッドストラクチャーやWhy/So Whatという考え方は、分かりやすく説得力のあるロジックを組むのには重要です。しかし、ピラミッドストラクチャーは、ロジック単位を論証する場合の一部にしか使えません。さらには、その基本概念は極めて当たり前なので、わざわざツールを持ち出すまでもありません。

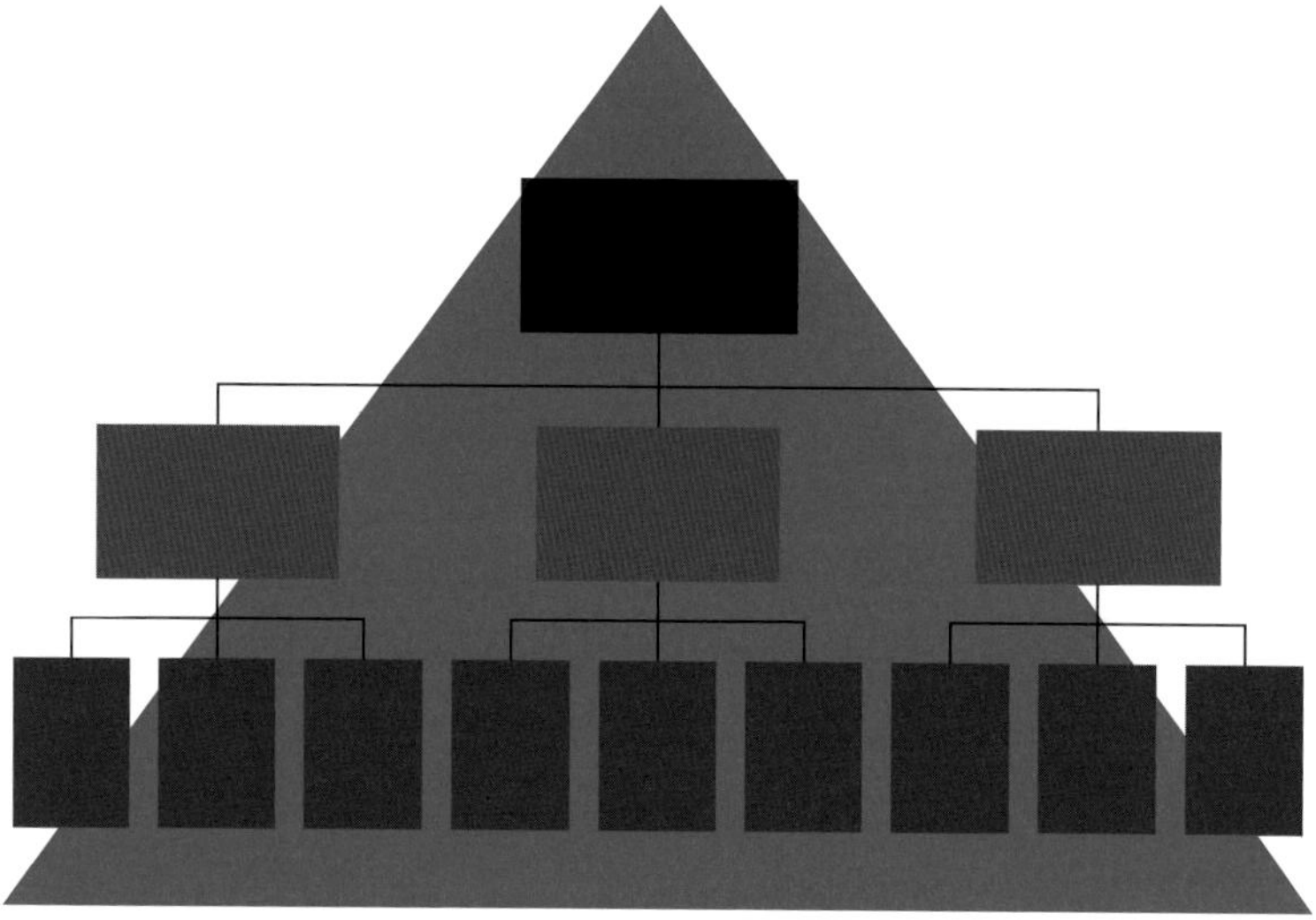

◆ピラミッドストラクチャーとは

ピラミッドストラクチャーとは、主張を上位に根拠を下位に置いて組み上げたピラミッド構造のことです。ロジックを組むためのツールの1つです。同じ階層構造でも、ロジックツリーは分類に、ピラミッドストラクチャーは論証に使うところが大きく異なります。

ピラミッドストラクチャーでは、上下が主張と根拠、つまりWhy/So Whatの関係になっています。各ブロックに書かれていることに対して、Why?（なぜそう言えるのか?）と問うたときの答えが、下のブロックに書かれています。逆に、各ブロックに書かれていることに対して、So What?（だから何?）と問うたときの答えが、上のブロックに書かれています。この上下がWhy/So Whatの関係になっていることが、分類に使うロジックツリーと異なる点です。

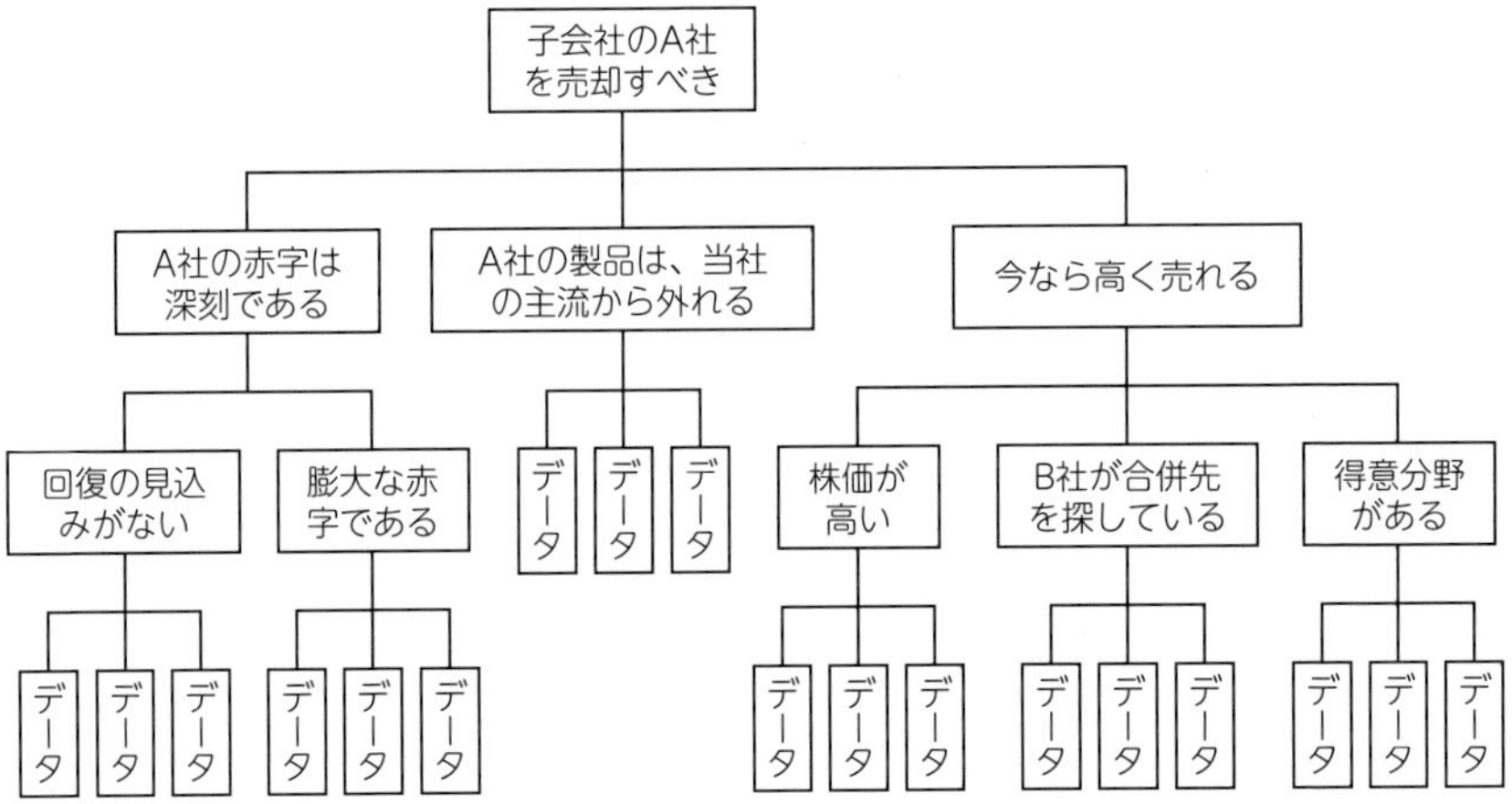

たとえば、「子会社のA社を売却すべきである」という主張を、ピラミッドストラクチャーでロジック構築すると、前ページの図のようになります。

ピラミッドストラクチャーでは、階層内が必ずしもMECEではありません。なぜなら、重要性の低い根拠は、ロジックに組み入れないからです。したがって、階層内はモレのある並列になります。しかし、ダブりがないようにはまとめます。階層内が必ずしもMECEではないことも、ロジックツリーと異なる点です。

◆ピラミッドストラクチャーの有効性

ピラミッドストラクチャーは、主張と根拠で構成されるロジックを、分かりやすく、説得力を持って伝えるには効果的です。分かりやすさは、ロジックが主張から根拠へと流れるところから生まれます。説得力は、根拠を複数、しかも深く（下位に展開）述べるところから生まれます。主張だけ述べて、根拠が貧弱ということがなくなります。

◆ピラミッドストラクチャーの限界

ピラミッドストラクチャーは、主張を根拠で論証するには有効ですが、それでも特定のロジックでしか使えません。また、主張を根拠で論証するのは当たり前なので、わざわざツールを持

ち出す必要性もありません。

ピラミッドストラクチャーは、主張と根拠で構成されるロジックにしか使えません。したがって、多くのビジネス文章（たとえば、通知文、仕様書、操作手順書、議事録）では使えません。ピラミッドストラクチャーは、ロジックツリーと同様に、特定のロジックを組みやすくするためのツールにすぎないのです。ツールだけに用途は限定されてしまいます。

また、主張と根拠で構成されるロジックなら、いつでもピラミッドストラクチャーで構成すると効果的というわけでもありません。たとえば、技術論文を考えてみましょう。技術論文は、新しい手法が、従来よりも優れた結果を生み出すことを、根拠を持って主張する文章です。しかし、技術論文の構成をピラミッドストラクチャーで考えることはありません。なぜなら、技術論文の場合、それほど主張と根拠が複雑な構成にはならないからです。たとえば、「精度が上がる」という主張には、精度が上がったことを示すデータを付けるという単純な構成になるはずです。複数の根拠をピラミッド型にまとめる必要はありません。

さらに、ピラミッドストラクチャーの基本概念は、極めて当たり前のことです。ピラミッドストラクチャーは、主張と根拠を見やすくピラミッドにまとめたにすぎません。主張に根拠を付けること自体は、ピラミッドストラクチャーを使うまでもなく、ごく普通のロジックです。わざわざツールを使って組み上げるほどのロジックではありません。

「演繹と帰納」は有効か

演繹や帰納という考え方は、ロジックを組むのには使いません。組み上がったロジックを後から検証したとき、演繹や帰納に分類できるというだけです。けっして、「ここは演繹法でロジックを組もう」などと考えているわけではありません。

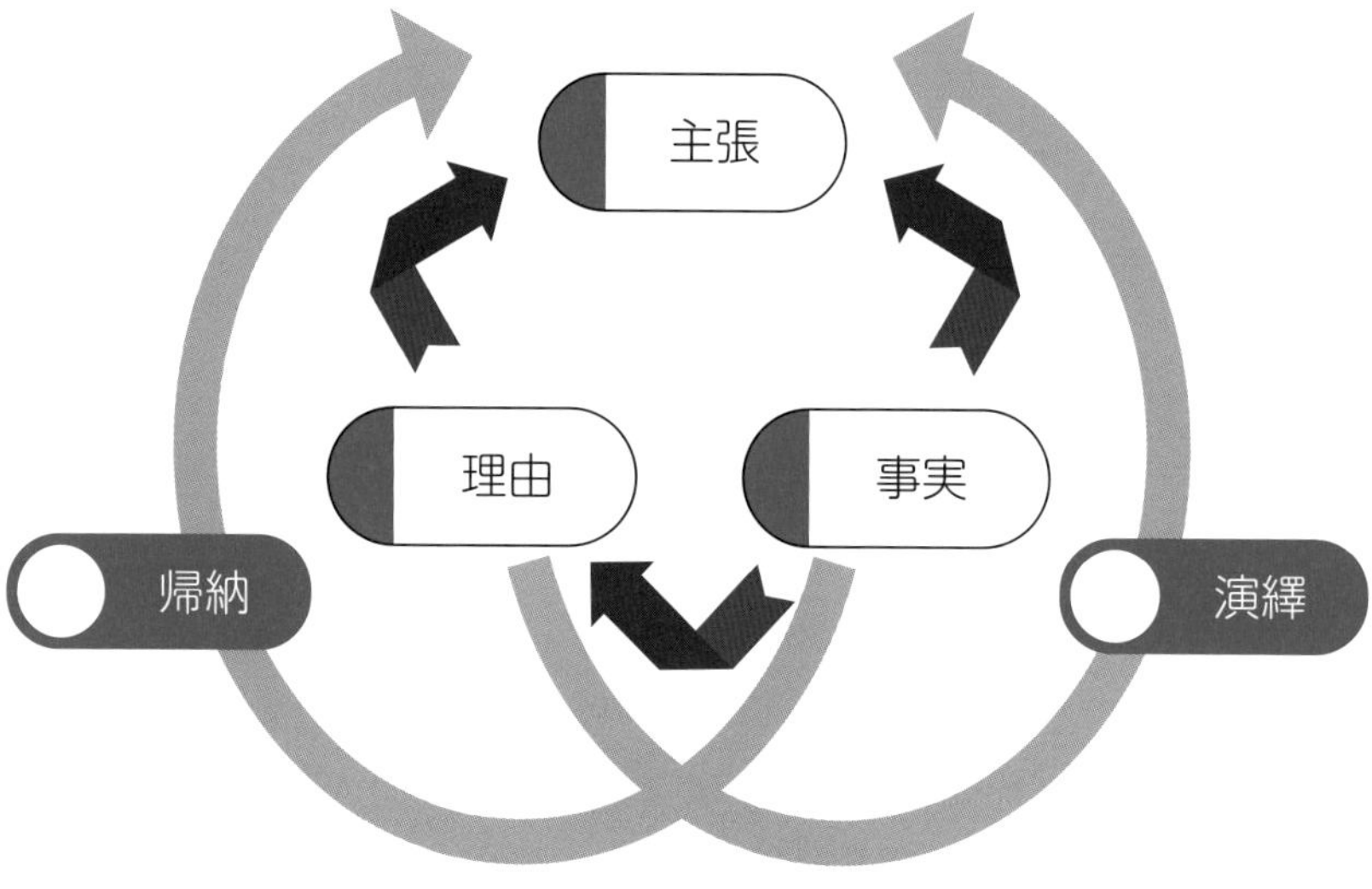

◆演繹とは、帰納とは

論理学では、ロジックを演繹と帰納の2つに大別しています。

演繹とは、前提を認めたなら、主張も必ず認めなければならないような論理です。一般事象から個別事象を導き出す理論とも言えます。理路整然としているので、正確に伝達したいときに適しています。ただし、前提が誤っていると、主張も誤りとなるので注意が必要です。

たとえば、次のような論理展開が演繹です。

1．5年以内に費用回収できない設備は購入する価値がない（前提）
2．提案されているシステムは、費用回収に7年かかる
3．このシステムは購入する価値がない（主張）

一方、帰納とは、複数の事実の類似性を利用した理論です。個別の事例（データ）から一般論（＝主張）を導き出す理論とも言えます。データで仮説を論証するのに適しています。ただし、データが十分にないと、「早まった一般化」となるので注意が必要です。

たとえば、次のような論理展開が帰納です。

1．ハンバーガー店も牛丼屋もテイクアウトの鮨屋も値下げして利益を上げた
2．値下げをすれば売り上げが増える
3．現在は、薄利多売ビジネスが成功する

◆「演繹と帰納」の有効性

「演繹と帰納」という考え方に、ロジックを組むうえでの有効性はありません。「演繹と帰納」はロジックを分類したときの名前です。これに対して、MECEやフレームワークは思考するときのツールです。「演繹と帰納」は名前であって、ツールではないので、論理的に考える手助けにはなりません。

◆「演繹と帰納」の限界

演繹と帰納という考え方は、ロジック構築のときには使いません。後からロジックを分類してみると、演繹や帰納に分類されるというだけのことです。

たとえば、新しく買うモバイルパソコンの機種選定なら、演繹で考えます。たとえば、「重さが1・3kg以下なら、持ち運びが楽だ」と考えます。この考えが演繹法における前提です。まずこの前提、つまり購入条件を先に決めるはずです。そのうえで、その条件を満たすパソコンなら購入候補とし、満たさなければ候補としないはずです。

しかし、誰も「演繹で考えよう」と思って考えてはいないはずです。「どのモバイルパソコンを買おうか」というテーマでロジックを組むなら、誰もが自然に考えるロジックです。演繹か帰納かなどは意識していません。こういう考え方を演繹と呼ぶにすぎません。

あるいは、子供たちの学力が落ちていると主張したいなら、帰納で考えます。つまり、「子供たちの学力が落ちている」ことを示すデータを集めることで論証しようと考えるはずです。たとえば、同じ学力テストの過去と現在の比較であるとか、現場の先生に対するアンケートなどです。そのうえで、「子供たちの学力が落ちている」と主張するはずです。

しかし、誰も「帰納で考えよう」と思って考えてはいないはずです。「子供たちの学力が落ちている」というテーマでロジックを組むなら、誰もが自然に考えるロジックです。演繹か帰納かなどは意識していません。こういう考え方を帰納と呼ぶにすぎません。

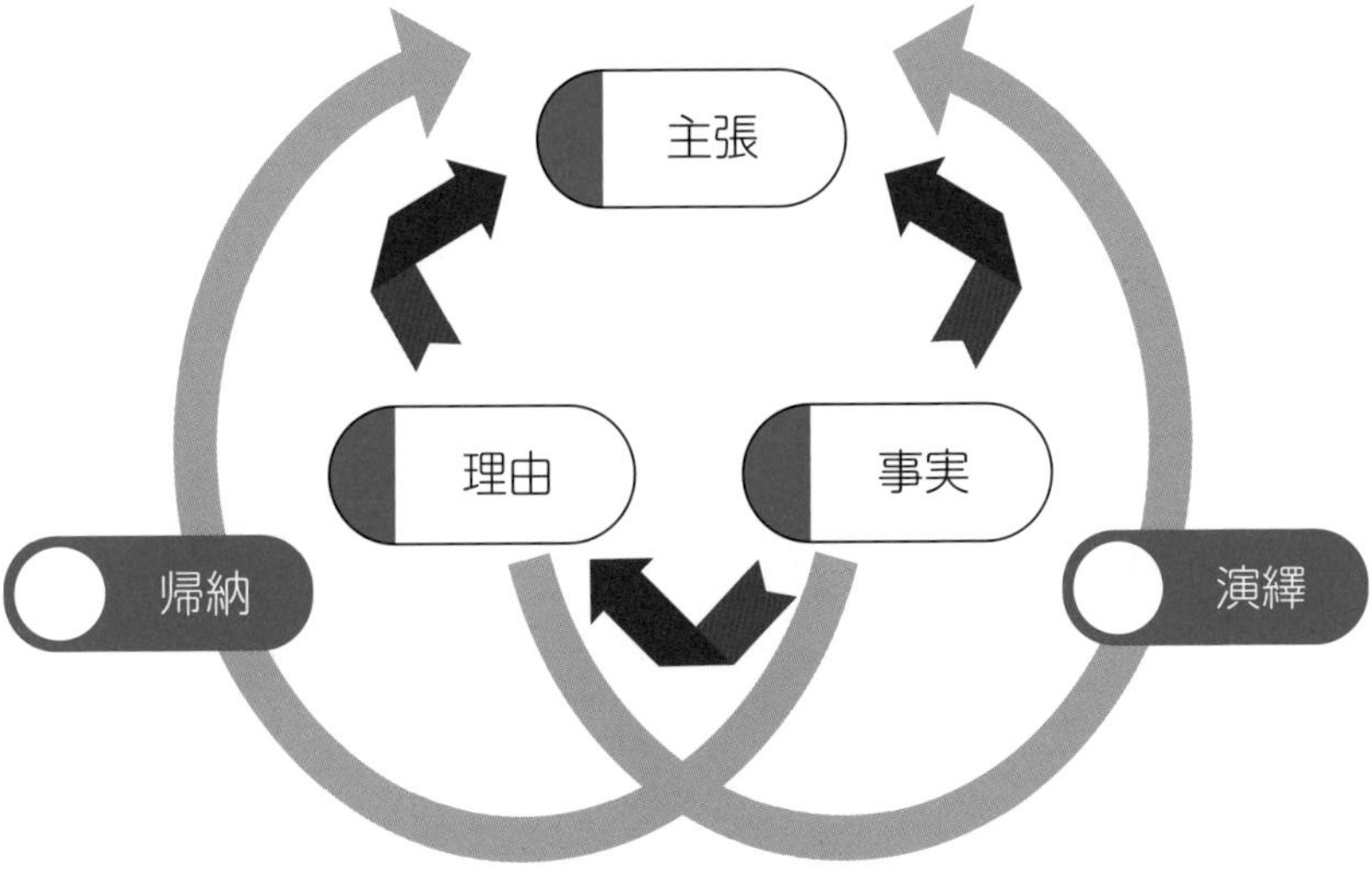

まとめ

従来、論理的思考法として、MECE、フレームワーク思考、ロジックツリーなどが提唱されてきました。しかし、これらの思考法は、「論理的である」状態の一部だけを取り立てているにすぎません。一部を取り立てているだけなので、従来の論理的思考法の１つ、２つをマスターしても、「論理的である」状態には到達できません。

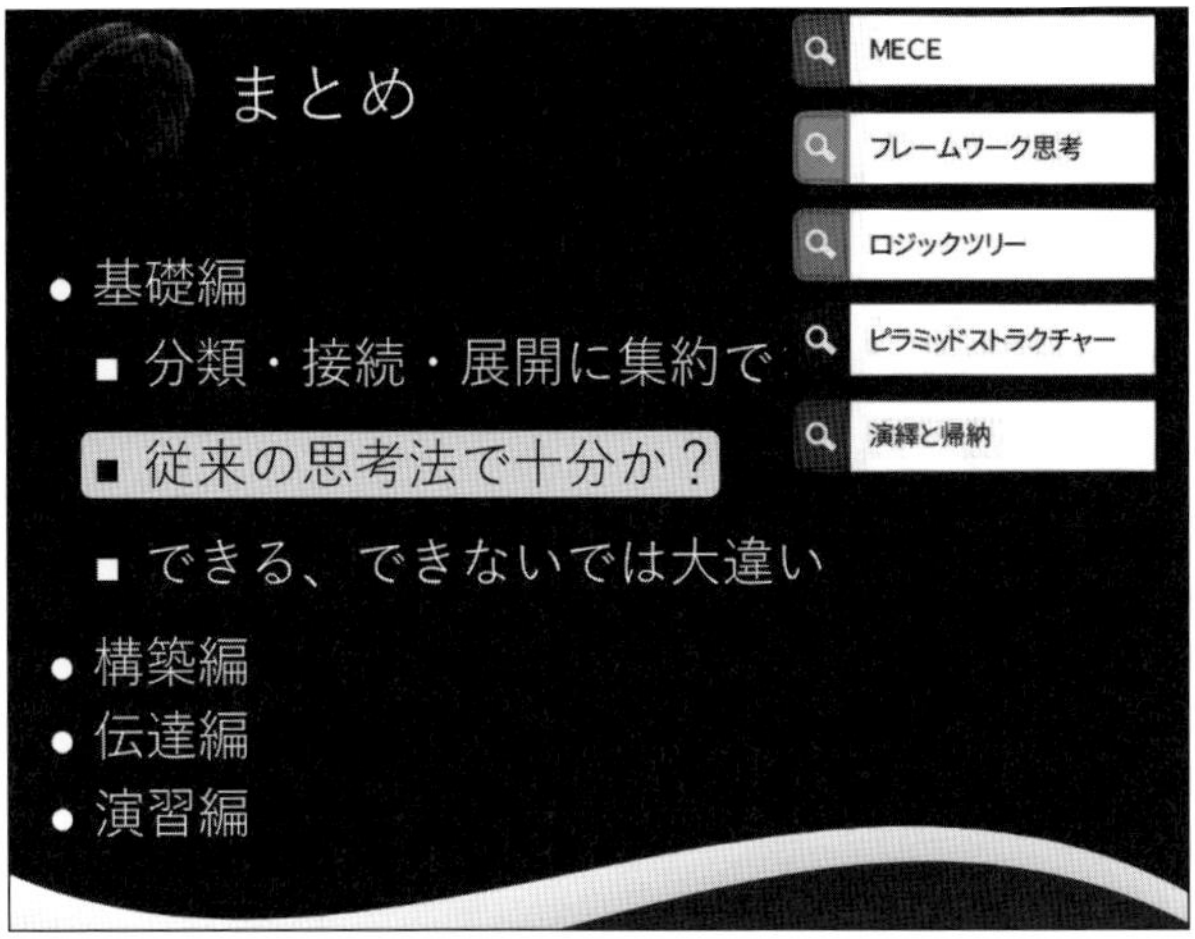

3

できる、できないでは大違い

情報を適切に分類・接続・展開するのがロジック構築です。ロジック構築には、目次を組み上げるだけではなく、パラグラフ（プレゼンテーションならスライド）の中まで含まれます。また、構築したロジックを伝える方法も含まれます。ロジック構築のスキルを身に付ければ、ビジネスの生産性が大幅に向上します。スキルを習得するには、自分へのフィードバックの方法を知っておく必要があります。

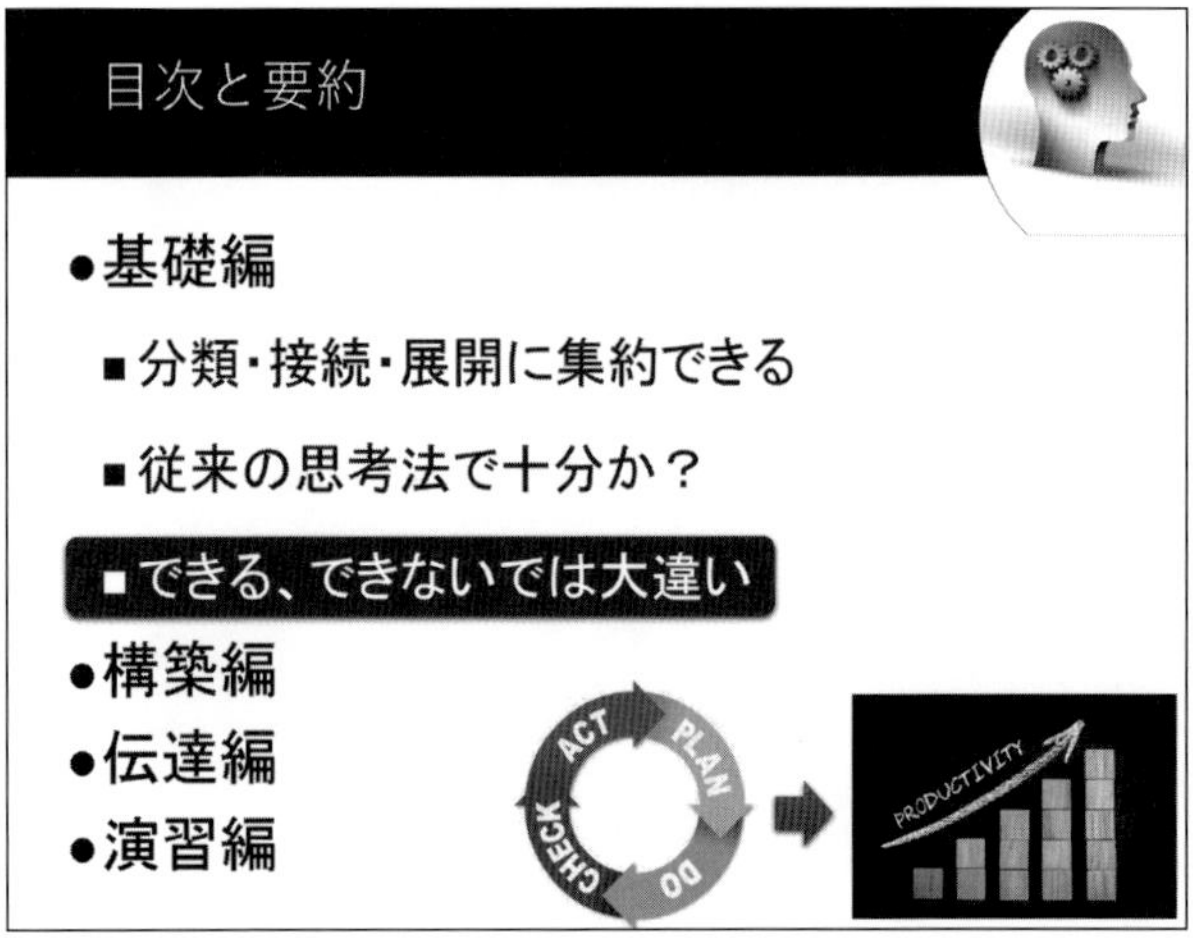

ロジック構築とは?

ロジック構築とは、論理を組み上げ、伝えることです。つまり、「論証のすじみち」を、論理性の3要件である分類・接続・展開で理路整然と整理して、分かりやすく伝えることです。ロジック構築には、目次構成だけではなく、パラグラフ（プレゼンテーションならスライド）間やパラグラフ内の構成も含みます。本章では、ロジック構築の概念を、具体例と共に、簡単に紹介します。より詳細には、「ロジック単位を縦と横で接続して論証する」（84ページ参照）で紹介します。

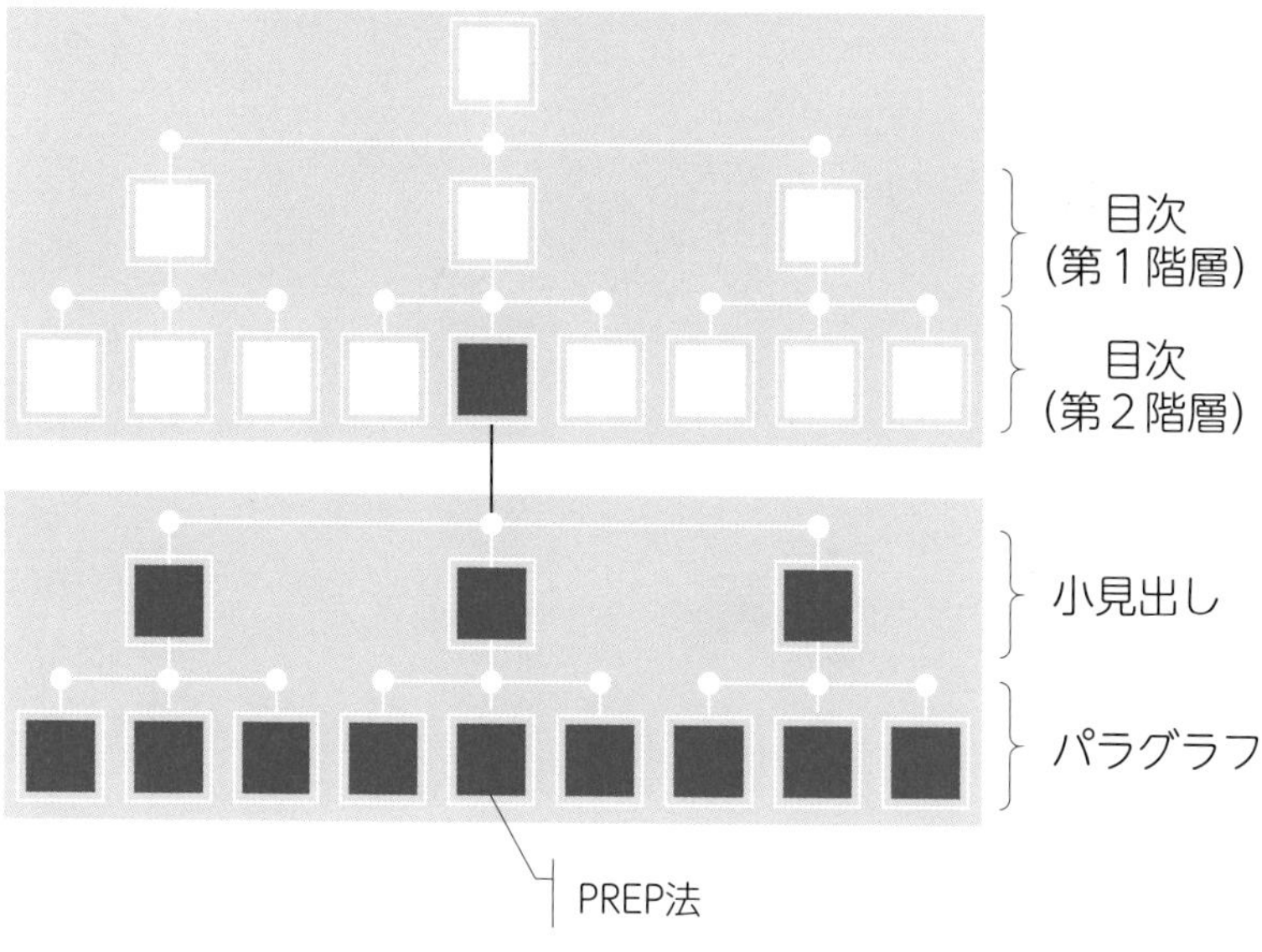

◆ロジックを分類・接続・展開で組む

ロジック構築とは、論理性の3要件である分類・接続・展開によって、論理を組み上げることです。論理を組み上げるとは、「論証のすじみち」を理路整然と整理することです。論理を組み上げることには、目次やその下の小見出しはもちろん、さらにその下のパラグラフ間の関係やパラグラフ内の構成も含まれます。

まず、目次となる大見出しやその下の小見出しによって、階層内を5つ、多くても7つまでに分類します。人が同時処理できるのは5まで、多くて7なのです。この数を超えて同時に見せると、頭がオーバーフローを起こして理解しにくくなります（「マジカルナンバー7 or 4」94ページ参照）。

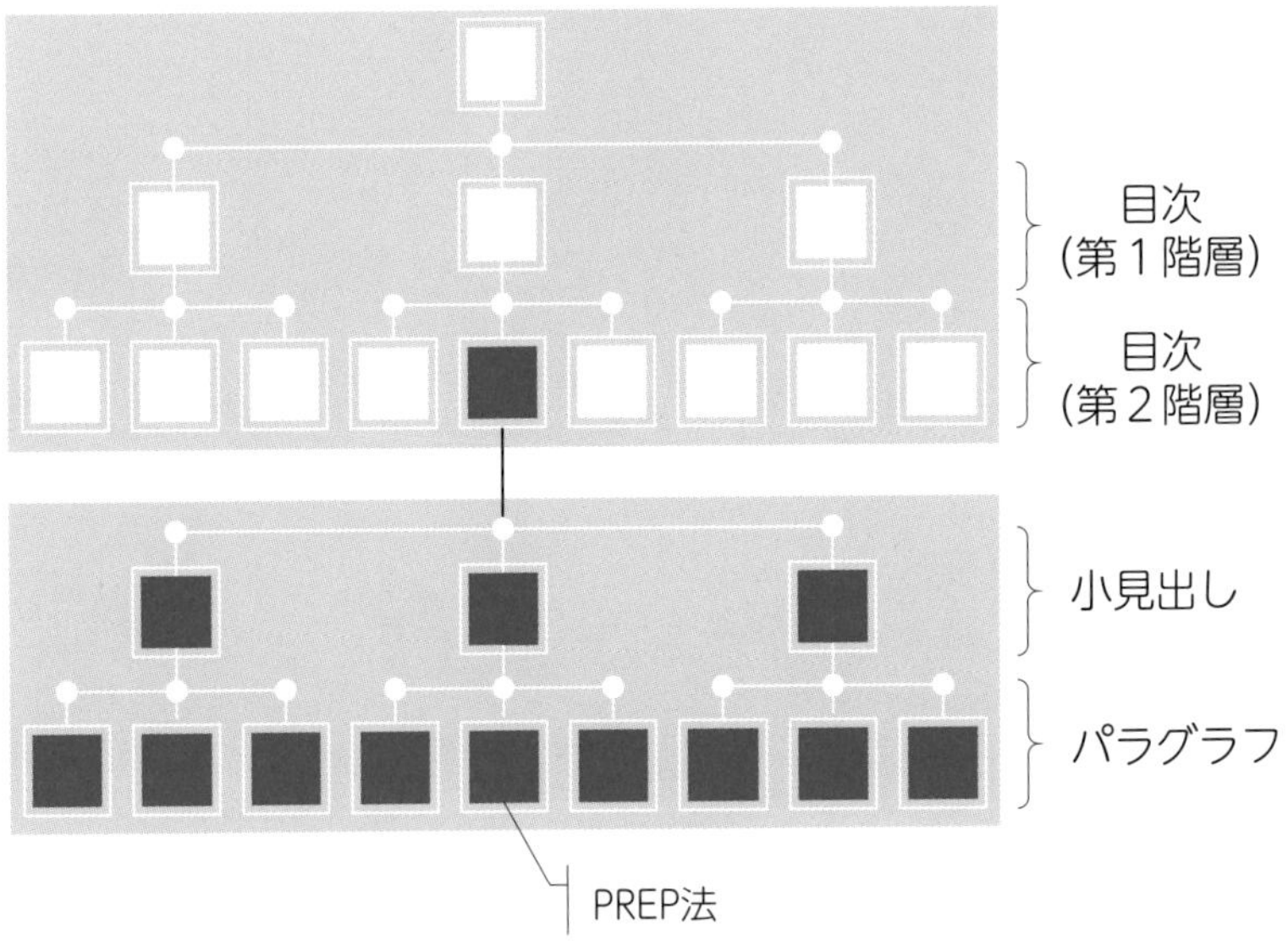

次に、この見出しが縦か横で接続できていることを確認します。縦の接続とは、原因―結果のように接続関係を持ってつながっている状態です。縦につながった場合、接続関係順にしか説明できないので並べ替えはできません。横の接続とは、同じ種類の情報が羅列されている状態です。横に並んだ場合、並べ替えができるので、通常は重要な順に説明します。

さらに、見出しの下にあるパラグラフ（プレゼンテーションならスライド）も5つ、多くても7つまでで縦と横で接続します。パラグラフにおいても、読み手がオーバーフローを起こさない数までにします。また、パラグラフ間も、階層と同様に、縦か横で接続します。パラグラフ間も、接続関係を持ってつなげるか、同じ種類で羅列するかになります。

最後に、パラグラフ内は、PREPで構成します（「PREP法で論証する」204ページ参照）。そこで、パラグラフの先頭ではP（Point）を述べ、続いてR（Reason）やE（Example、必要に応じてEvidenceやExplanation）を加えます。最後に必要があればP（Point）を繰り返します。R（Reason）やE（ExampleやEvidence、Explanation）を詳細に加えるので、そのパラグラフのP（Point）に説得力が生じます。

このPREP法は、パラグラフ・ライティングの基本です。

◆ロジック構築の失敗例

ロジック構築の失敗例として、新聞の社説（読売新聞2018年1月9日付）を紹介します。新聞の社説を論理的な文章と勘違いされている方も多いのですが、実は非論理的な文章の代表例です。社説のロジックを分類・接続・展開という視点から分析しましょう。

本来食べられる商品が廃棄される「食品ロス」は、社会全体の損失となる。無駄の削減には、企業と消費者の双方で意識改革が欠かせない。

売れ残りや返品、食べ残しなどによる国内の食品ロスは、年間約620万トンと推計される。毎日1人あたり茶わん1杯分の食品が捨てられている計算だ。

貴重な資源の浪費であり、企業の経営を圧迫する側面もある。コストがかさむ分、小売価格の上昇を招きかねない。

大きな要因とされるのが、加工食品の商慣習である「3分の1ルール」が存続していることだ。製造から賞味期限までの期間の3分の1をすぎると、メーカーや卸売業者は小売店に納品できない。まだ食べられる商品が、廃棄を余儀なくされる仕組みだ。売り場でも、賞味期限まで一定期間を切った商品は撤去される。

小売業者は消費者の「鮮度志向」を理由に挙げる。しかし、適切な商品知識を普及させることこそ、業界には求められよう。

賞味期限は、傷みやすい食品に表示される消費期限とは異なる。おいしく食べられる期間のことであり、直ちに捨てなければならない日付というわけではない。

ここ数年、一部の大手小売りチェーンなどでは、3分の1ルールの見直しが始まっている。保存性の高い菓子や飲料について、納品期限を「賞味期限までの期間の2分の1」に延ばすものだ。卸からメーカーへの返品や廃棄が減る成果が報告されている。

農林水産、経済産業両省も昨年5月、海外に比べても厳しい3分の1ルールの緩和を業界に要請した。まだまだ全体には浸透していない。対象品目の拡大を含めて取り組みを加速してほしい。

メーカー側の努力も要る。需給を見極めた的確な生産計画や、容器の高機能化などによる賞味期限の延長が課題となっている。

日付単位の賞味期限の表示を「年月」に切り替える動きがみられる。1日でも新しい商品を求めがちな業界や消費者の意識を改める契機になるのではないか。

外食は大量の食べ残しが問題だ。各地の自治体で「宴会の最初の30分、最後の10分は着席して食べよう」といった呼びかけが始まっている。ゴミ量削減に少なからぬ効果があるという。

食品ロスの半分近くは、家庭から出ている実態がある。

少なくとも手付かずで捨てる食品を減らすような消費行動を、一人一人が心がけたい。


まず、この社説はロジック単位に分類できていません。すぐに改行を繰り返すために、パラグラフ（のようなブロック）が15個もあります。こんなに多くては、ロジックを頭で整理できません。分かったような気になる人もいますが、実は、分かった気になっているだけで論理を読み取ってはいないのです（次の説明参照）。

次に、この社説はロジック単位が論理的に接続できていません。この社説は最初に「コストがかさむ分、小売価格の上昇を招きかねない」と経済的なロスの話で始まっています。しかし、最後は「宴会の最初の30分、最後の10分は着席して食べよう」という主旨のことを述べています。問題と対策が接続できていません。また、「食品ロスの半分近くは、家庭から出ている実態がある」と言いながら、この最大の根源については、何の策も述べていません。ここでも、問題と対策が接続できていません。

最後に、この社説はロジック単位が十分に展開できていません。各ロジック単位で論証が不十分になっています。たとえば、「食品ロスの半分近くは、家庭から出ている実態がある」と述べてはいますが、データは示していません。データがなければ論理性は下がります。

◆ロジック構築の成功例

紹介した失敗例の社説に対して、ロジックを正しく構築した書き換え例を紹介しましょう。また、この書き換え例のロジックを分類・接続・展開という視点から分析しましょう。

本来食べられる商品が廃棄される「食品ロス」は、日本人の美徳に反するし、社会全体の損失ともなる。無駄の削減には、消費者の「もったいない」という意識と、食品製造業・小売店の商習慣の改革が必要だ。

家庭や食品製造業・小売店、飲食店での「食品ロス」が問題視されている。食べ忘れ、売れ残り、返品、食べ残しなどによって、多くの食品が破棄されている。国内の食品ロスは、年間約592万トンと推計される（平成26年　農林水産省の調べ）。毎日1人あたり茶わん1杯分の食品が捨てられている計算だ。

食品ロスは、「もったいない」という日本人の美徳に反する。日本人は昔から、食べ物に対する感謝の意から、無駄にすることを「もったいない」と嫌ってきた。この感謝は、命を捧げてくれた動植物に対してはもちろん、料理になるまでに関わったすべての人の労働に対してだ。いくら裕福だからといって、食べ物を粗末に扱うのは、下品な行為と感じる人は多いはずだ。

また、食品ロスは、経済的な損失でもある。無駄な廃棄はコストを上昇させるので、企業の経営を圧迫する。あるいは小売価格の上昇を招く。無駄な食品加工、輸送、販売でエネルギーの浪費にもつながってしまう。

「もったいない」食品ロスの最大要因は、消費者の食べ残しや食べ忘れだ。家庭内での食べ残しや食べ忘れによる廃棄だけでも、食品ロス全体の48％にもなる。おいしく食べられる期間の賞味期限を、安全に食べられる期間の消費期限と混同しての廃棄も多い。さらに飲食店での食品ロス（全体の20％）の多くは、消費者の食べ残しだ。宴会での食べ残しは、よく見る光景となってしまった。

　経済的な損失につながる食品ロスの要因が、食品製造業・小売店での「3分の1ルール」による返品や廃棄だ。「3分の1ルール」とは、製造から賞味期限までの期間の3分の1をすぎると、食品製造会社や卸売業者は小売店に納品できないという、加工食品での商習慣だ。まだ食べられる商品が、廃棄を余儀なくされる。売り場でも、賞味期限まで一定期間を切った商品は撤去される。

　そこで、消費者による食品ロスを減らすために、「もったいない」という美徳をもっとアピールすべきだ。たとえば、公共広告機構のCMを使うのも1つだ。一粒も残さずに食べきったご飯茶わんや、骨だけ残してきれいに食べた魚などを放映するだけでも効果は高いだろう。こういった食べ方を見て「意地汚い」と思ったりはしない。むしろ「自分もそうありたい」と思う人が多いはずだ。

　また、食品製造業・小売店による食品ロスを減らすために、業界に残る「3分の1ルール」を見直すべきだ。ここ数年、一部の大手小売りチェーンなどでは、3分の1ルールの見直しが始まっている。保存性の高い菓子や飲料について、納品期限を「賞味期限までの期間の2分の1」に延ばすものだ。農林水産、経済産業両省も昨年5月、海外に比べても厳しい3分の1ルールの緩和を業界に要請した。対象品目の拡大を含めて取り組みを加速してほしい。

　手付かずで捨てる食品を減らすよう、消費者と食品製造業・小売店の両方で努力したい。豊かになっても、「もったいない」という美徳は捨てたくはない。


この書き換え例では、ロジック単位が、はっきり7つに分類されています。構成単位は頭の

中で処理できるくらいの少ない数が求められます。ですから、7つというのは多いので、できれば階層構造化したいところです。しかし、ここではオリジナルである社説の書き方に準じて書いたので階層構造化はしていません。

次に、**この書き換え例では、ロジック単位が、明確に接続されています。**全体は、現状―問題―原因―対策と縦につながっています。問題以降は「もったいない」という価値観と経済的損失に分けて横に並べています。ロジック単位が、明確に分類・接続されているので、ロジックがブロック図で表現できます（下図参照）。

さらに、**この書き換え例では、ロジック単位が、しっかり展開されています。**各パラグラフでは先頭にトピックが述べられています。その後、トピックを補強するデータや具体例、補足の説明が3文以上使って示されています。これらの補足情報がトピックの納得感を高めています。

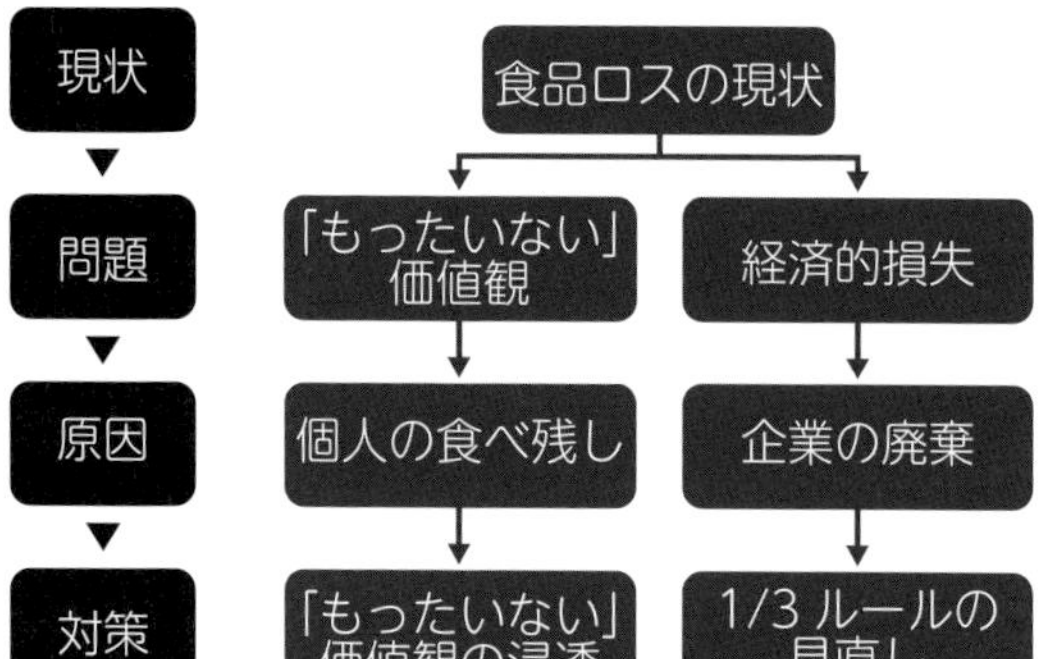

論理が通用しない

筆者が講師をした研修で、論理が通じなかった例を紹介しましょう。

ある有名企業における研修で、最初に要約を述べることが重要であることを説明しました。この研修は、ロジカルライティング、つまり文章の書き方を学びます。その研修では、最初に要約を述べることを、根拠（理由と具体例）を持って詳しく説明しました。通常なら、受講者は全員が納得する説明です。

しかし、ある年配の受講者が、最初に要約を述べることに納得しません。その受講者が言うに、「最後に述べればいいのだよ。だって、私は今までそうやって書いてきたのだから」です。

この受講者を説得できなかったのは、まさに本書で述べた理由です。まず、この受講者には、過去の自分を否定することが、価値観として受け入れられないのです。また、論理的でないので、論理が通っていることが理解できません。なので、論理的な根拠に対して、非論理的な根拠をぶつけてきたのです。

ロジック構築のスキルで生産性は上がる

ロジックを構築し、効率よく伝えるスキルは、ビジネスでは言うまでもなく重要です。しかし、近年、「できないからやめる」というスキル不足を間違った方向性でカバーしようとする企業が目に留まります。できないから、やめるのではなく、どうすればスキルを身に付けられるかを検討すべきです。ロジックを論理的に分かりやすく構築できるスキルを身に付けると、生産性が大幅に向上します。

◆できないから、やめる？

近年、できないからやめるという組織が目につきます。たとえば、Amazonが、会議でのPowerPointによるプレゼンテーションをやめました。また、ある企業は報告書を1枚にまとめるように変えました。

Amazonが、PowerPointをやめた理由は、分かりにくいうえに時間ばかりかかるからだということです。PowerPointの資料は、見栄えのいい紙芝居のようで、後から資料を見返してもよく分からないらしいです。また、資料を作る側も、デザインなどの見栄えにこだわりすぎたり、アニメーションなどの設定にこったりと、時間ばかりかかるということのようです。つまり、PowerPointの資料作りは生産性が低いという判断です。

そこで、Amazonは、会議では文書を読むスタイルに変えたというのですが、生産性の向上は怪しいです。なぜなら、プレゼンテーション資料を論理的に分かりやすくまとめられないなら、文章だって同様だからです。文章なら、論理的に分かりやすくまとめられると言うなら、ずいぶんとライティングというスキルはなめられたものです。結局は、文章を書くのにも、読み込むにも膨大な時間がかかる割には、伝達性は低くなります。

また、報告書を1枚にまとめる方式が多くの企業で採用される理由は、制限しないと読むのが大変だからです。書き手は、上層部に問題を指摘されないよう、多くの情報を載せます。しかし、そのほとんどは不要な情報です。不要な情報によって肝心の情報が伝わらなくなっているのです。上層部から見れば、「無駄な情報ばかりだ。もっと簡潔にまとめろ」となります。

しかし、1枚にまとめる方式にしても、あまり改善は期待できません。なぜなら、枚数を減らせば、その中に押し込もうとするからです。あるいは、論証するデータを省いたポイントだけを述べた資料になります。詰め込むために、フォントを小さくし、図を小さくするのなら、従来の資料と大差ないです。ポイントだけ述べた資料で満足するなら、上層部は、部下の意思決定を鵜呑みに追認しているだけの無能の集団です。

◆できないなら、できるようにする

できないからその方法をやめるのではなく、できるようにスキルを鍛えるべきです。

PowerPointでの資料が、分かりにくいうえに時間ばかりかかるなら、分かりやすく短時間で作成できるスキルを身に付けるべきです。そもそも、PowerPointが普及した背景には、文章による会議資料は分かりにくいので、ポイントをビジュアル化した資料にしたという経緯があったはずです。PowerPointは、効率よく情報を伝達するには文章よりも効果的な手段です。スキル向上が面倒なので、使うのをやめるのでは、生産性の低下を招きます。

また、量の多い報告書が分かりにくいなら、量が多くても分かりやすい報告書を書けるスキ

ルを身に付けるべきです。確かに、分かりにくい資料を多量に読まされたのでは辟易するのは分かります。だからといって、量を減らせば、先に述べたように情報を押し込んだり、割愛したりという問題が生じます。すべきことは、量が多くても、必要な情報が短時間で手に入れられるような文章を書くスキルを身に付けることです。スキル向上が面倒なので、書くのをやめるのでは、生産性の低下を招きます。

◆ロジック構築で生産性が大幅に向上

ロジック構築のスキルがあれば生産性は大幅に向上します。PowerPointの資料作成は1時間もあれば、15枚ぐらいの基本構成が簡単にできます。資料作成に時間がかかるなら、その理由はスキルがないからです。ここでは、具体例で紹介します。

ある企業で戦略提案のプレゼンテーション資料を、1時間で作ってもらいました。提案のための基礎資料（A４用紙で３枚程度）は、こちらで用意して提供してあります。その資料には、自社の状況や他社動向、自社の強みなどが記載されています。その資料を読んで、PowerPointで10分程度のプレゼンテーションを念頭にスライドを作成してもらいました。

提出された回答の多くは、ロジック構成が不十分なうえ、時間内に十分には検討できていませんでした。たとえば、何の説明もなしに、いきなり戦略の紹介から始まっています。何の分析もしない戦略が、企業内で通じると思っているのでしょうか。スライドの枚数も4、5枚という回答が多かったです。1時間でスライド4、5枚と、生産性も低い回答ばかりでした。

一方で、ロジック構築のスキルが身に付いていれば、戦略提案の基本構成は、数秒で以下のように構築できます。

1．現状・目標
2．問題・課題
3．分析
4．戦略

そこでこのロジックをPowerPointのプレゼンテーションに落とし込むと、次のような構成になります。枚数が多めになる理由は、1スライド1トピックの原則を守るからです（「1スライド・1トピック」218ページ参照）。自社や他社の分析は、分析の仕方（「フレームワークを活用する」131ページ参照）によって3、4枚に分けます。提案する戦略も3つを基本にする（「3はまとめるときの王道」95ページ参照）ので3枚に分けます。

1．要約（1枚）
2．目次（1枚）
3．現状・目標（1枚）

4．問題・課題（1枚）
5．自社や他社の分析（3、4枚）
6．戦略（3枚）
7．結論（1枚）

右記のスライドが準備できたら、各スライドにタイトルとトピックセンテンス、つまり要約を書いていきます。トピックセンテンスは、目立つレイアウトで、1文1行で表記します。各論のスライドは、すべて同じレイアウトを保ちます。そこで、各論のスライドは1枚雛形を作ったら、コピー&ペーストして、タイトルとトピックセンテンスだけを書き換えます。

トピックセンテンスを書いたら、各論のスライドをPREP法で展開します（「主張と根拠はPREP法で示す」155ページ参照）。つまり、Rとしての理由やEとしての具体例やデータ、詳細説明を書き入れます。時間の制約がある場合は、データとしてのグラフや表は、載せるという意思だけメモしておいて、後から補足します。

さらに、目次を各論の間に挟むことで、合計15枚ぐらいのスライドが1時間程度でできあがります。目次を各論の間に挟むのは、全体の流れを示しつつ、現在位置を確認するためです（「目次でロジックを説明する」216ページ参照）。挟んだ目次には、必要に応じて、その階層の要約を述べておきます。あとは、時間の許す限り、グラフや表を追記していきます。

ロジック構築スキルを身に付けるには

ロジック構築を学んでも、知識とスキルは違います。知っているからといってできるわけではありません。できるようになる、つまりスキルを習得するには客観的なフィードバックが必要です。フィードバックがないなら、経験だけでスキルは向上しません。ですから、外部からのフィードバックがない自己学習ではスキルを向上させるのは難しいです。そこで、自分のアウトプットを客観的にセルフチェック（＝フィードバック）する手法が必要です。

◆知識とスキルは違う

「知っている」と「理解している」は違います。「理解している」と「できる」も違います。「知っている」だけで満足してはいけません。

たとえば、パラグラフとは何かを「知っている」人は多いです。パラグラフとは、「ある1つのことを述べるのを目的とした文の集合体」です。より詳しく「知っている」人は、パラグラフの先頭にはポイントを述べることも知っているでしょう。パラグラフに対して、正確な説明はできなくとも、概念をおぼろげには「知っている」人は多いはずです。

しかし、パラグラフとは何かを「知っている」人も、パラグラフが論理的な文章を書くために必須であることを「理解している」人はほとんどいません。パラグラフを使うことで、ロジックの骨組みがしっかりと組めます。なぜなら、パラグラフというブロックで考えることによって、ロジック単位を明確に意識するからです（「1パラグラフ・1トピック」186ページ参照）。また、パラグラフを使うことで根拠をしっかり述べるようにもなります。なぜなら、パラグラフは、トピックを述べる文とそのトピックをサポートする複数の文（＝根拠）で構成するからです（「トピックセンテンスを先頭に」188ページ参照）。パラグラフを使わない文章は、ロジックがいい加減で、根拠も希薄になります。

仮に、パラグラフが論理的な文章を書くために必須であることを「理解している」人でも、「で

きる」わけではありません。パラグラフのようなブロックでは書かれている文章でも、パラグラフになっていないことがほとんどです。多くの場合、トピックが複数あったり、トピックセンテンスが先頭になかったり、サポートの文が足りなかったりしています。「できる」ようになることが難しいということは、パラグラフを説明している文章の多くが、パラグラフになっていないことでも分かります。

◆スキル向上にはフィードバックが必要

ビジネススキルには、経験で自然と身に付くスキルと、経験では身に付かないスキルがあります。その違いは、フィードバックがあるかどうかです。ロジック構築のスキルは、経験からフィードバックを得られないので、自然と向上することはありません。

フィードバックがある場合、スキルは経験で向上します。なぜなら、フィードバックによって、自分のパフォーマンスのレベルが分かるからです。パフォーマンスが低いと分かれば、向上させようと手を打ちます。打った手が効果的かは、またフィードバックで分かります。この繰り返しによってスキルは上がるのです。

たとえば、製品開発のスキルは、フィードバックによって高まります。製品開発では、他社より優れた性能や低いコストを目標とします。その目標が達成できるかは、量産前のシミュレーションや実験で分かります。このシミュレーションや実験の結果がフィードバックです。結果が悪ければ、よくなるまで、いろいろな手法を試すはずです。結果がよくなれば、その手法がスキルとして蓄積されます。

このようなフィードバックはビジネスの現場にはたくさんあります。営業されている方であれば、契約が取れる・取れない。お客様からのクレームや、逆に感謝の言葉。メーカーであれば、工場における不良率の増加・減少。マーケットにおける製品の故障。ＩＴ業界ならシステムの不具合。すべてフィードバックです。

一方、フィードバックがない場合、スキルは経験では向上しません。なぜなら、自分のパフォーマンスのレベルが分からないからで

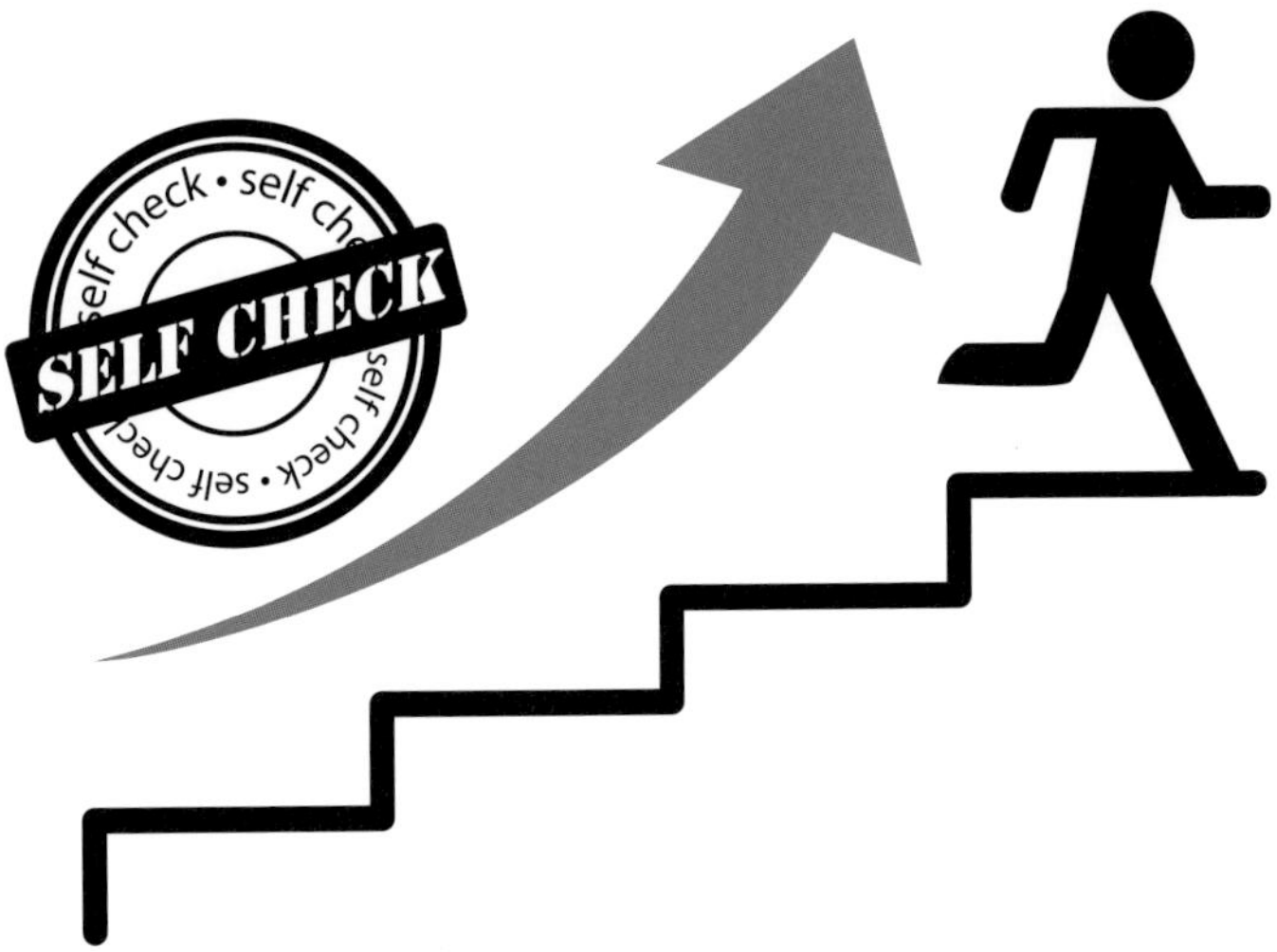

す。さらには、フィードバックがないと、新しい手立てをしても、効果的だったのか、逆効果だったのかも分からないからです。たとえるなら、野球の練習で、真っ暗闇の中で無感覚の人間がボールを打っているようなものです。バットにボールがあたったのか、ボールはどこに飛んだのか、が分からないなら（フィードバックがないなら）、バッティングが向上するはずもありません。

ロジックの伝達手段である文章やプレゼンテーションは、フィードバックを得られないので経験だけでは向上しません。ビジネス文章の多くは、提出したら終わりで、プレゼンテーションも発表したら終わりです。フィードバックがないので、自分のスキルが社内でどの位置にいるか把握している人はいないでしょう。仮に上司などからフィードバックがあるかもしれませんが、多くの場合、ビジネス的な内容のフィードバックです。ロジックの構成や伝達方法ではないはずです。仮に、ロジックの構成や伝達方法のフィードバックがあったとしても、その分野は上司の専門外ですから、フィードバックが正しい保証はありません。

◆セルフチェックの方法を知る

自己学習でロジック構築のスキルを向上させるには、次の3ステップが必要です。
1.「知っている」、「理解している」必要のある基本理論を学ぶこと

2. 学んだ理論を「できる」かをセルフチェックする方法を学ぶ
3. セルフチェックしながら、ロジック構築を繰り返す

まず、**基本理論は学習すべきです。**本書で言えば、「ロジックを分類・接続・展開で組む」ことなどです。知らないことはできません。まずは、「知っている」「理解している」ことが必要です。そこで、本書では、構築編と伝達編で、基本理論を紹介しています。

次に、**学んだ理論を正しく使えたかを客観的にセルフチェックする方法を学習すべきです。**学んだ理論を使っただけではスキルになりません。正しく使えて初めてスキルになります。自分が正しく使えたことを客観的にチェックする方法を知っていれば、自分でフィードバックができます。その結果スキルは向上します。本書では、構築編と伝達編で、このセルフチェックの方法を、下記のマークと一緒に紹介しています。

最後に、**セルフチェックしながら、ロジック構築を繰り返すべきです。**そこで本書で、演習編でかなり難しい課題を用意しています。さらに、正しくセルフチェックできているかを検証できるように、各演習に詳しい解説を付けています。演習を解き、解説を読むことで、基本理論とセルフチェックの方法を使いつつ、正しく使えたかを確認できますので、スキル向上につながります。

まとめ

ロジック構築とは、情報を適切に分類・接続・展開することによって、論理の筋道を伝えることです。ロジック構築には、目次を組み上げるだけではなく、パラグラフ（プレゼンテーションならスライド）の中まで含まれます。また、構築したロジックを伝える方法も含まれます。ロジック構築のスキルを身に付ければ、ビジネスの生産性が大幅に向上します。スキルを習得するためには、自分へのフィードバックの方法を知っておく必要があります。

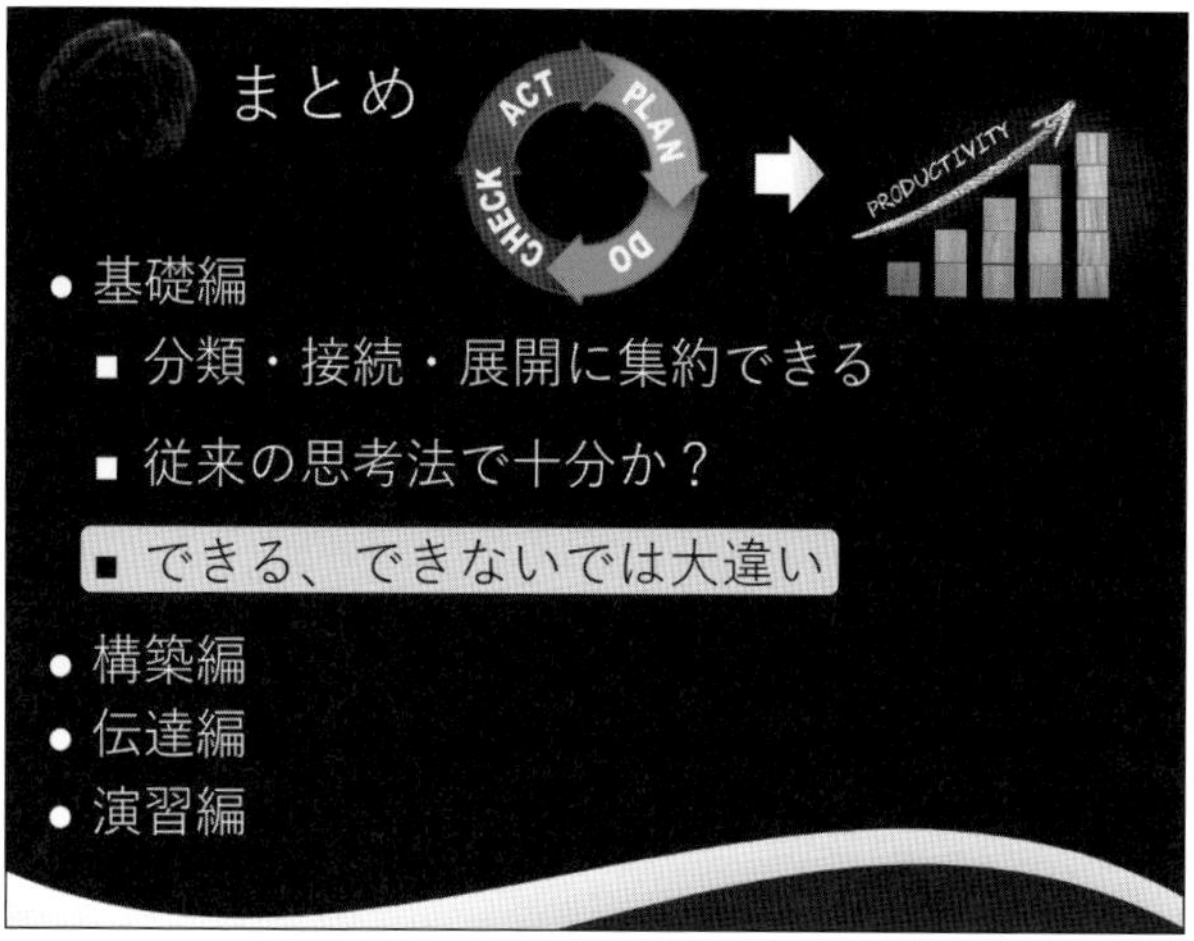

構築編

ロジック単位を縦と横で接続して論証する

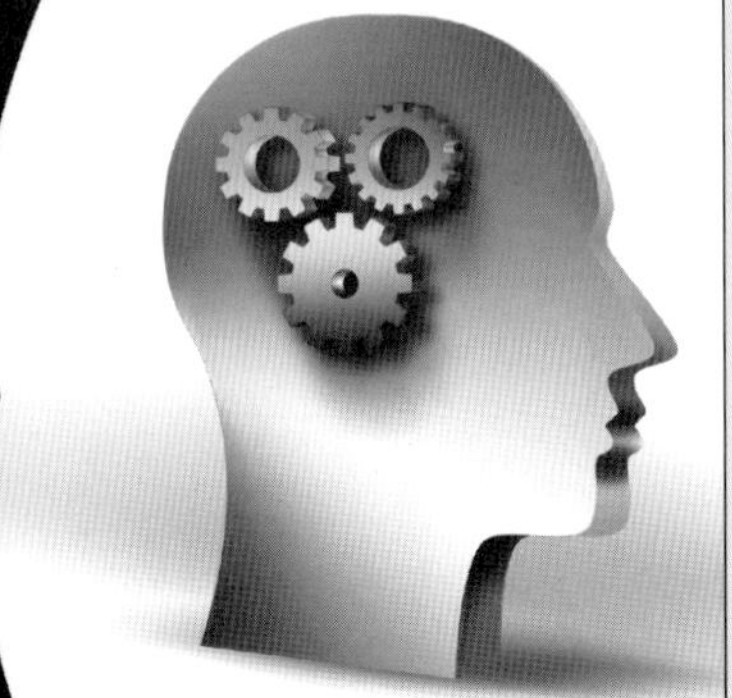

基礎編 ➡ 構築編 ➡ 伝達編 ➡ 演習編

目次

- 基礎編
- 構築編
  - ロジック単位を作る（分類）
  - ロジック単位を縦につなぐ（接続）
  - ロジック単位を横に並べる（接続）
  - ロジック単位を論証する（展開）
- 伝達編
- 演習編

基礎編 ➡ 構築編 ➡ 伝達編 ➡ 演習編

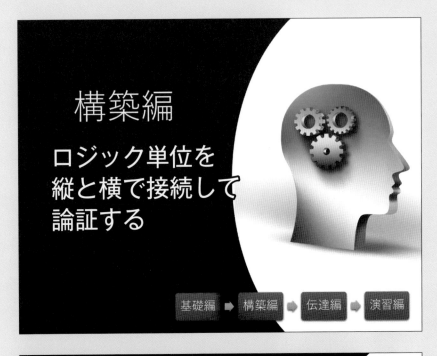

ロジックを構築するには、論理的思考の基本である、分類、接続、展開の3つのスキルが必要です。

ロジック構築するには、まず、ロジックを頭の中で処理できる単位に分類します。人は多くのことを同時に処理できません。そこで、このロジック単位は、3を基本に5までが理想的です。

次に、そのロジック単位を縦か横に接続します。縦とは、ロジック単位が因果などによってつながっている関係です。縦では、前後のロジック単位だけではなく、離れているロジック単位にも見られるときがあるので注意が必要です。横とは、ロジック単位が並列している関係です。横に並んだロジック単位は、同じ種類で、そろった表現になります。

最後にロジック単位は、根拠を持って論証しなければなりません。根拠とは、理由または事実（データや具体例）です。ロジック単位を論証するには、PREP法（Point-Reason-Example-Point）を使う説明が効果的です。

1 ロジック単位を作る（分類）

ロジック構築する際は、人が頭の中で思考処理できるロジック単位を意識する必要があります。このロジック単位は、同じ階層なら、3を基本に5まで、最大でも7までとします。ロジック単位を決定するときは、トップダウン的に思考すると、ロジックはまとめやすくなります。一方で、ロジック単位を発信者だけが認識していたのでは意味がありません。受信者にロジック単位を意識させるために、見出しやパラグラフ、スライドを思考単位と連動させる工夫が必要です。

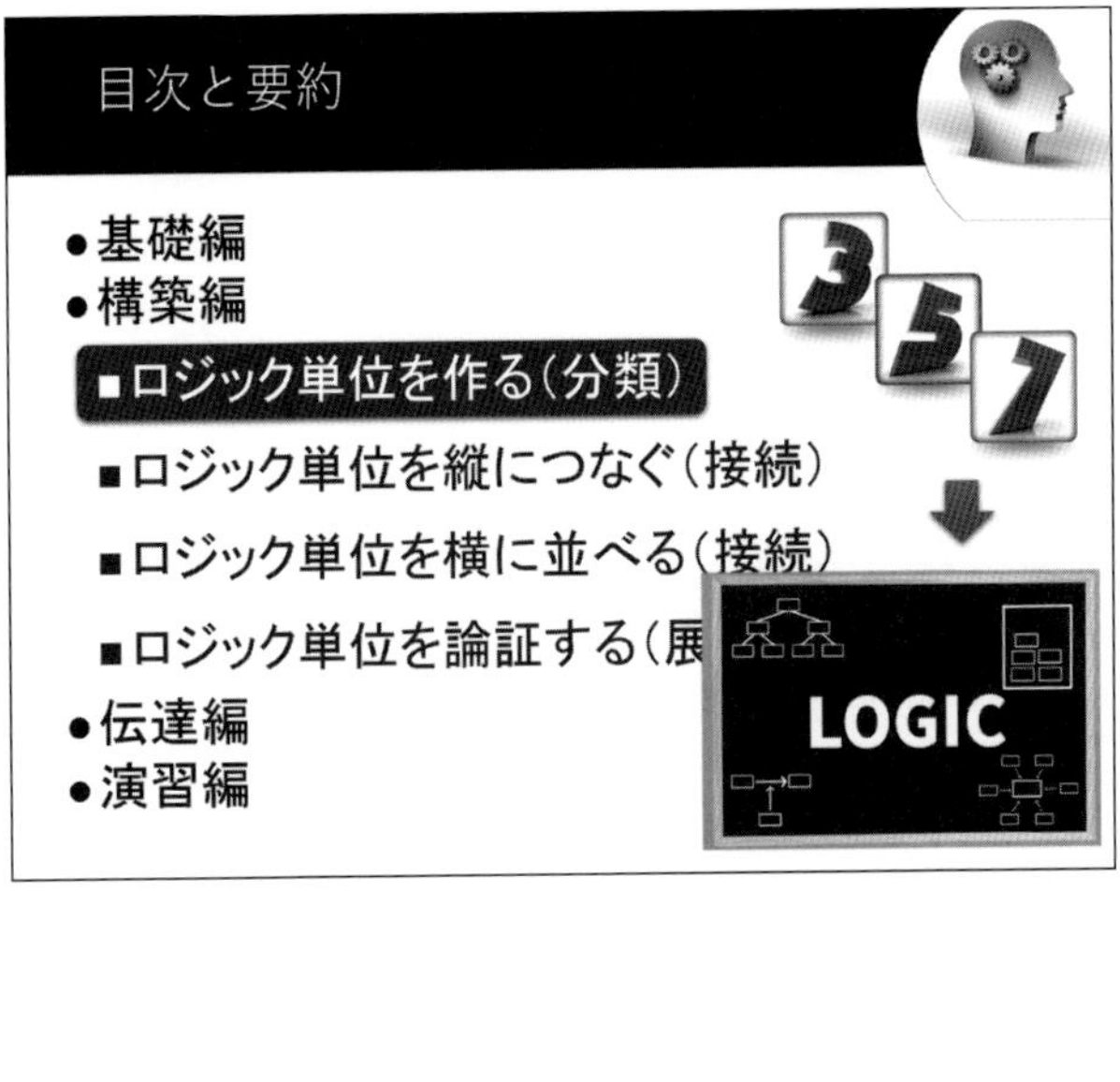

ロジック単位とは

ロジック単位とは、人が頭の中で思考処理できる、論理の構成要素です。頭の中で処理できるためには、ある程度大まかに、同時には少数で提示されなければなりません。したがって、ロジック単位は、目次に使われるような見出しやパラグラフ（プレゼンテーションならスライド）になります。論理が正しく構成されるように、論理の構成要素を、見出し単位やパラグラフ単位へと分類します。本書でも、目次からパラグラフに至るまで、このロジック単位を意識して構成されています。

◆ロジック単位とは

本書で言うロジック単位とは、論理（＝論証のすじみち）を構成する要素です。大きくは見出しを伴った階層です。さらに、文章ならパラグラフ、プレゼンテーションなら1枚のスライドまでがロジック単位です。

具体的にイメージしやすいロジック単位は、見出しを伴った階層です。したがって、見出しを集めた目次は、ロジック単位の集合体と言えます。多くの場合、目次を見れば、その説明の論理が理解できるはずです。目次を見ても論理が理解できないなら、論理が正しく構成されていないか、見出しが正しく内容を反映していないのです。

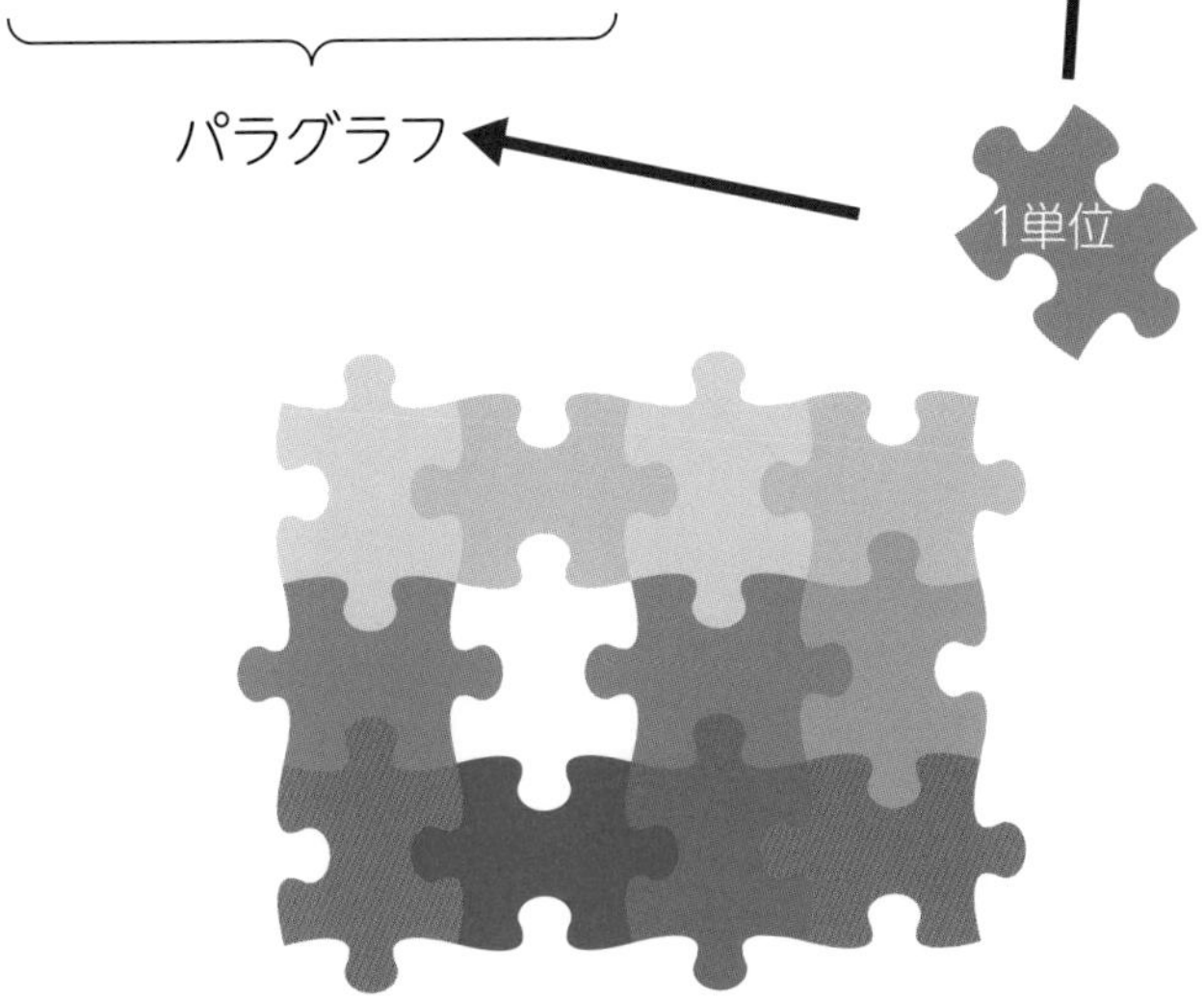

さらに本書では、階層の下の要素もロジック単位としています。つまり、文章ならパラグラフ、プレゼンテーションなら1枚のスライドまでがロジック単位です。分かりやすいのは、プレゼンテーションのスライドです。すべてのスライドの見出しが、目次に反映されているわけ

ではありません。しかし、スライド単位で説明は流れていきます。したがって、スライドが論理の単位です。このスライドに対応するのが文章ではパラグラフです。文章ならパラグラフもロジック単位です。

◆ロジック単位は、同一階層内で検討する

ロジック単位は、同じ階層レベルで、論理が正しく構成されるように分類します。たとえば、全体構成なら、章の見出しで、論理構成が分かるよう章立て（＝ロジック単位の分類）をします。同様に、1章の中は、1章の節の見出しだけで、論理構成が分かるように、1章の節を分類します。さらに、文章なら、階層の下にある各パラグラフのトピックで、論理が正しく構成されているかを確認します。プレゼンテーションなら、階層の下にある各スライドの見出しで、論理が正しく構成されているかを確認します。

同じ階層レベルで論理構成を検討する理由は、発信者も受信者も、多くの情報を頭には置けないからです。人は、ある階層で思考処理しているときに、他の階層の構成を考慮してはいられません。たとえば、3章2節を読んでいるときに、1章3節を頭に置くことはできません。それどころか、直前の3章1節の内容すら頭から抜けていることは多いです。読み手が、思考処理しているのは3章2節の中だけの場合が多いのです。

◆本書におけるロジック単位

本書の構成を例に、ロジック単位を紹介しましょう。本書は、300ページ超の文章なので、ロジック単位も深い階層で構成しています。すべての階層が、3~5で構成されていることに気をつけてください。

まず、本書全体が左記の4編で構成されています。この4編が最上位のロジック単位です。

- なぜ、ロジック構築なのか?
- ロジック単位を縦と横で接続して論証する
- ロジックを文章やプレゼンテーションで伝える
- ロジックを実際に組んでみよう

次に、「なぜ、ロジック構築なのか?」は、左記の3つの階層でできています。この3つの階層が第二次ロジック単位です。

1. 分類・接続・展開に集約できる
2. 従来の思考法で十分か?
3. できる、できないでは大違い

次に、「分類・接続・展開に集約できる」は、左記の3つの階層でできています。この3つの階層が第三次ロジック単位です。

● 非論理的な事例は多種多様
● 論理性の3要件
● 論理は万能ではない

次に、「論理性の3要件」は、左記の3つの階層でできています。この3つの階層が第四次ロジック単位です。

● 理解しやすく分類
● 縦と横で接続
● 根拠で論証

最後に、「理解しやすく分類」は、要約と左記の3つのパラグラフでできています。この3つのパラグラフが第五次ロジック単位です。この第五次までがロジック単位です。

このロジック単位とは、論証のステップとも言えます。

このロジック単位は、できれば5まで、最大でも7までに抑えます。

ロジック単位が5を超えたら、階層構造化して階層分けします。

例外には根拠が必要

ルールに例外があるなら、根拠を持って説明しなければなりません。根拠のない例外があるなら、ルールではありません。

スポーツで、ルールに根拠のない例外があれば、スポーツとして成立しません。ルールの例外を審判が自由に判断できるなら、選手はやっていられません。ルールには原則、例外は認められません。例外があるなら、納得できる根拠が必要です。

同様に、論理的な説明の方法にも、根拠のない例外は認められません。たとえば、「パラグラフはPREP法で構成する」というルールなら、すべてのパラグラフをPREP法で構成しなければなりません。PREP法で構成しないパラグラフがあるなら、例外である根拠が必要です。

例外のないルールを守れないなら、どこかで間違えているのです。たとえば、パラグラフをPREP法で構成できないなら、そのパラグラフがおかしいのです。ロジック単位でないトピックをパラグラフにしたとか、トピックを2つ述べたとかです。ルールの前提を見直す必要があります。

ロジック単位は3、5、7で

ロジック単位は、3、5、7を意識すると伝わりやすくなります。なぜなら、人が短期的に記憶できる数は、7±2とも、4±1とも言われるからです。この数以内の情報なら、理解できる、同時に処理できるのです。一方で、理解だけではなく、しっかりと記憶することまで期待するなら、情報は3つまでが望ましいです。3はまとめるときの王道と言われています。

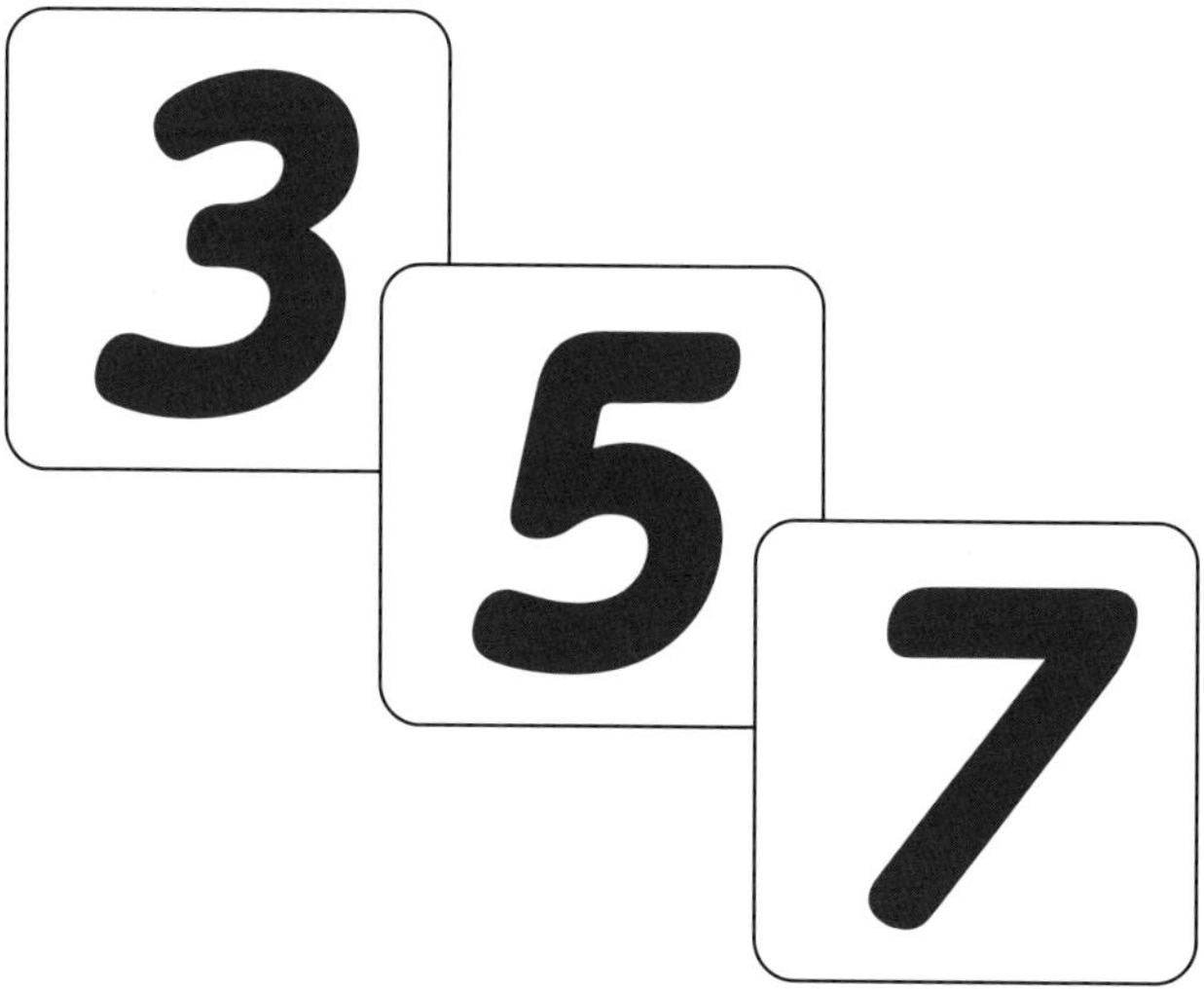

◆マジカルナンバー7 or 4

認知心理学では、人が短期的（約20秒）に記憶できる数を、マジカルナンバーと呼ぶときがあります。その数は7±2とも、4±1とも言われます。したがって、同時処理できる、つまり理解できる情報数は5つまで、多くて7つと考えておきましょう。

このマジカルナンバーは、長らく7±2と言われてきました。その根拠となっているのが、アメリカの認知心理学者George A. Miller氏が、1956年に発表した「The Magical Number Seven, Plus or Minus Two Some Limits on Our Capacity for Processing Information」という論文です。たとえば、電話番号程度の数なら、頑張れば20秒保持できそうです。直感的には納得感もあります。

しかし、21世紀になって、マジカルナンバーは4±1が定説になりました。その根拠となってい

るのが、ミズーリ大学の心理学教授であるNelson Cowan氏が、２００１年に発表した「The Magical Number 4 in Short-Term Memory: A Reconsideration of Mental Storage Capacity」という論文です。確かに、７±2はちょっと多い印象もあります。

マジカルナンバーを考慮すれば、ロジック単位はできれば5まで、最大でも7と考えるべきです。７を超えると短期記憶がオーバーフローを起こし始めるので、分かりにくくなります。しかもこの数は、20秒保持できるにすぎません。マジカルナンバーは、理解できる数であって、長期に記憶できる数ではありません。

◆3はまとめるときの王道

一方で、長期に記憶させるなら3でまとめましょう。「できれば5まで、最大でも7」と説明したのは、記憶ではなく理解できる情報数です。3は、少なくないが記憶できる数なので、まとめるのに適しています。そこで3は、まとめるときの王道と言われます。身近には3でまとめた情報が多くあるはずです。本書も、多くの階層を3でまとめています。

たとえば、２０２０年に新型コロナウィルスが流行したとき、東京都が発信した「Ｎｏ！3密」が広まりました。3密とは、「密閉」「密集」「密接」です。しかし、同じく東京都が発信した「5つの小」は、全く広まりませんでした。「5つの小」とは、「小人数」「小一時間」「小声」「小皿」「小まめ」です。5つは、理解できても記憶はできないのです。

◆ロジック単位は3、5、7

そこで、ロジック構築の単位は、記憶に残したい場合は3、ロジックを伝える場合は5、ロジックが複雑な場合は7までを目安としましょう。具体的には次のようになります。

- 記憶させたい情報は3つ
  例：「論理性の3要件（分類・接続・展開）」（29ページ参照）
- 簡単なロジックを理解させるなら3～5
  例：本書の階層構造全般
- 複雑なロジックを理解させるなら7まで
  例：「ロジック構築の成功例」のロジック（66ページ参照）
- 要約は、結論の文と重要な情報を3つ
  例：「演習編」における各解答例（たとえば250ページ参照）
- フレームワークは3～5
  例：「フレームワークを活用する」（131ページ参照）

ロジック単位でロジックを組む

ロジックを3、5、7で組むには、上から下にトップダウンで、階層ごとに組み上げるのを基本とします。ロジック単位は、見出しや目次、パラグラフ（プレゼンテーションならスライド）などを使って明示します。また、同一階層でのロジック単位はそろっている必要があります。

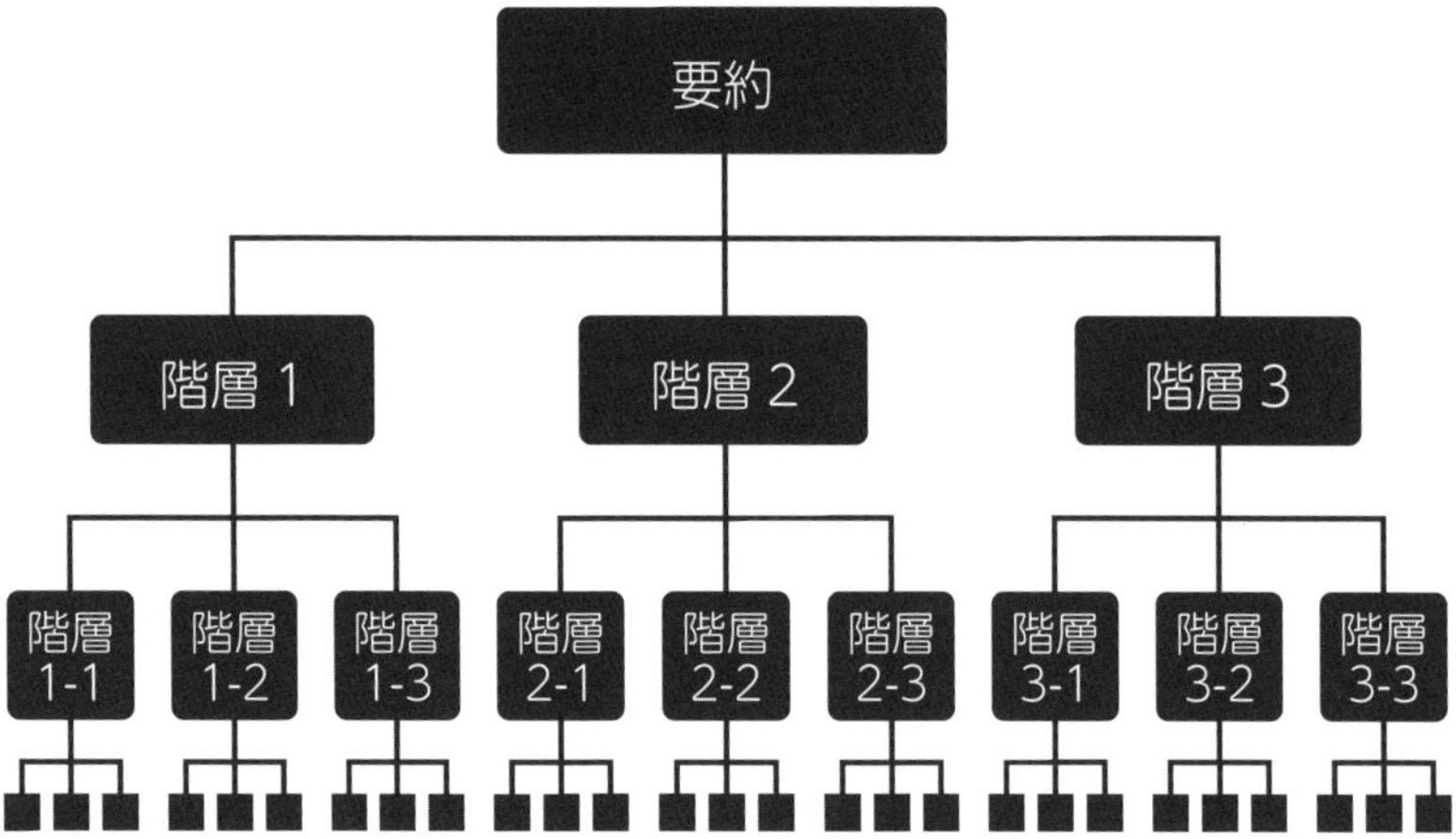

◆上から下に階層内で検討する

ロジックを構成するには、ロジック単位を階層の上から下にと検討します。上位階層を検討してから、その上位階層で1つずつ、それぞれロジック単位を検討します。

ロジックを構成する際には、いきなり詳細に考え始めてはいけません。なぜなら、詳細に考えれば、ロジック単位が多すぎるので、頭の中で処理ができないからです（下記上図参照）。頭で処理できなくなると、とりあえず記録に落とそう、つまり文字化しようとします。すると、情報をただ羅列しただけで、ロジックが構成されていない状態を作ってしま

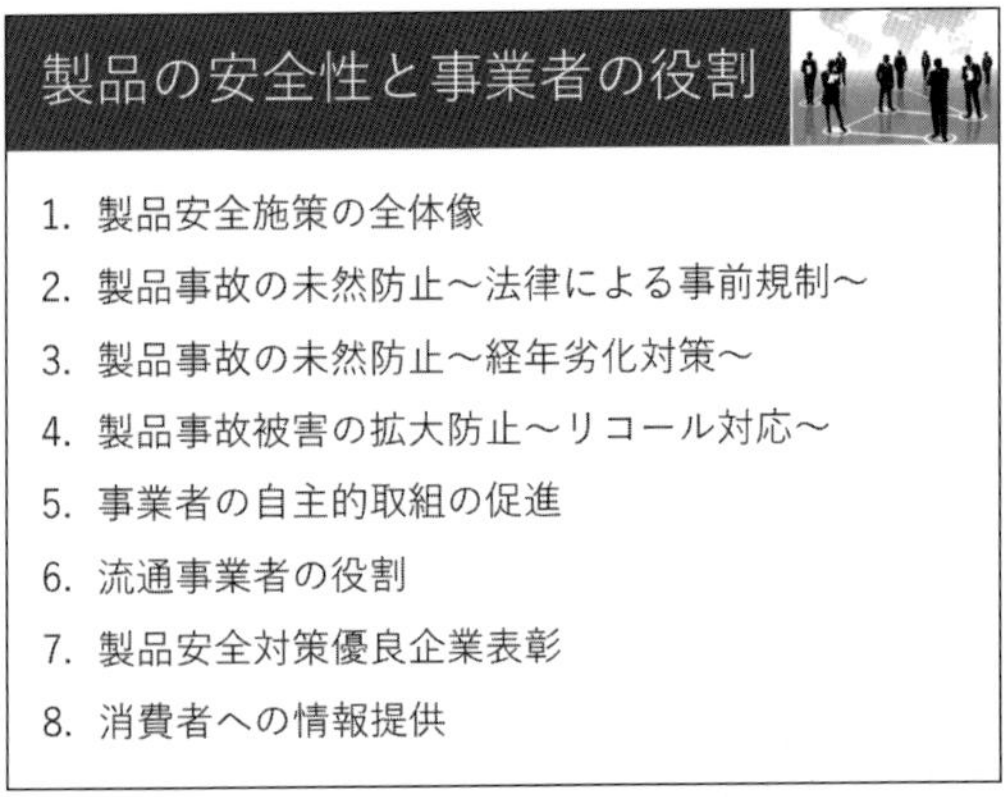

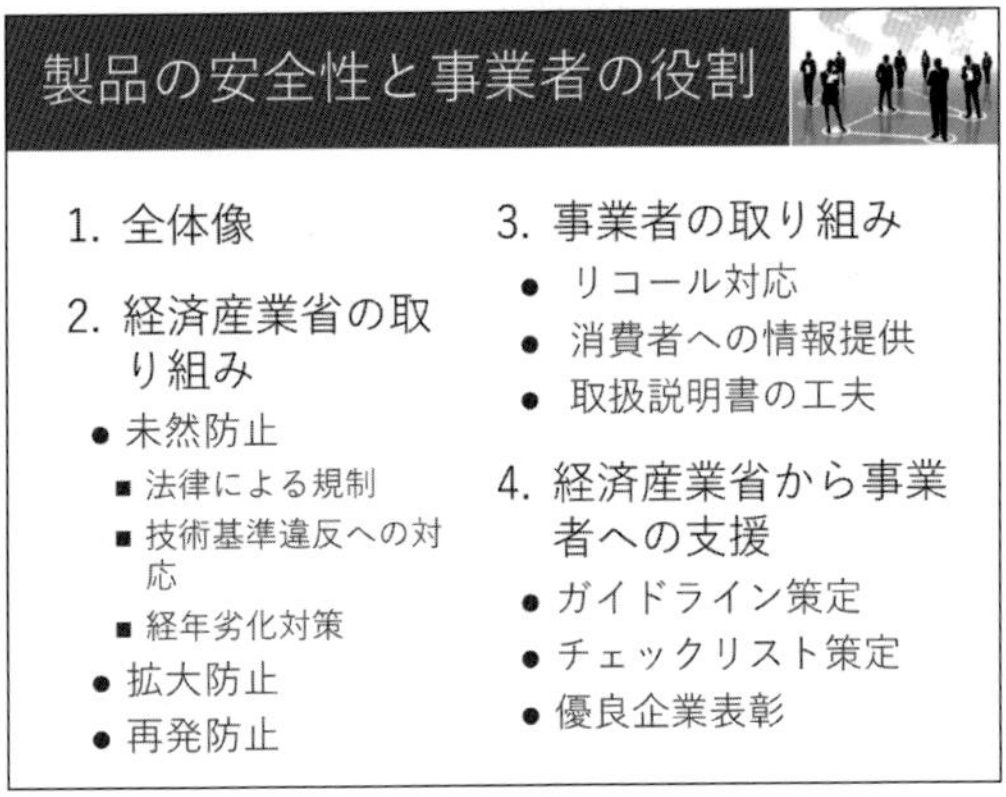

います。

最初は、第一階層のロジックを、3を基本に5までの単位で検討します。たとえば、前ページの「製品の安全性と事業者の役割」というテーマなら、当事者は経済産業省と事業者、消費者しかいません。そこで、次の3つの行動を、ロジック単位（第一階層）とします。

- 経済産業省の取り組み
- 事業者の取り組み
- 経済産業省から事業者への支援

次に、第二階層のロジックを同様に、1つずつ、それぞれ3を基本に5までの単位で検討します。たとえば右記の例で言えば、まず、「経済産業省の取り組み」という階層の中を、3を基本に5までで検討します。ここでは、次のような3つで構成しています。

- 未然防止
- 拡大防止
- 再発防止

あとは、ロジックの最小単位まで、同様のことを繰り返します。ロジックの最小単位は、文章であればパラグラフです。プレゼンテーションであればスライドになります。ロジックの単位を明確に検討してから、各パラグラフやスライドの作成に取りかかります。

◆ロジック単位は明示する

ロジック単位は、受信者が意識できるように、次の方法で明示します。

- 見出しを付ける
- 目次を見せる
- レイアウトで見せる

まず、**ロジック単位を伝える見出しを付けましょう。**見出しは、ロジック単位を受信者に伝える最も簡単な方法です。ロジックを伝えるには、キーワードを使って短くまとめるのがコツです。たとえば、「特徴1」のような抽象的な見出しは不十分です。「特徴1：経済性」のように、キーワードを使って短くまとめましょう。

次に、**見出しを集めた目次でロジックを伝えましょう。**目次のもとになる見出しにキーワードがあれば、目次だけでロジックが分かるはずです。ロジックが伝わるためにも、この目次は、文章なら最初に置くだけで結構ですが、プレゼンテーションでは、大項目の説明が終わるたびに再提示します（「目次でロジックを説明する」216ページ参照）。なぜなら、文章なら、読み手は自由に目次を見直せますが、プレゼンテーションだと、聴衆は目次に戻れないからです。

最後に、見出しだけではなくレイアウトでもロジック単位を見せましょう。レイアウトとは、文章のパラグラフです。プレゼンテーションならスライドです。特に文章では、見出しを付けられない場合もあるので、レイアウトで伝えることも大事です。

◆種類や表記、抽象度はそろえる

同一階層では、ロジック単位をそろえます。異なる種類や異なる表記、異なる抽象度の情報を同一階層にまとめてはいけません。たとえば、「製品の安全性と事業者の役割」（下記に再掲載）の第一階層では、「誰の誰に対するどんな行動」でそろえてあります。また、「経済産業省の事業者に対する役割」では、「未然防止」「拡大防止」「再発防止」とそろえてあります。このように、同じ種類、同じ表記でできるだけそろえます。また、同じ抽象度でそろえます。たとえば、現状―問題―原因―対策という流れなら抽象度はそろっています。しかし、現状―問題―原因1―原因2―対策の流れでは、原因だけが抽象度がそろっていません。この場合は、現状―問題―原因―対策という流れを作ってから、原因の中を2つのロジック単位に分けるべきです。

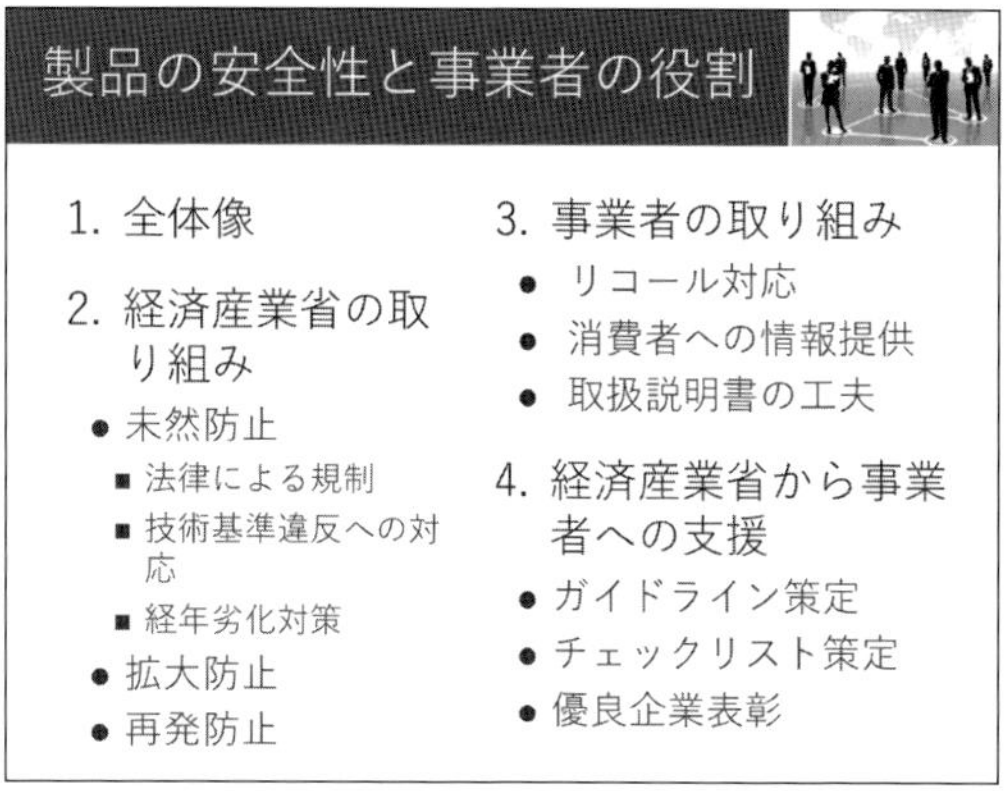

ロジック構築のツール

ロジック構築に適したアプリを２種類、紹介します。アウトラインプロセッサーとマインドマップアプリです。

アウトラインプロセッサーとは、文章の骨子をまとめるためのテキストエディタです。文章の骨子を並べ替えたり、階層構造化したりするのに便利です。無料のアウトラインプロセッサーとしてDynalistやWorkFlowyが有名です。

一方、マインドマップアプリは、思考を整理したり、発想を広げたりするためのツールです。このアプリは、本来、ブレインストーミングなどに使われます。しかし、思考を整理するためのツールですから、ロジック構築にもそのまま使えます。無料のマインドマップアプリとして、SimpleMindやCubeImage Resize、FreeMindが有名です。

筆者は、MS-Wordのナビゲーションウィンドウを使って、ロジックの構成を俯瞰しています。慣れてしまえば、ナビゲーションウィンドウでも十分です。いずれにしろ、ロジックを構成し、その構成を見ながら、詳細説明を作っていきます。

まとめ

このロジック単位は、同じ階層なら、3を基本に5まで、最大でも7までとします。ロジック単位を決定するときは、トップダウン的に思考すると、ロジックはまとめやすくなります。しかし、ロジック単位を発信者だけが認識していたのでは意味がありません。受信者にロジック単位を意識させるために、見出しやパラグラフ、スライドを思考単位と連動させる工夫が必要です。

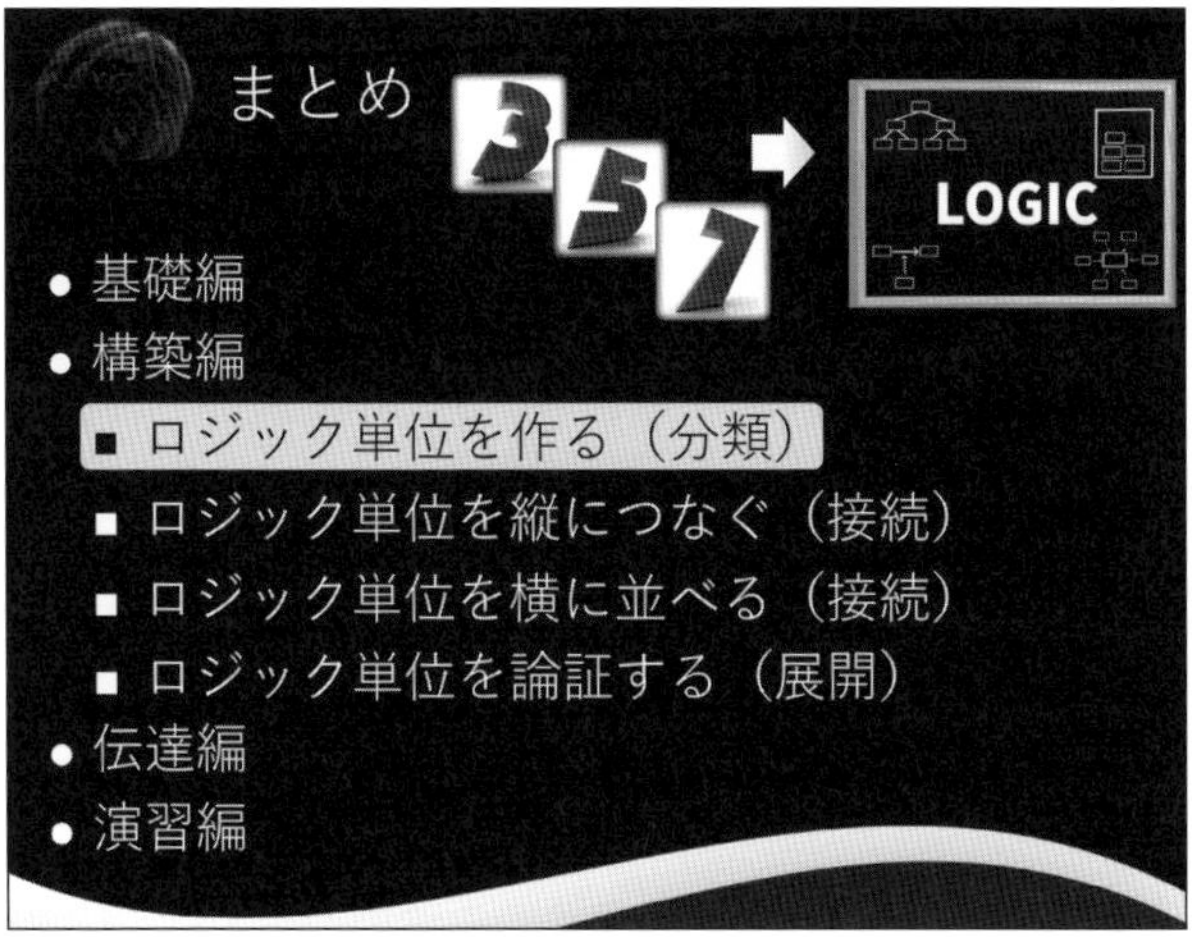

2 ロジック単位を縦につなぐ（接続）

ロジック単位を作ったら、そのロジック単位を縦につなげるか、横に並べなければなりません。縦つながりとは、ロジック単位が因果などによって接続し合っている関係です。縦につなげたつもりではなく、言葉でつながっていることを確認すると効果的です。また、前後に隣り合っているロジック単位はもちろん、離れたロジック単位も、縦につなげなければなりません。縦につなぐには、代表的な論理パターンを知っておくと便利です。

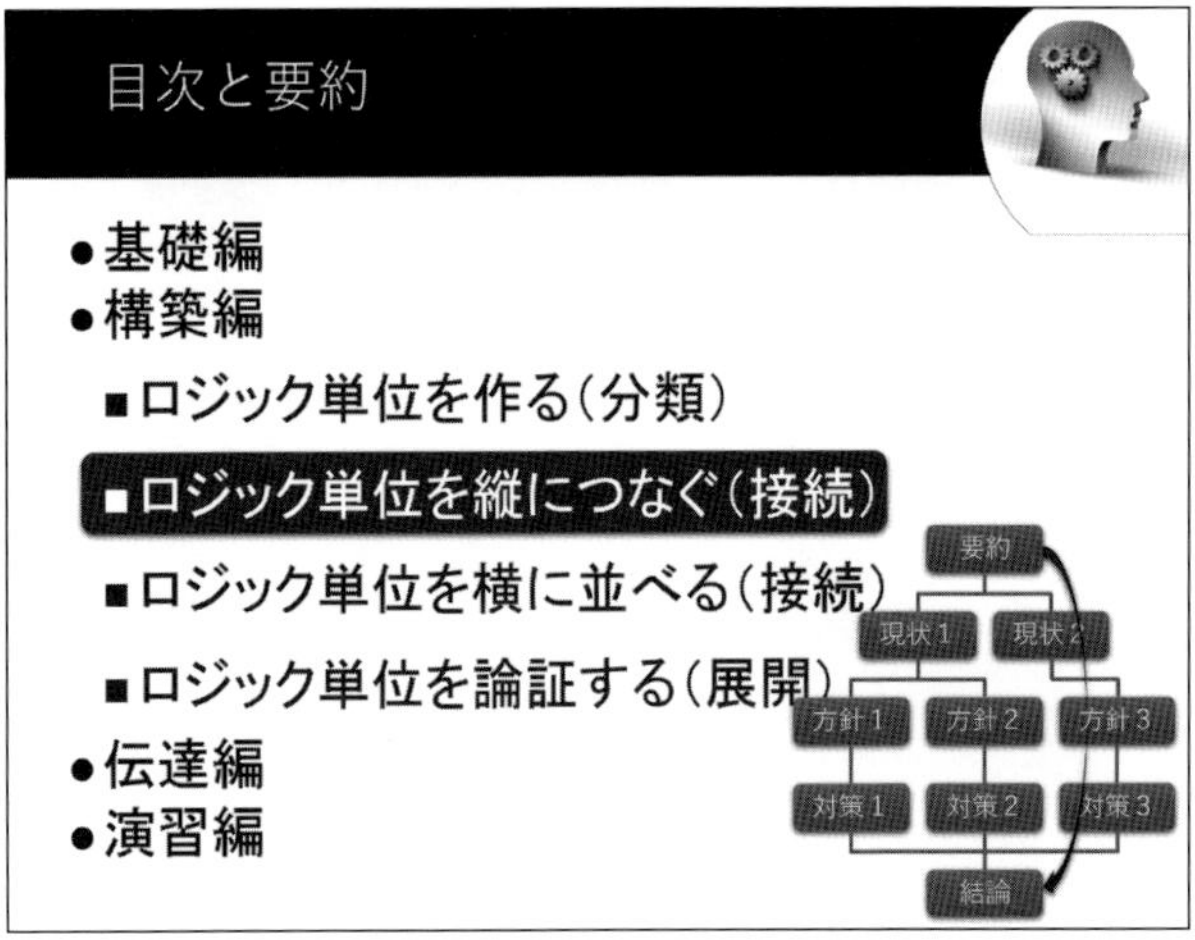

前後をつなぐ

縦につなぐ基本は、階層内で前後のロジック単位をつなぐことです。この前後をつなぐという基本的な接続を、意外にも多くの方ができません。なぜできないかというと、前後を意識しないミクロの視点と、発信者の思い込みのためです。そこで、このミクロな視点と思い込みを防止するために、言葉のつながりで、前後がつながっていることを確認します。

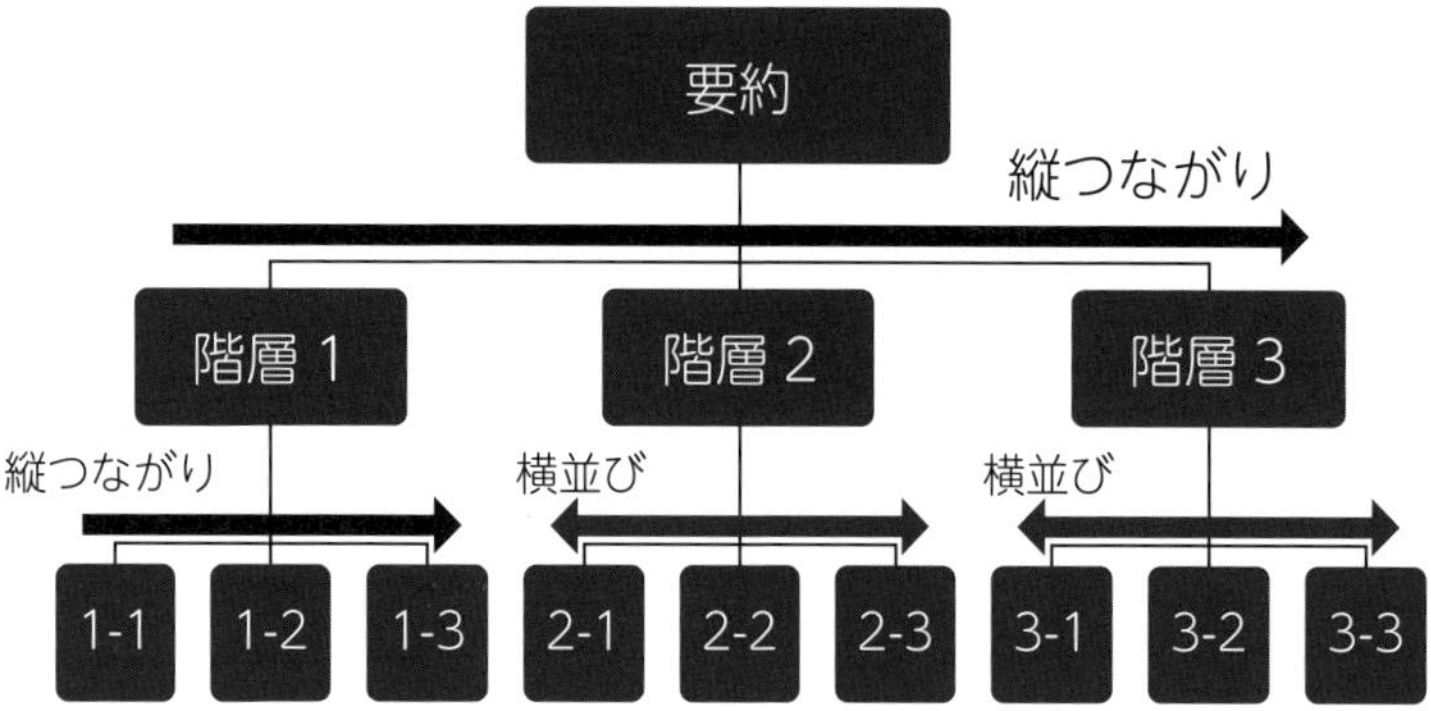

◆階層内を前後につなぐ

ロジックは、第一階層内のロジック単位を縦につなぐことから始めます。第二階層以降は、内容に応じて縦や横の接続になります。第二階層以降も縦につなぐなら、階層内の縦の関係を言葉で説明できるようにしておきます。

ロジックは、多くの場合、第一階層は前後が縦につながっています。第一階層から横に並ぶことは珍しいです。たとえば、下記のスライドも次のように、第一階層で前後のロジック単位が縦につながっている様子を説明できます。

まず、御社の「ビジネスドメインの分析」をして新規ビジネスドメインを見出しました。その「新規ドメインの現状分析」をした結果、「次の一手：エコリゾート」を提案します。最後にそのエコリゾートによる「予想される効果」を紹介します。

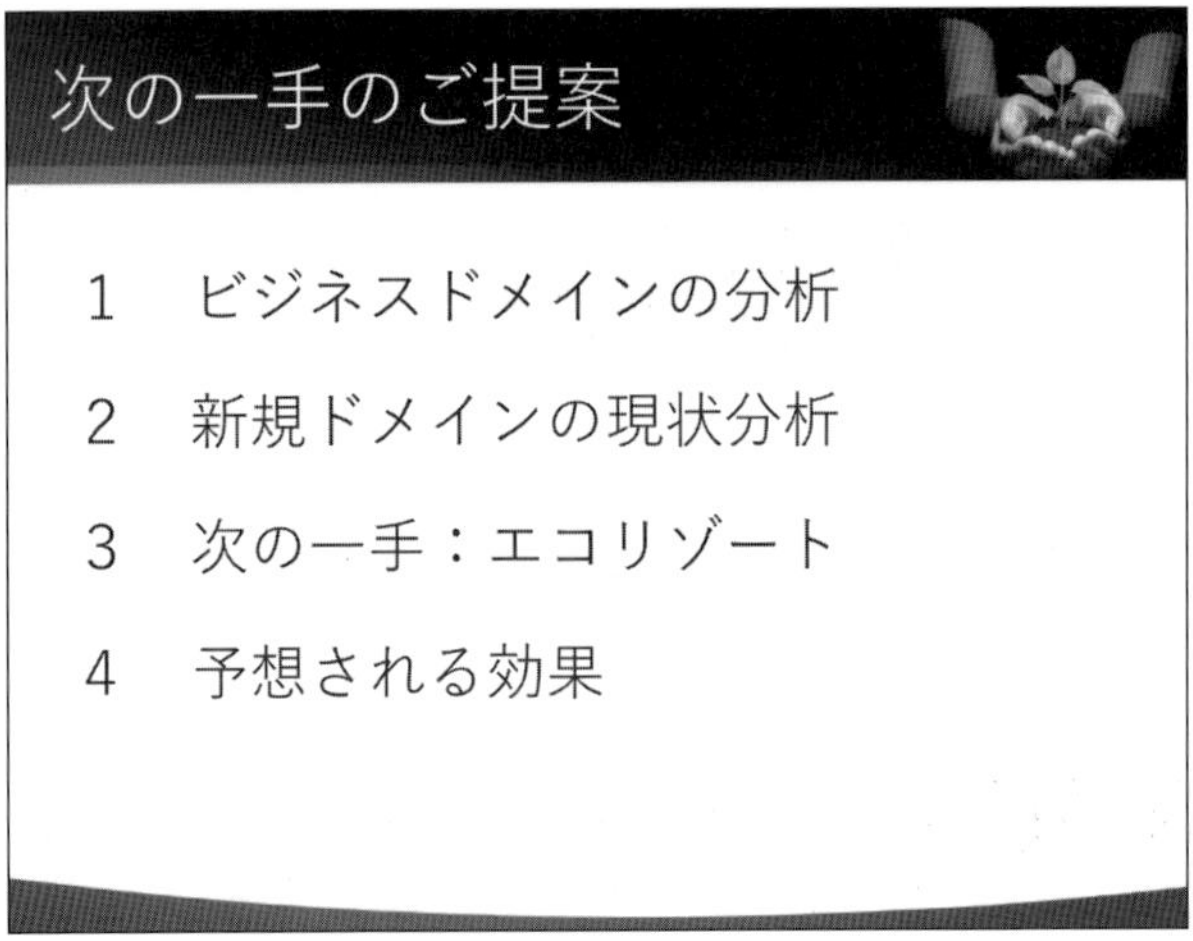

第二階層内も縦につなぐなら、前後のロジック単位がつながっていることを確認します。たとえば、前ページのスライドでは、「ビジネスドメインの分析」という第一階層の下で、従来のドメインと新規ドメインは横に並べられます。しかし、次のような説明なら、縦につながります。

「ビジネスドメインの分析」の結果、従来の「衣食住」を活かす形で「遊と知」に発展させることを考えました。

◆ロジック構築で最もできないポイント

情報を縦につなぐことは、ほとんどできないと言っても過言ではないほど難しいです。なぜ、縦につなぐことが難しいかというと、前後を意識しないミクロの視点と、発信者の思い込みのためです。

たとえば、下記のスライドでは、第一階層（左記）が縦につながっていません。

- 能力ベース経営

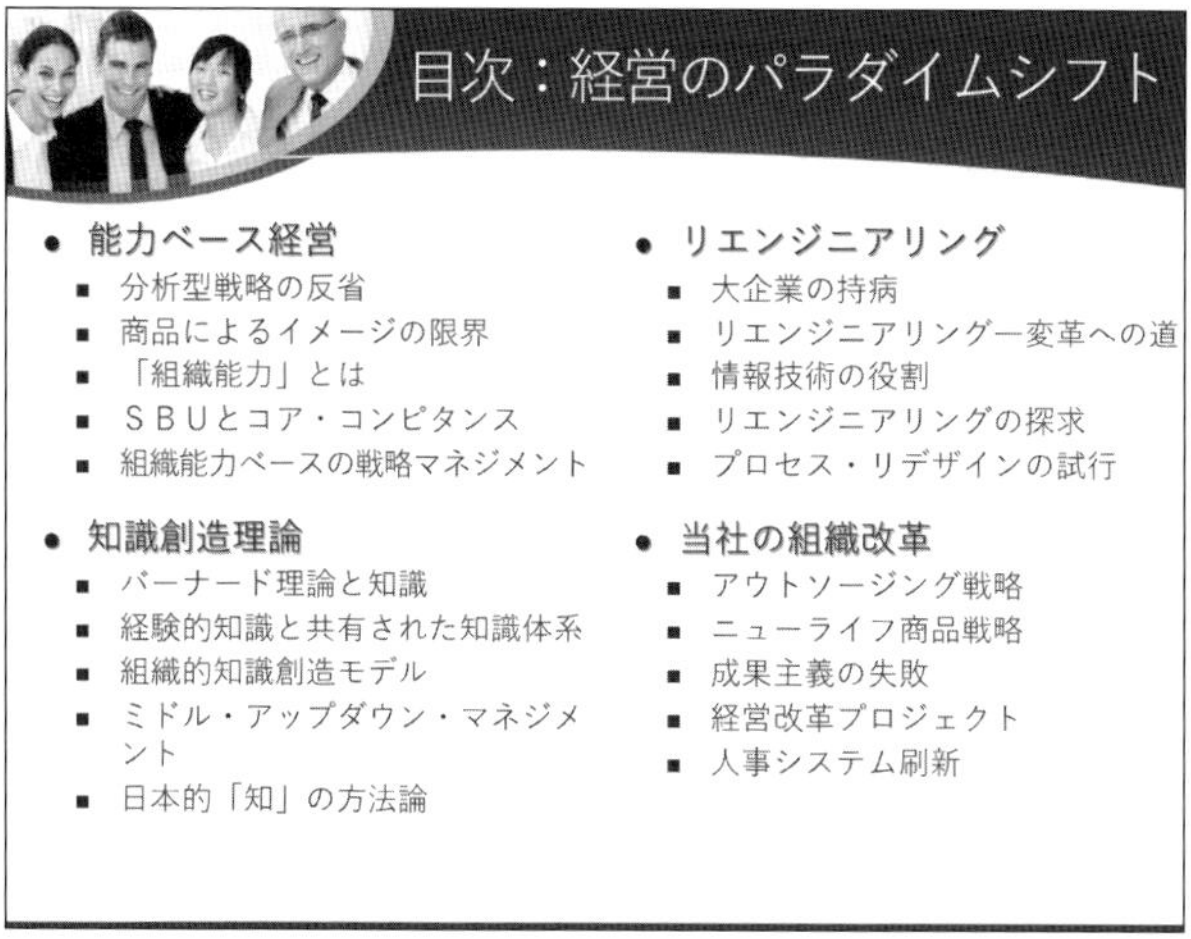

●知識創造理論
●リエンジニアリング
●当社の組織改革

この4項目は縦につながっていませんが、横にも並んでいません。頭に浮かんだトピックを、思いつくままにただ羅列しただけになっています。まして、第二階層に至っては、どの第二階層を見てもつながっているようには読めません。極端な例と感じるかもしれませんが、ごく普通にあるプレゼンテーションです。

ロジック単位を縦につなげられない1つの理由は、発信者はミクロの視点にとらわれるからです。この傾向はプレゼンテーションで強くなります。なぜなら、プレゼンテーションの資料は、絶えず1枚のスライドしか見ていないからです。スライド内は見えているので何とかつなげられても、直後のスライドになるとつながらなくなるのです。見ている現在のスライドと、見えていない次のスライド、あるいは前のスライドとのつながりを意識できなくなるのです。こうなると、前ページのスライドのように、頭に浮かんだトピックを、思いつくままにただ羅列しただけのロジックになります。

ロジック単位を縦につなげられないもう1つの理由は、発信者は縦につながっている説明を端折るからです。発信者の頭の中には多くの情報が存在しているので、説明が不十分でも、発信者の頭ではつながっているのです。たとえば、107ページのスライドの第一階層は次のように縦につながっているのかもしれません。しかし、その接続は説明があって、初めて分かります。

「能力ベースの経営」が求められている。「能力ベースの経営」のベースになるのは「知識創造理論」である。「知識創造理論」によれば、「能力ベースの経営」の実現には「リエンジニアリング」が必要だ。そこで当社も「リエンジニアリング」することで、「当社の組織改革」を実現することとした。

◆縦のつながりは言葉で確認する

そこで、縦のつながりは、言葉を重ねることで確認すると効果的です。言葉を重ねるとは、下図のようなイメージです。たとえば、本項「前後をつなぐ」では、3つの階層「階層内を前後につなぐ」「ロジック構築で最もできないポイント」「縦のつながりは言葉で確認する」が縦につながっています。この縦につながっている様子が、本項の最初で述べた要約（105ペー

縦つながりの表現

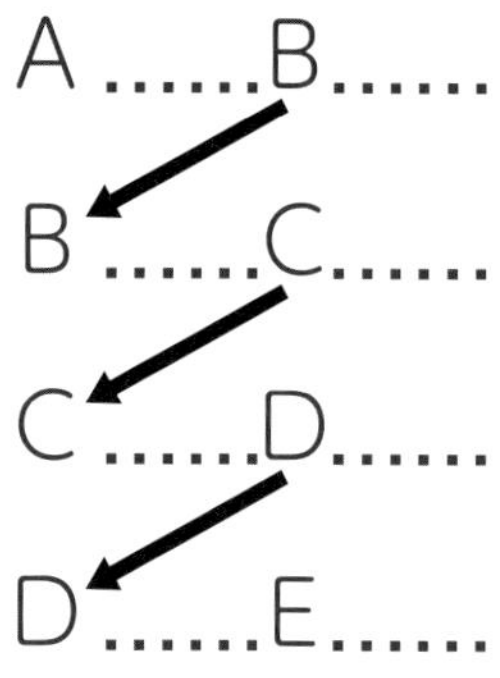

ジ参照）部分に、次のように表現されています。

[A]縦につなぐ基本は、階層内で[B]前後のロジック単位をつなぐことです。この[B]前後をつなぐという基本的な接続を、意外にも多くの方が[C]できません。[C]なぜできないかというと、[D]前後を意識しないミクロの視点と、発信者の思い込みのためです。そこで、[D]このミクロな視点と思い込みを防止するために、言葉のつながりで、前後がつながっていることを確認します。

ちなみに、横並びは言葉を羅列することで表現します。下図のようなイメージです。羅列は横並びなので、一般的には重要な順です。

もし、縦横のどちらの表現にもならないなら、ロジックが正しく組めていないサインです。ロジック単位は、必ず縦つながりか横並びで接続されるのです。どちらの表現も当てはまらないなら、縦でもなく横でもないのです。つまり、ロジックが組めていないのです。いい加減なロジックでも発信者は、ロジックが組めていると誤解します。なぜなら、受信者が持っていない多くの情報を頭に持っているからです。この情報の非対称性に注意しましょう。

横並びの表現

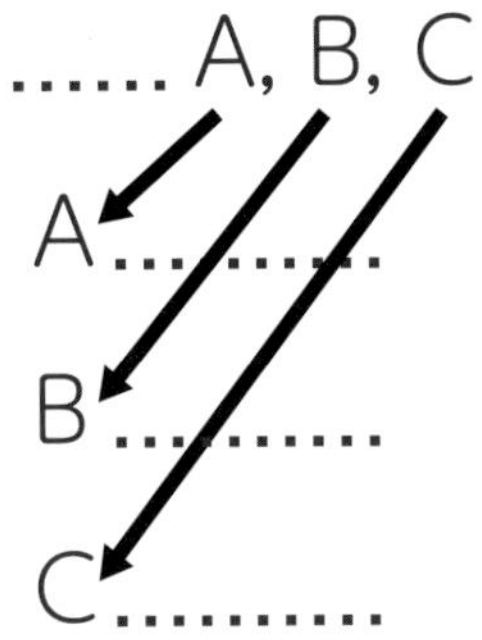

離れていてもつなぐ

ロジック単位は、遠く離れている情報でもつながっていなければなりません。遠く離れている情報とは、たとえば現状分析と対策や、要約と結論などです。しかし、人は、前に述べたことと全く別のことを、後で述べてしまいがちです。なぜなら、ずっと前に発信したことは忘れてしまうからです。そこで、離れている情報間では、下記の3つの点に気をつけましょう。

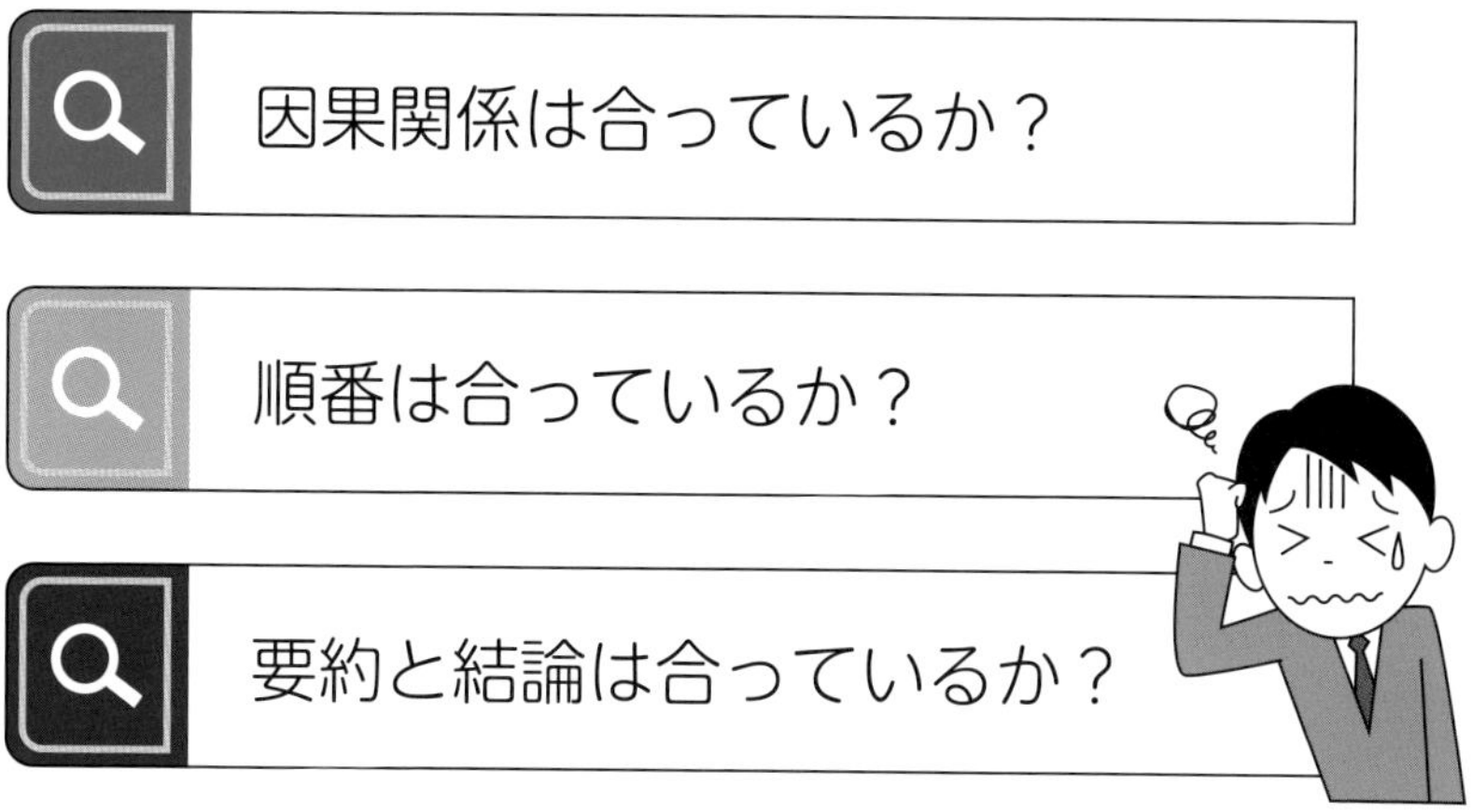
因果関係は合っているか？
順番は合っているか？
要約と結論は合っているか？

◆因果関係は合っているか？

離れたロジック単位で、現状分析と方針、対策のような因果関係に整合性があるかを確認しましょう。現状分析の結果として、方針が生まれます。方針に従って、対策を立てるのです。

仮に、来期に今期とは異なる新たな方針を立てるなら、以下の３つのどれかで、方針に対応する現状分析をしなければなりません。

1．ビジネス環境に大きな変化が生じた（たとえば、中国マーケットの大幅な縮小）
2．従来の方針では、目標を達成できなかった
3．目標を達成したので、さらなる高い目標を設けた

同様に、**対策は方針に基づいていなければなりません。**方針を具現化したのが対策です。方針に対応する対策がないとか、対策に対応する方針がないとかは許されません。さらに、どの方針に対してどの対策が対応しているかは明確に示されなければなりません。

右記は当たり前のように感じますが、実際のビジネスの現場ではできていないことが多いです。できない理由は、実際には、現状分析→方針→対策の順に意思決定がされないからです。実際のビジネスの現場では、現場の状況を考えると、やるべきこと（対策）は最初から決まっていて、後から方針が降りてきたりするのです。下手すると、対策→方針→現状分析で計画書を作ったりします。こうなると、方針作成や現状分析がやっつけ仕事になるのです。

◆順番は合っているか？

離れたロジック単位で、順番が整合しているかを確認しましょう。単に、現状分析と方針、対策が対応しているだけでは不十分です。現状分析、方針、対策が複数あるなら、順番が一致していなければなりません。たとえば、現状分析2と方針1が対応していてはいけません。情報を重要な順に並べれば、必然的に順番の整合は取れるはずです。順番が一致していないなら、情報を重要な順には並べていないのです。

仮に、**整合すべき情報で数が一致しないなら、整合関係が分かる工夫が必要です。**たとえば、方針1に対して対策が2つあるが、方針2には対策が1つしかないような場合です。このときには、対策1a、対策1b、対策2のような番号付けが必要になります。対応関係を、内容から受信者に読み取らせてはいけません。発信者が明示すべきです。

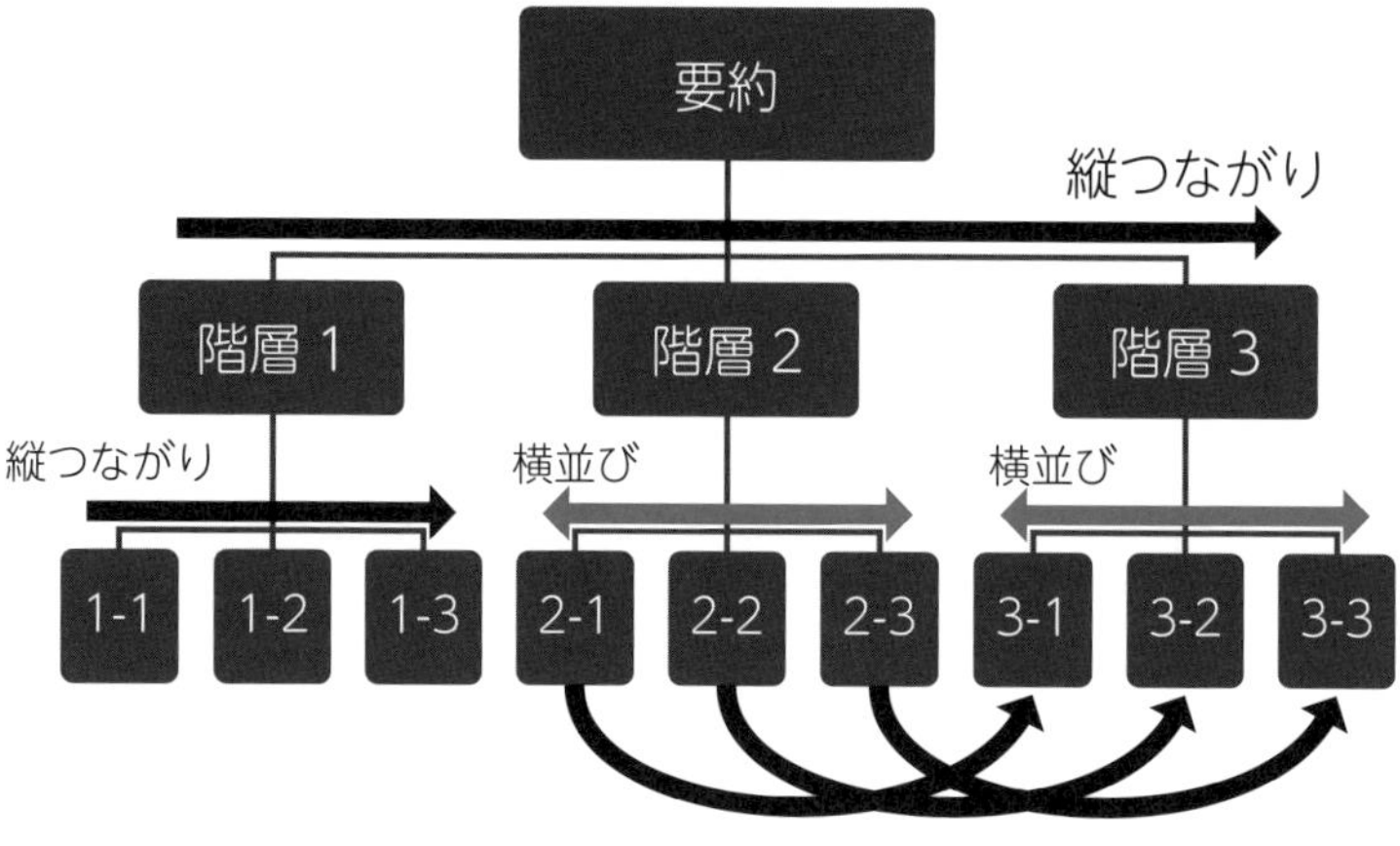

◆要約と結論は合っているか？

最初に述べた要約と、最後に述べた結論に整合性があるかを確認しましょう。要約も結論も重要な情報を述べるパートです。最初と最後で重要な情報が食い違っているはずはありません。要約と結論では、同じ内容を述べなければなりません。結論は念押しのパートなのです。しかし、多くの人が結論にのみ新たな情報を加えてしまいます。なぜなら、各論を書いている間に、要約では述べていない重要な情報を考えつくことがあるからです。その情報は、忘れずに要約にも加えましょう。プレゼンテーションなら、最初に見せる要約のスライドと、最後に見せる結論のスライドは、コピー&ペーストでもかまいません。

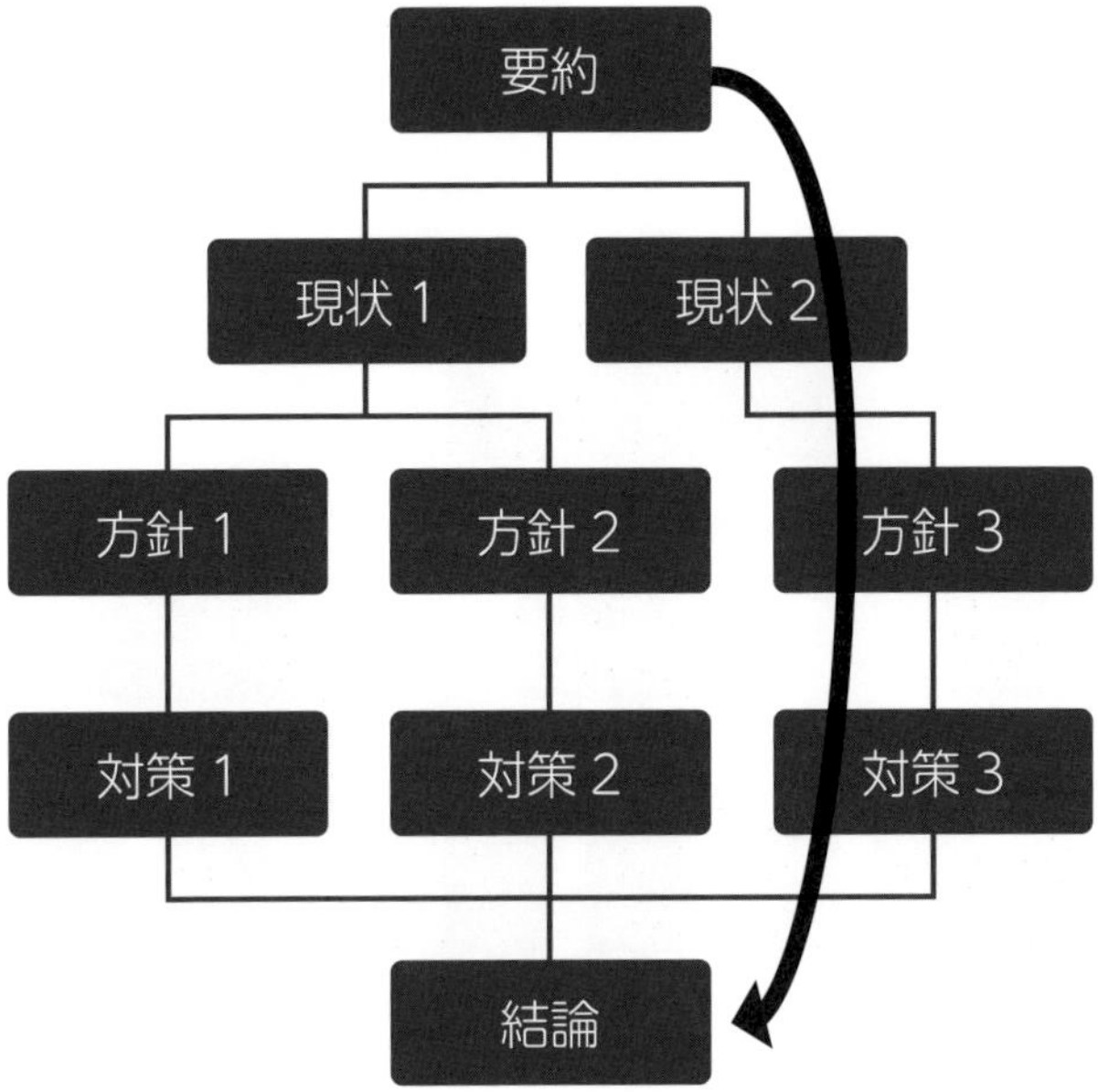

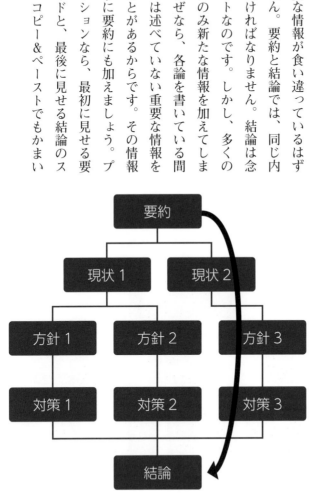

論理パターンを活用する

ロジックには、代表的なロジックのパターンがあります。そのおおもとになるのが、下記の現状―課題―原因―対策―効果―反論という流れです。この代表的なロジックのパターンは、慣れないロジックを組むときに、目安として便利です。代表的なパターンを応用すれば、ビジネスにおける第一階層の縦のつながりは、ほぼカバーできます。

	技術報告	提案	トラブル解析	企業内報告
現状	✓	✓		✓
課題	✓	(✓)	✓	✓
原因			✓	
対策	✓	✓	✓	✓
効果	✓	(✓)	✓	✓
反論		✓		

◆**技術報告**

技術報告の代表的なパターンは次のようになります。

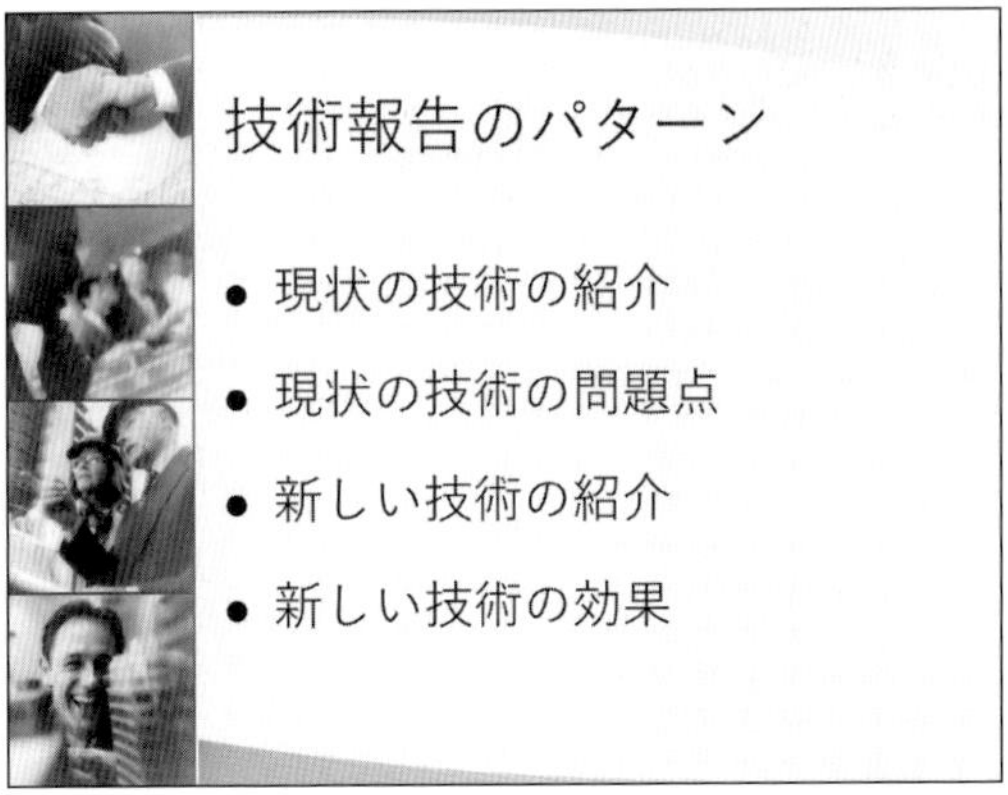

技術報告のパターン
● 現状の技術の紹介
● 現状の技術の問題点
● 新しい技術の紹介
● 新しい技術の効果

◆**提案**

提案の代表的なパターンは次のようになります。ただし、問題点と効果は、どちらか一方の場合だけ述べる場合もあります。

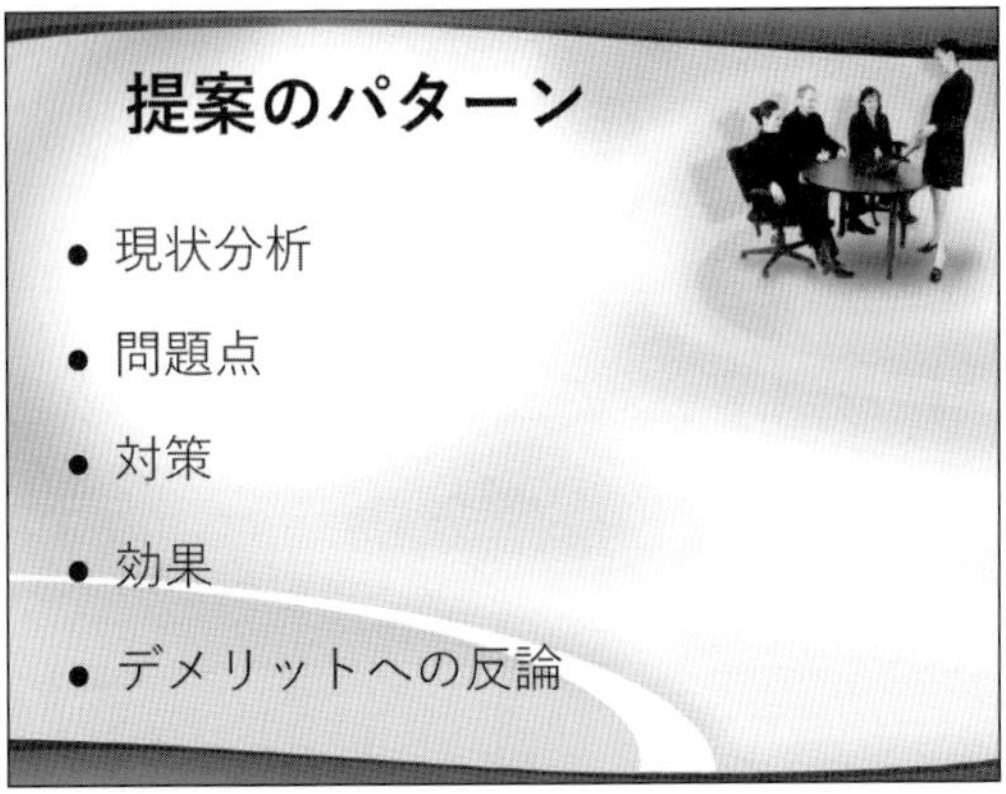

提案のパターン
● 現状分析
● 問題点
● 対策
● 効果
● デメリットへの反論

◆トラブル解析

トラブル解析の代表的なパターンは次のようになります。企業内プレゼンテーションで最も使われるパターンです。

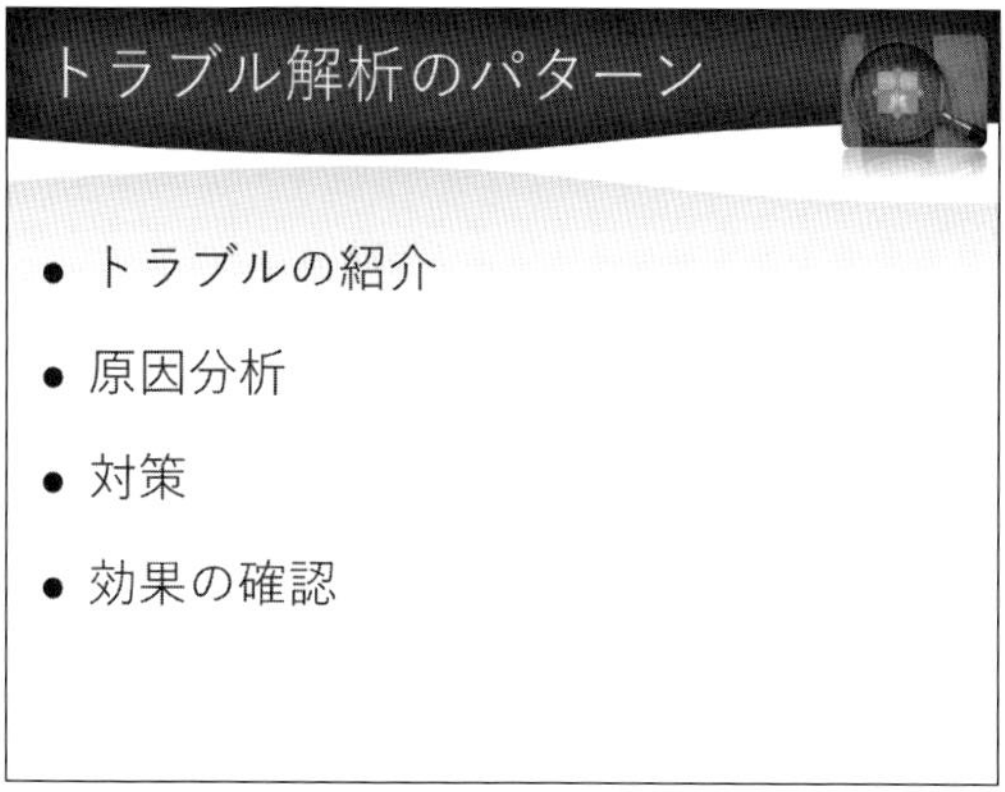
トラブル解析のパターン
• トラブルの紹介
• 原因分析
• 対策
• 効果の確認

◆企業内報告

企業内報告の代表的なパターンは次のようになります。

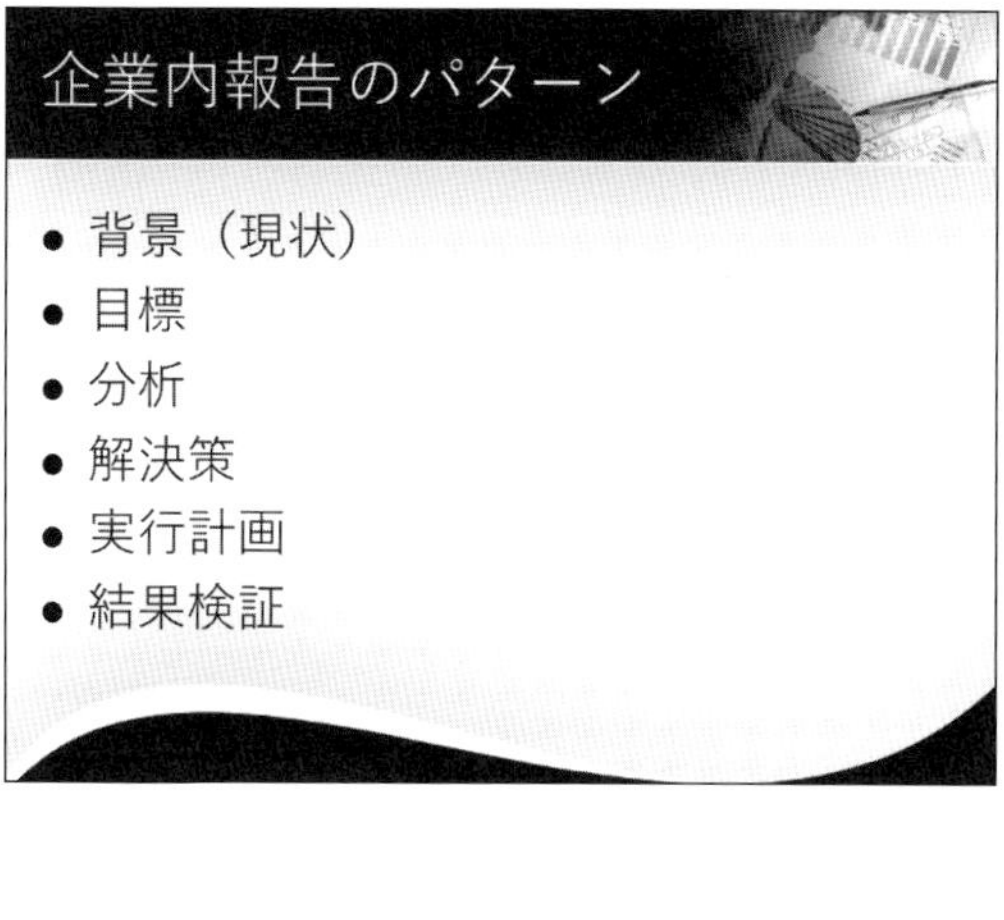
企業内報告のパターン
• 背景（現状）
• 目標
• 分析
• 解決策
• 実行計画
• 結果検証

一見、論理的だが……

フレームワークを使った分析は、一見、論理的に見えますが、逆効果を生むこともあります。

フレームワークを使えば、その分析そのものは論理的になりやすいです。なぜなら、フレームワークはMECEでできているので、分析にモレもダブりもないからです。フレームワークを使うことは、分析ツールに慣れていない人をビビらせるには効果的です。

しかし、フレームワークの分析が次につながっていないことが多いです。たとえば、フレームワークを使って、内外の環境を分析しておきながら、その結果がSWOT分析につながっていないなどです。あるいは、SWOT分析の結果が戦略につながっていないなどです。後ろにつながらない分析はするだけ意味がありません。分析した結果は、その後に続く説明（たとえば提案）につながるはずです。

ロジック単位の接続ができて、初めて論理的なのです。分析ツールは、ロジック単位を論理的にしてくれるだけです。ロジック単位をつなげられて、はじめて全体が論理的になります。

まとめ

　ロジック単位は、縦につなげるか、横に並べるかしなければなりません。縦つながりとは、ロジック単位が因果などによって接続し合っている関係です。縦につなげたつもりではなく、言葉でつながっていることを確認すると効果的です。また、前後に隣り合っているロジック単位はもちろん、離れたロジック単位も、縦につなげなければなりません。縦につなぐには、代表的な論理パターンを知っておくと便利です。

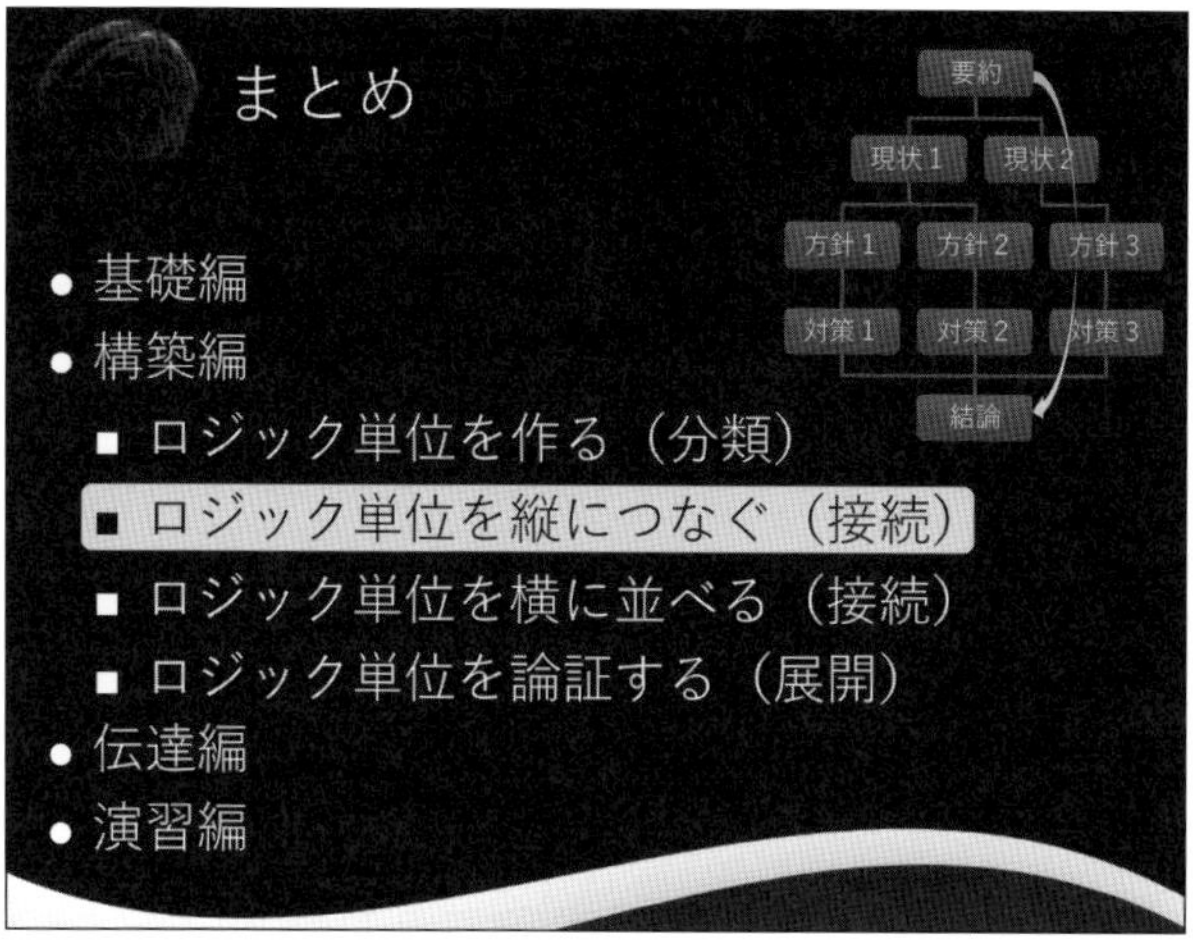

3 ロジック単位を横に並べる（接続）

ロジック単位を作ったら、そのロジック単位を縦につなげるか、横に並べなければなりません。横並びとは、ロジック単位が並列している状態です。横に並べる以上、ロジック単位が同じ種類に属さなければなりません。表現もそろえるべきです。表現のわずかなふぞろいにも注意が必要です。論理的な横並びを実現するには、フレームワークを活用すると便利です。既存のフレームワークに頼りすぎずに、オリジナルのフレームワークを作れると、さらに論理性が増します。

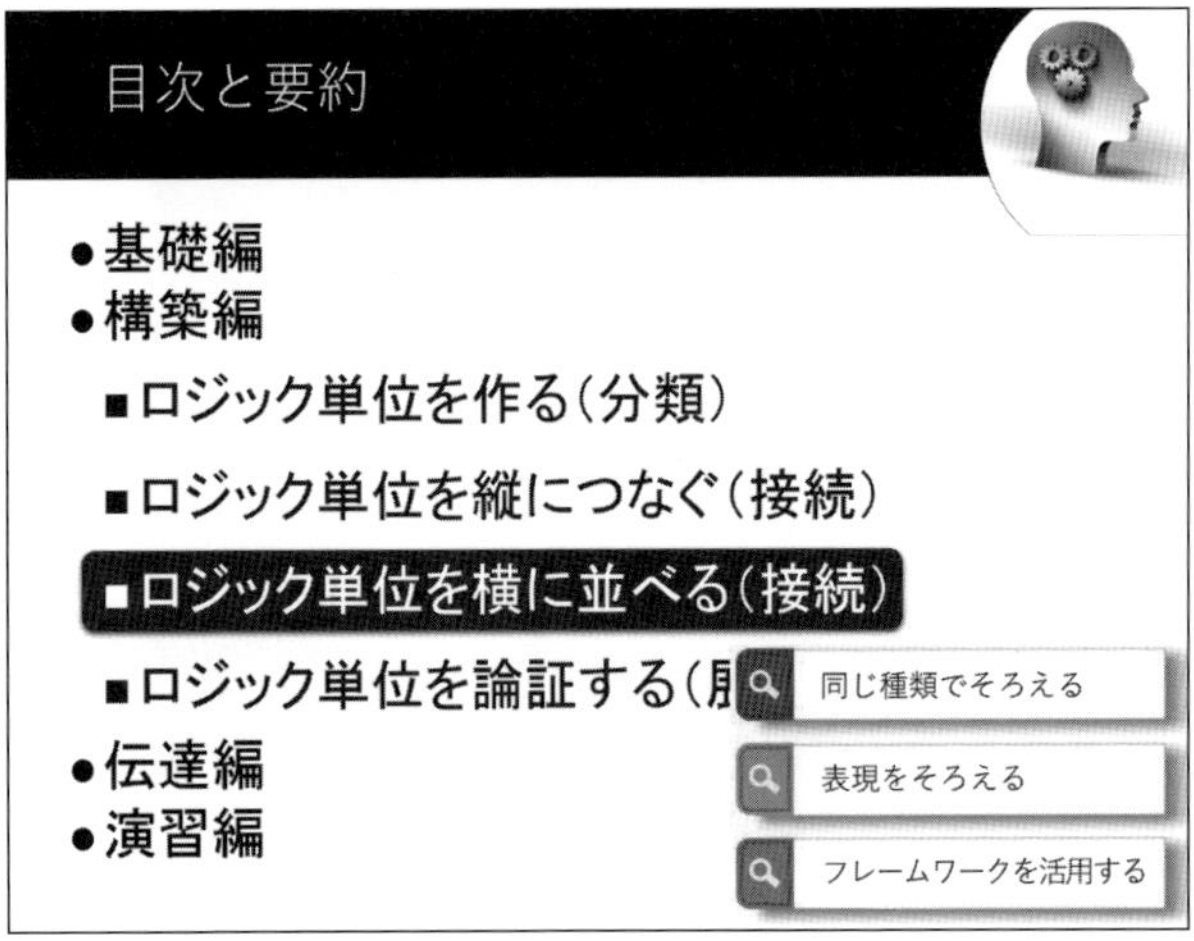

同じ種類でそろえる

横並びのロジックの基本は、ロジック単位が同じ種類どうしだということです。同じ種類の情報を並べるには、わずかな言葉の差にも注意が必要です。しかし、同じ種類のロジック単位でも、縦つながりや包含という関係の場合もあります。種類が同じというだけで横に並べてはいけません。横、縦、包含で並び順が決まっていますので、接続関係を誤解してロジックを組むと、並び順が不適切になります。その結果、接続関係を誤解していることが、受信者にバレますので注意が必要です。

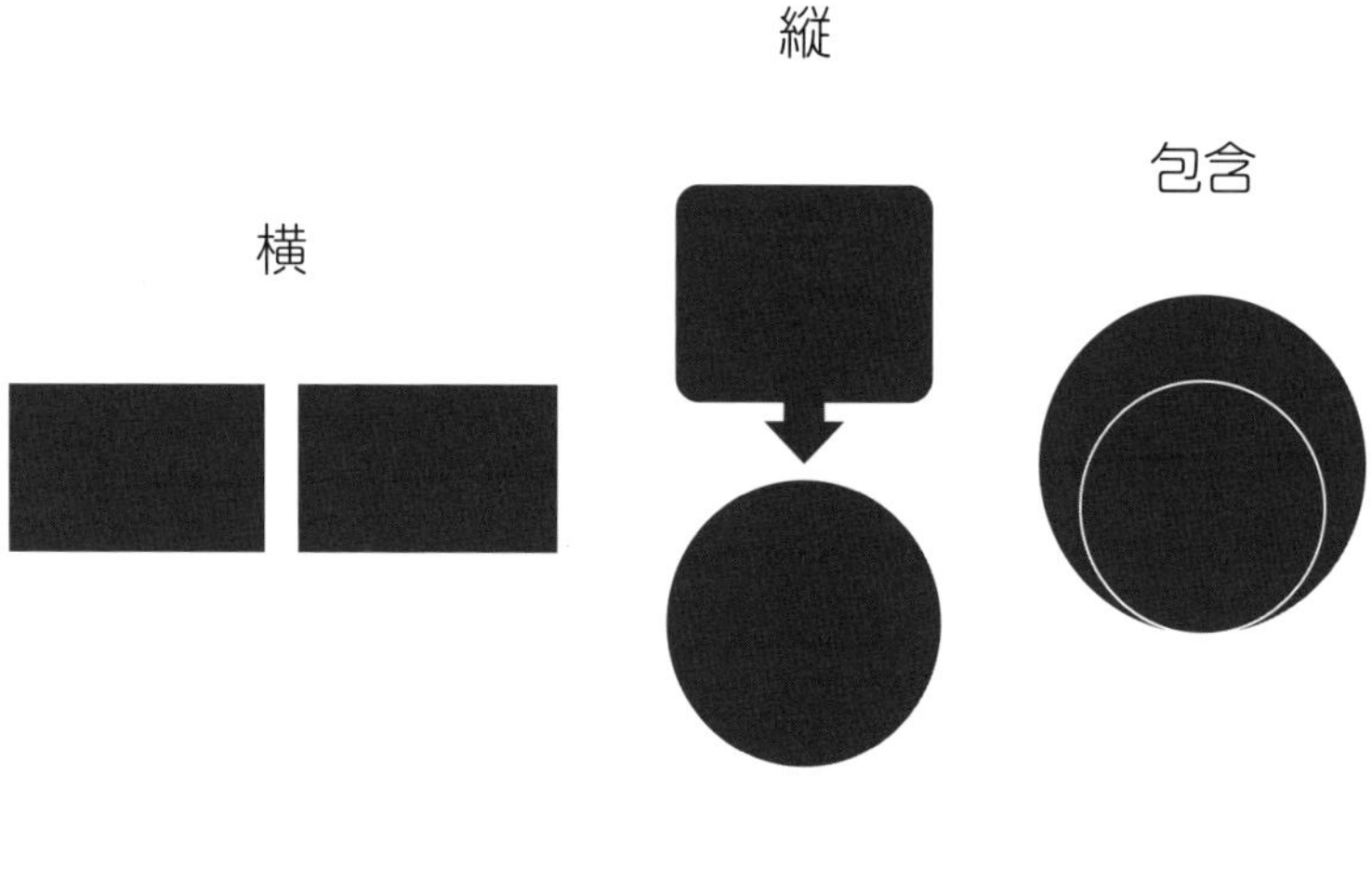

◆種類のわずかな差に注意

ロジック単位を横に並べるときは、同じ種類の情報を、意味のある順に並べなければなりません。わずかな種類の差にも注意が必要です。

横に並べられるロジック単位は、同じ種類でなければなりません。異なる種類のロジック単位を横に並べれば、ロジックは破綻します。簡単なようで、実は難しいです。たとえば、経営資源としてよく、「人・モノ・金・情報」と言われます。この4つは多くの場合、横に並べて問題ありません。しかし、「金」があればすぐに入手できるような「モノ」や「情報」なら、「金」だけあればいいことになってしまうので並列になりません。

もし、横に並べたロジック単位で、表現に微妙な差があるときは、異なる種類を並べたサインです。たとえば、次ページに示す「評価制度の目的」で、「処遇」「配置」「育成」「業績」の内、「業績」は別の種類なので並べられません。「業績」が別の種類なのは、「業績」だけ動詞形にならないことで分かります。「処遇する」とは言いますが、「業績する」とは言いません。「処遇」「配置」「育成」「業績」は、漢字二文字でそろっているように見えますが、わずかに種類が違います。

また、ロジック単位を横に並べるなら、意味のある順に並べなければなりません。多くの場合、その順番は重要な順です。時には、時系列の場合もあります。あいうえお順が使われることもあります。

もし、横に並べたロジック単位が意味のある順に並べられないなら、異なる種類を並べたサインです。たとえば、左記の「評価制度の目的」で、「業績」が別の種類なのは、並べる順が定められないことからも分かります。「処遇」「配置」「育成」「業績」では、何の順に並べたのか分かりません。このように、並び順が定められないのは、並べてはいけない情報を並べたというサインなのです。

そこで、表現がそろい、意味のある順になるロジック単位を探します。たとえば、「評価制度の目的」の例で言えば、「業績」ではなく、「評価」とすれば、より正しい並列になります。「評価する」という動詞形もありますので表現がそろいます。また、「評価」とすれば、時間順という並び順が思い浮かびます。すると、「配置」「育成」「評価」「処遇」と並べた方が、よりビジネスの現場に合うことも分かります。

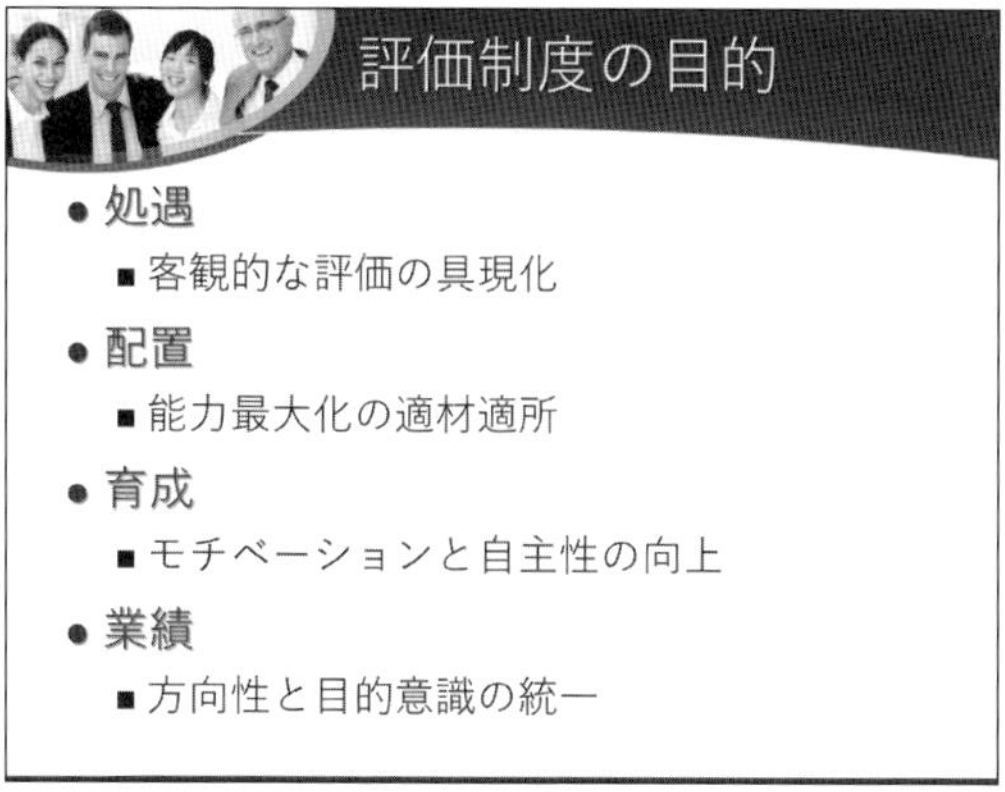
評価制度の目的
● 処遇
■ 客観的な評価の具現化
● 配置
■ 能力最大化の適材適所
● 育成
■ モチベーションと自主性の向上
● 業績
■ 方向性と目的意識の統一

◆種類が同じでも縦つながりもある

種類が同じロジック単位でも、縦につながっている場合もあります。種類が同じだからといって、すぐに横に並べてはいけません。横並びの場合、重要な順をよく使いますが、縦つながりなら接続関係順で説明します。縦つながりの情報をうっかり重要な順に並べると、縦つながりを横並びと誤解していることが、受信者にバレますので気をつけましょう。

たとえば、下記の『日本酒「南部美人」の米国成功要因』では、種類が同じで縦接続の情報が紛れ込んでいます。4つの成功要因は、一見横に並んでいるように見えます。しかし、「教育的マーケティング」と「知識層の意識を刺激」は縦つながり（原因―結果）です。「教育的マーケティング」で、「店員が日本酒のうんちくを説明」するので、「米と麹、水だけが原料なのに、なぜフルーツの香りがするのか」という「知識層の意識を刺激」するのです。したがって、「教育的マーケティング」と「知識層の意識を刺激」を並べてはいけません。

日本酒「南部美人」の米国成功要因

- Southern Beautyというネーミング
  - 直訳調で同名の小説や映画を連想
- 教育的マーケティング
  - 店員が日本酒のうんちくを説明
- 高品質の特別純米酒
  - 世界酒蔵ランキング2019年14位
- 知識層の意識を刺激
  - 米と麹、水だけが原料なのに、「なぜフルーツの香りがするのか」

◆種類が同じでも包含もある

種類が同じロジック単位でも、一方が一方を含んでいる場合もあります。種類が同じだからといって、すぐに横に並べてはいけません。横並びの場合、重要な順をよく使いますが、包含になると外から内への説明になります。包含関係の情報を、うっかり重要な順に並べると、包含関係を並列関係と誤解していることが、受信者にバレますので気をつけましょう。

たとえば、下記の「ビジネスの実現性」では、種類が同じですが包含関係の情報が羅列されています。「できますか？」「売れますか？」「儲かりますか？」「勝てますか？」は、一見横に並んでいるように見えます。しかし、この4つの情報は横並びではなくて、包含の関係です。「できる」ビジネスの中に「売れる」ビジネスがあるのです。「売れる」ビジネスの中に「儲かる」ビジネスがあるのです。「儲かる」ビジネスの中に「勝てる」ビジネスがあるのです。したがって、この4つの情報は、この順番にしか説明できません。

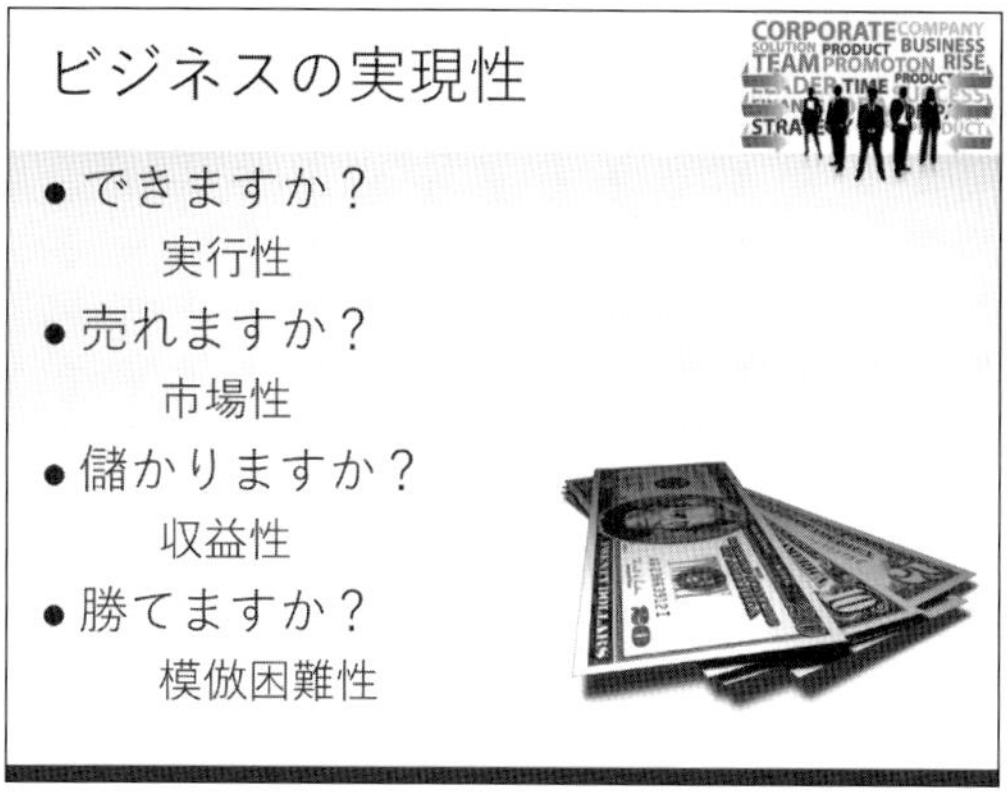

時系列は縦つながりか横並びか

情報を時系列に並べたとき、その接続が、縦つながりか横並びかに迷うときがあります。接続関係があるのかどうかで判断しましょう。

接続関係があるなら縦つながりです。たとえば、Ａのテストの結果を受けて、次のテストをＸ、Ｙ、Ｚの中からＹに選んだなら、ＡとＹは縦につながっています。説明は時系列で、かつ、縦つながりです。

一方、接続関係がないなら横並びです。たとえば、Ａのテストの結果とは無関係に、次のテストがＹと決まっているなら、ＡとＹは横に並んでいます。説明は時系列または重要な順になります。

縦か横かが分からなくなったら、MECE（「MECEとは」40ページ参照）という概念を適用できるかで判断するのも１つの方法です。たとえば、問題—原因—対策—効果にMECEは適用できません。時系列ですが縦つながりです。一方、Input-OutputはMECEを適用できる場面（経理など）があります。この場合は、時系列であっても、横並びなのです。

表現をそろえる

ロジック単位を横に並べる場合は、表現をそろえるようにしましょう。表現をそろえること自体は、ロジック構築に直接影響するわけではありません。しかし、表現がそろわないことが、論理的に並列できていないことのサインになることがあります。正しく並列するためにも、下記に示す3つの点で表現のチェックが必要です。正しい並列は、次のパートで説明するフレームワークの作成にも大きな影響を及ぼします。

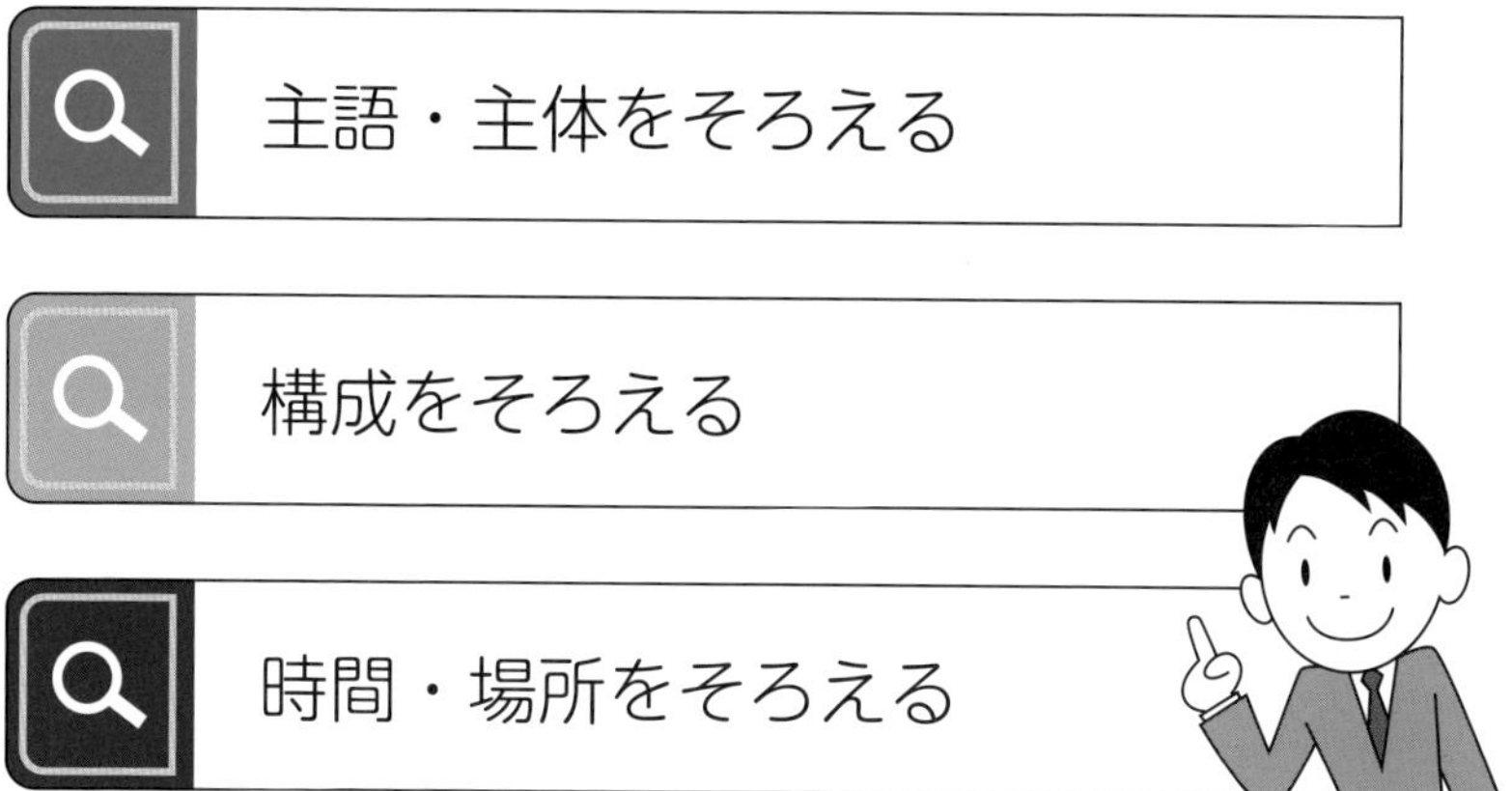

主語・主体をそろえる
構成をそろえる
時間・場所をそろえる

◆主語・主体をそろえる

表現のふぞろいで、見落としやすいのが主語・主体です。主語とは、文法上の主語そのものです。主体とは、意味上の主語や、話の中心です。日本語は、主語・主体が文字として明示されないことも多いです。明示されていないので、ふぞろいを起こしていても気づきにくいのです。たとえば、取扱説明書なら、主語・主体はお客様です。「Aするには、Bします」のようになります。しかし、同じ内容も設計仕様書なら、主語・主体は、仕様書に基づいて設計するエンジニアです。「Bに設定されたら、Aが起動する（ように設計する）」となります。主語・主体を固定しないと作業性が落ちます。

下記の例（おもちゃの注意書き）で、主語・主体のふぞろいに気がつくでしょうか？　第1項が主体のふぞろいを起こしています。この注意書きは、保護者向けに、保護者主体で書かれています。しかし、第1項は、主体が子供になっています。この表記では、「保護者がこのおもちゃを口に入れるとでも思っているのか？」と突っ込まれかねま

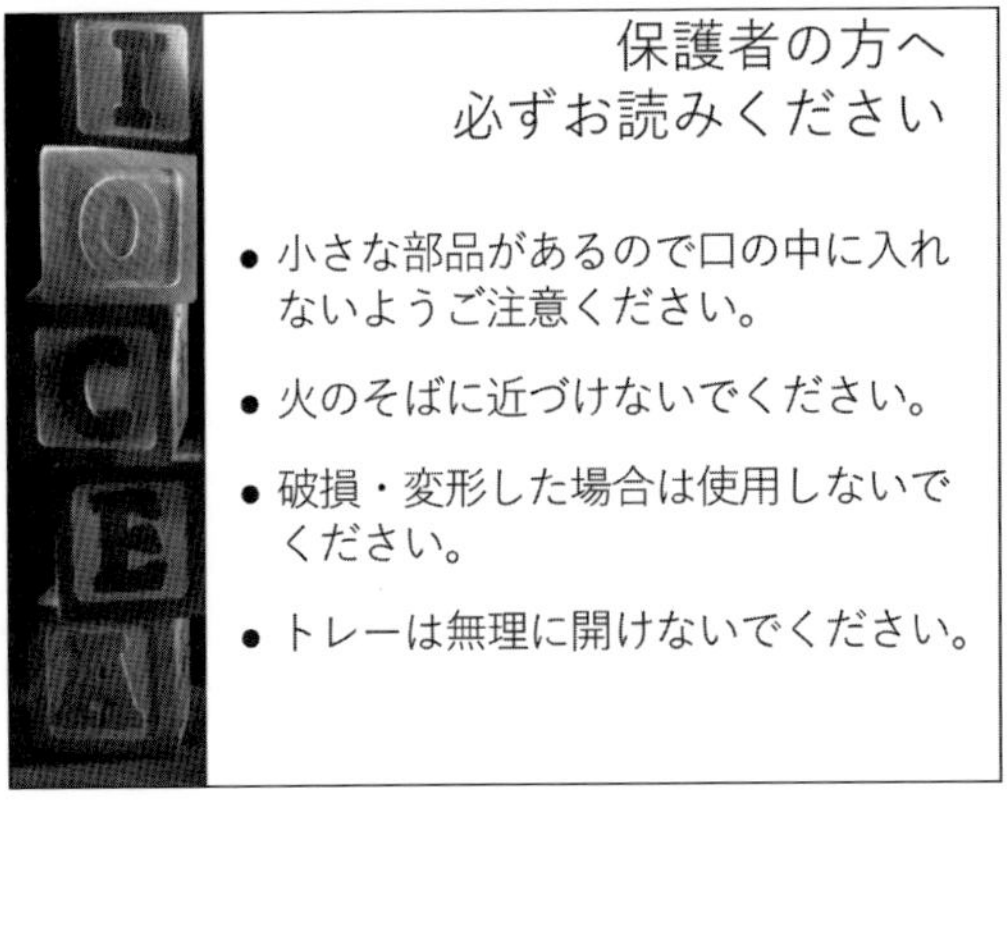

保護者の方へ
必ずお読みください
• 小さな部品があるので口の中に入れないようご注意ください。
• 火のそばに近づけないでください。
• 破損・変形した場合は使用しないでください。
• トレーは無理に開けないでください。

せん。正確には、「お子様が口に入れぬようご注意ください」です。

◆構成をそろえる

表面的な表現をそろえるだけではなく、文の構成をそろえることにも注意しましょう。たとえば、ある項目が、主語＋目的語＋動詞という文構成を採ったら、並列する別の項目も同じ文の構成にするのです。文の構成に差があれば、情報が漏れている可能性があります。あるいは、並列できない項目を並列したので構成がそろわないこともあります。

下記の例（新しいスマートフォンの特徴）で構成のふぞろいに気がつくでしょうか？ 簡単には分からないように、あえて文末表現はそろえてありません。実は、第1項だけ構成のふぞろいを起こしています。残りの3項は、手段＋機能で紹介しているのですが、第1項は機能だけが書かれています。他の項目と並列するには、使った手段を書かねばなりません。このようなふぞろいは、情報漏れにな

新しいAI-foneを体験してください

- 現実の世界に限りなく近い動画や画像、リアルな色再現性と圧倒的な没入感
- QualcommオクタコアCPUが、高速通信、高速動作、高速撮影を実現
- どんなスマートフォンのガラスよりも頑丈なCeramic Shield
- 光を27%多くとらえるレンズとLiDARスキャナの搭載で、暗い場所でもプロ並みの撮影

るので、論理性の問題を生んでしまいます。

◆時間・場所をそろえる

最後に、時間・場所をそろえることにも注意しましょう。たとえば、世界中で生じている事象の理由を、日本人の特性に求めるわけにはいきません。時間・場所は、固定して考えなければなりません。しかし、時間・場所は、明示しないことが多いので、一致していなくても気がつきにくいのです。

下記の例（不具合多発の理由）で時間・場所のふぞろいに気がつくでしょうか？　第3項だけ時間のふぞろいを起こしています。残りの2項は、最近の事象です。しかし、第3項だけ過去からの事象です。最近起きた不具合の理由を、ずっと昔に戻って考えるのは論理的ではありません。

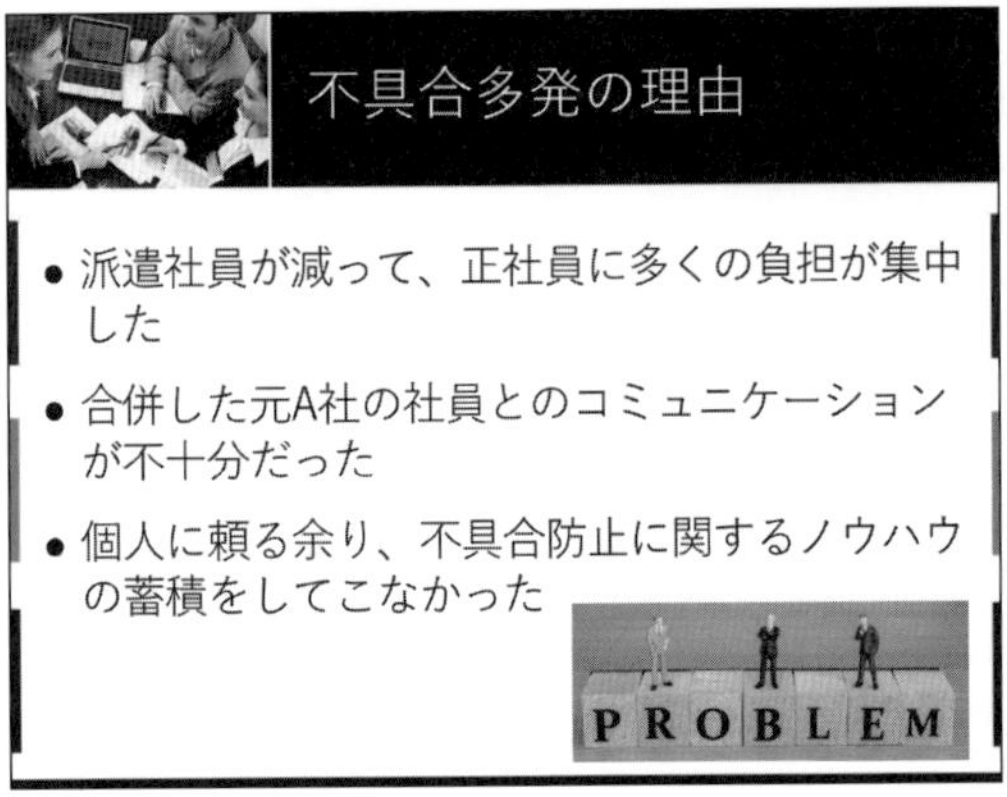
不具合多発の理由
● 派遣社員が減って、正社員に多くの負担が集中した
● 合併した元A社の社員とのコミュニケーションが不十分だった
● 個人に頼る余り、不具合防止に関するノウハウの蓄積をしてこなかった
PROBLEM

フレームワークを活用する

フレームワークとは、思考のベースに使う、MECEな組み合わせのことです。詳細については、「フレームワーク思考は有効か」（43ページ）を参考にしてください。フレームワークを使うことは、思考単位を横に並べるときには有効です。フレームワークを使うには、既存のフレームワークをそのまま適用することもあれば、応用することもあります。さらに、自作のフレームワークで分析できると論理性が一層増します。

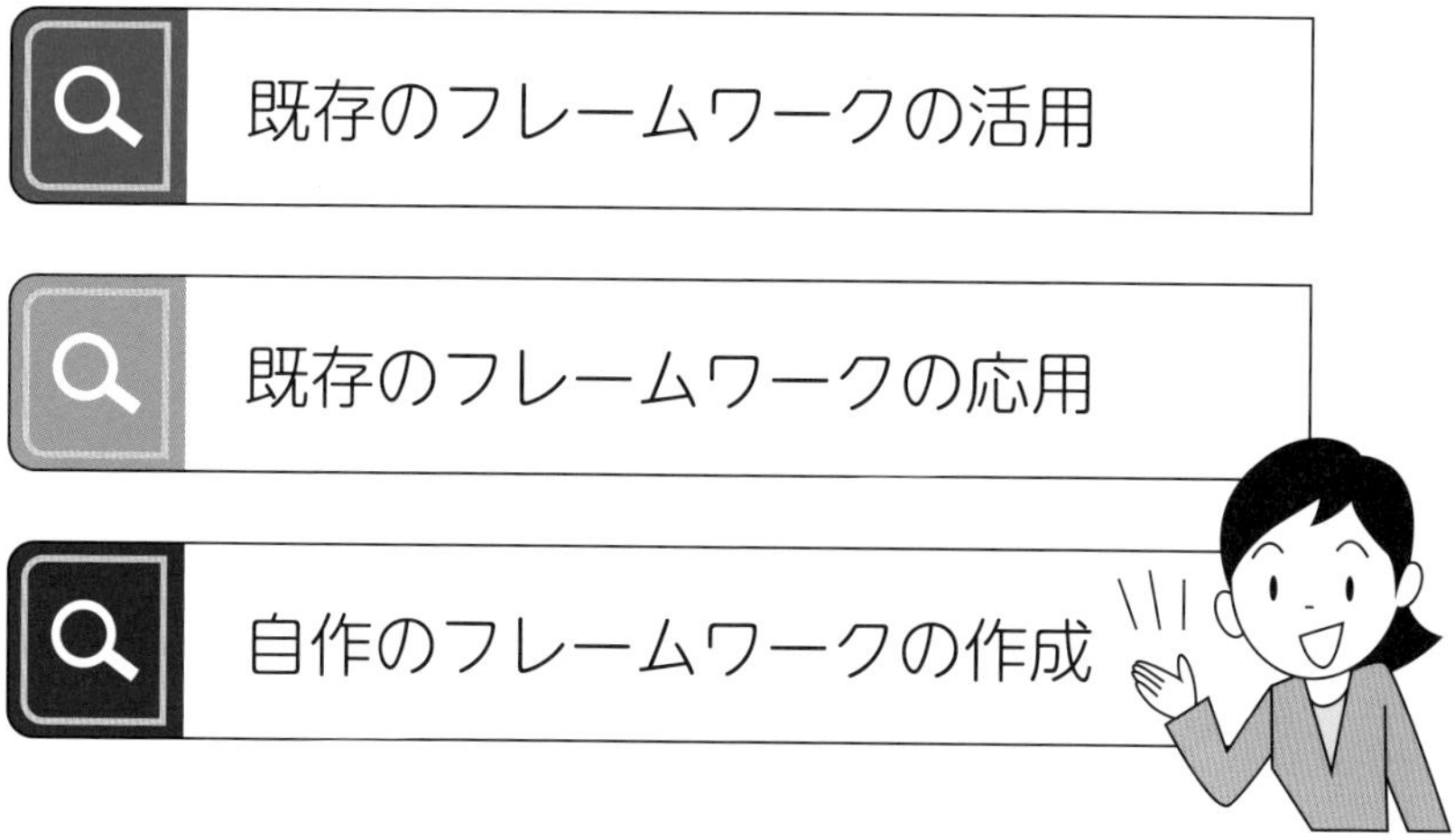

◆既存のフレームワークの活用

既存のフレームワークは多種多様にあります。その中から、ビジネス分析でよく使われる代表的なフレームワークを紹介しましょう。各フレームワークの詳細説明は他書に譲って、ここでは概略だけを紹介します。

PEST（ビジネスを取り巻く外部環境分析）

P	Politics（政治的要因）	
E	Economy（経済的要因）	
S	Society（社会的要因）	
T	Technology（技術的要因）	

バリューチェーン（事業活動の機能ごとの強み・弱みの分析）

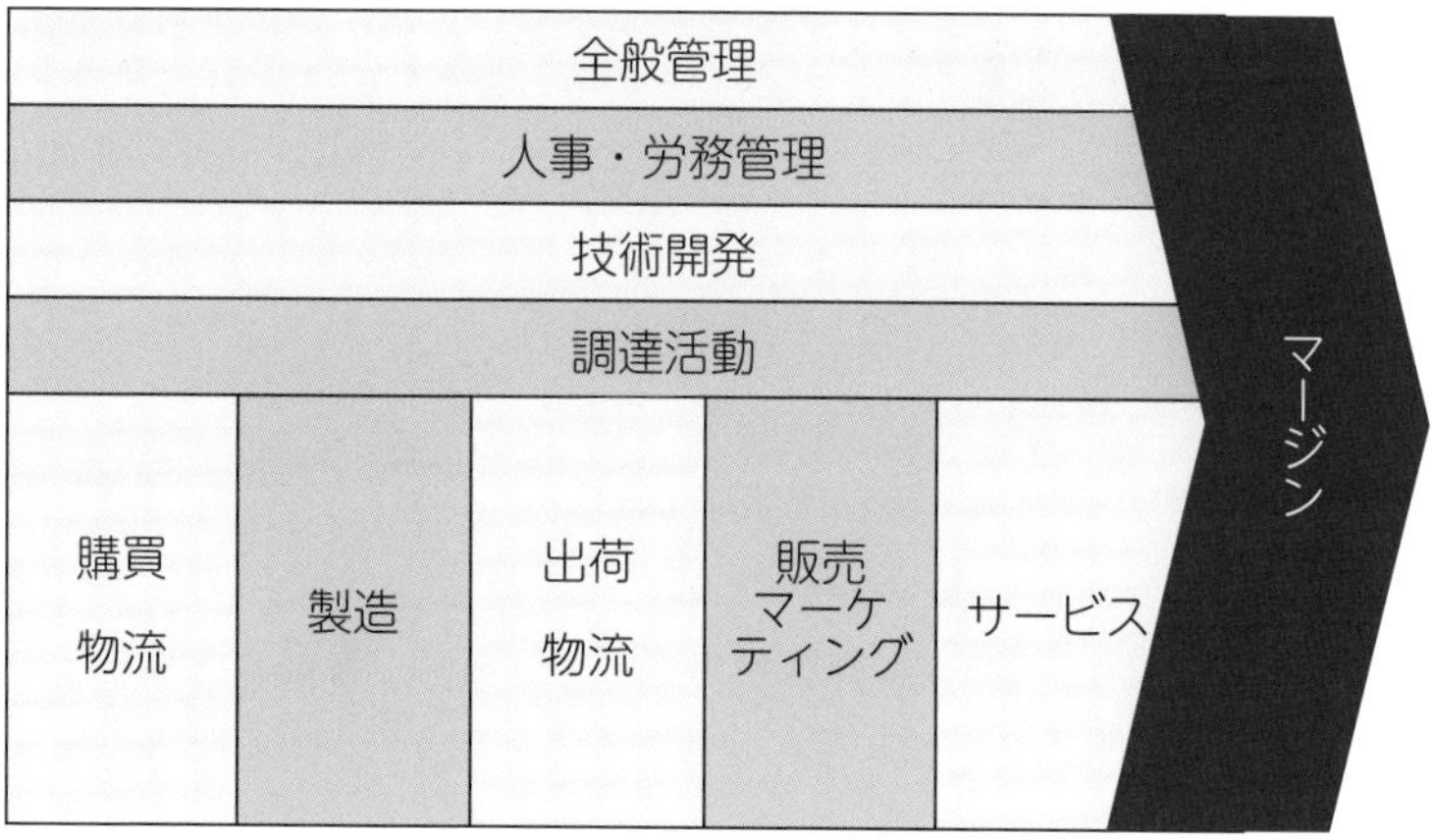

5F（業界の競争相手の分析）

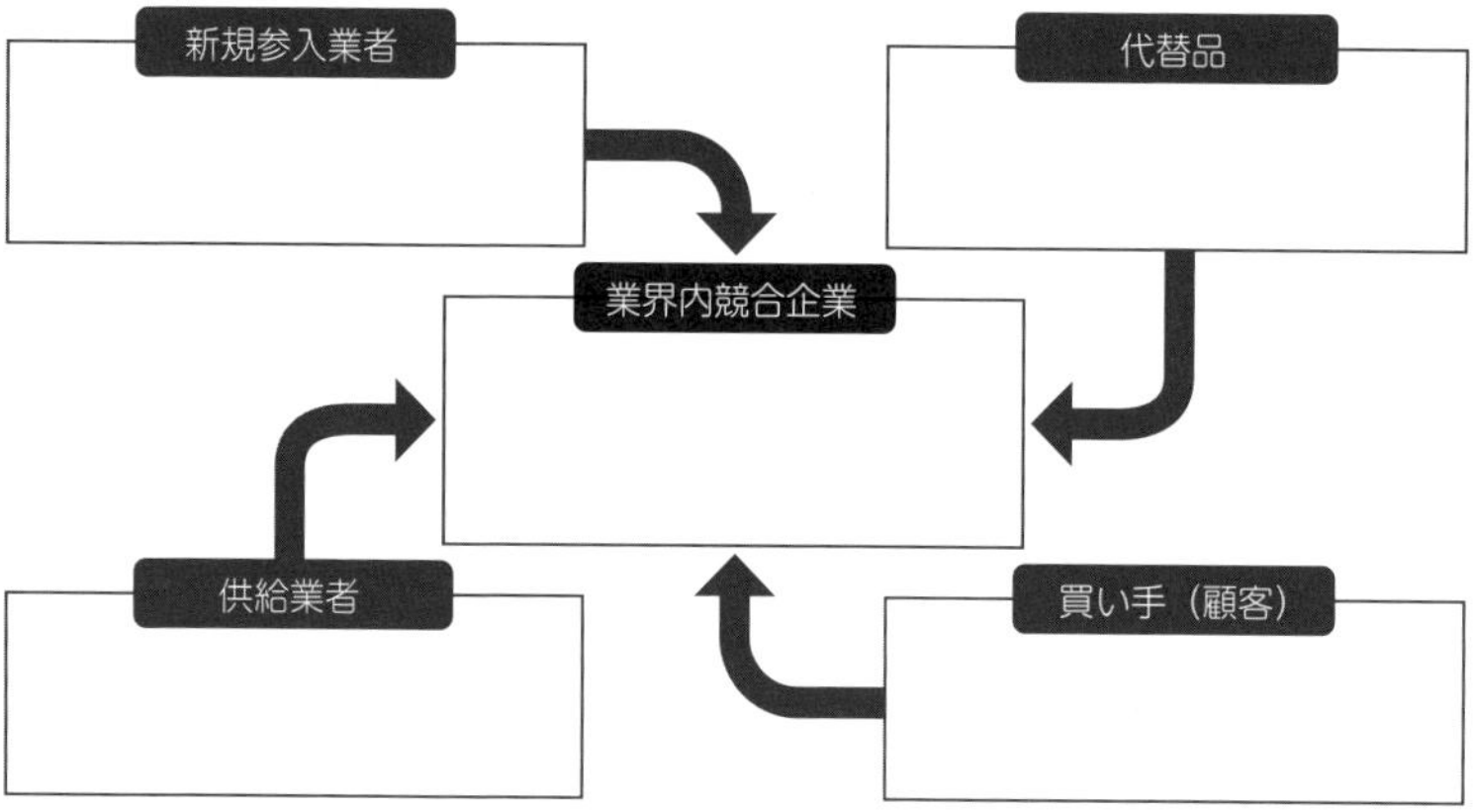

SWOT（外部・内部環境の分析）

	プラス要因	マイナス要因
内部環境	強み (Strength)	弱み (Weakness)
外部環境	機会 (Opportunity)	脅威 (Threat)

VRIO（経営資源の強み・弱みの分析）

価値 (Value)	希少性 (Rarity)	模倣困難性 (Imitability)	組織 (Organization)	評価
				競争劣位
✓				競争均衡
✓	✓			一時的優位
✓	✓	✓		持続的優位
✓	✓	✓	✓	持続的優位（経営資源の最大活用）

4P（マーケティングミックス分析）

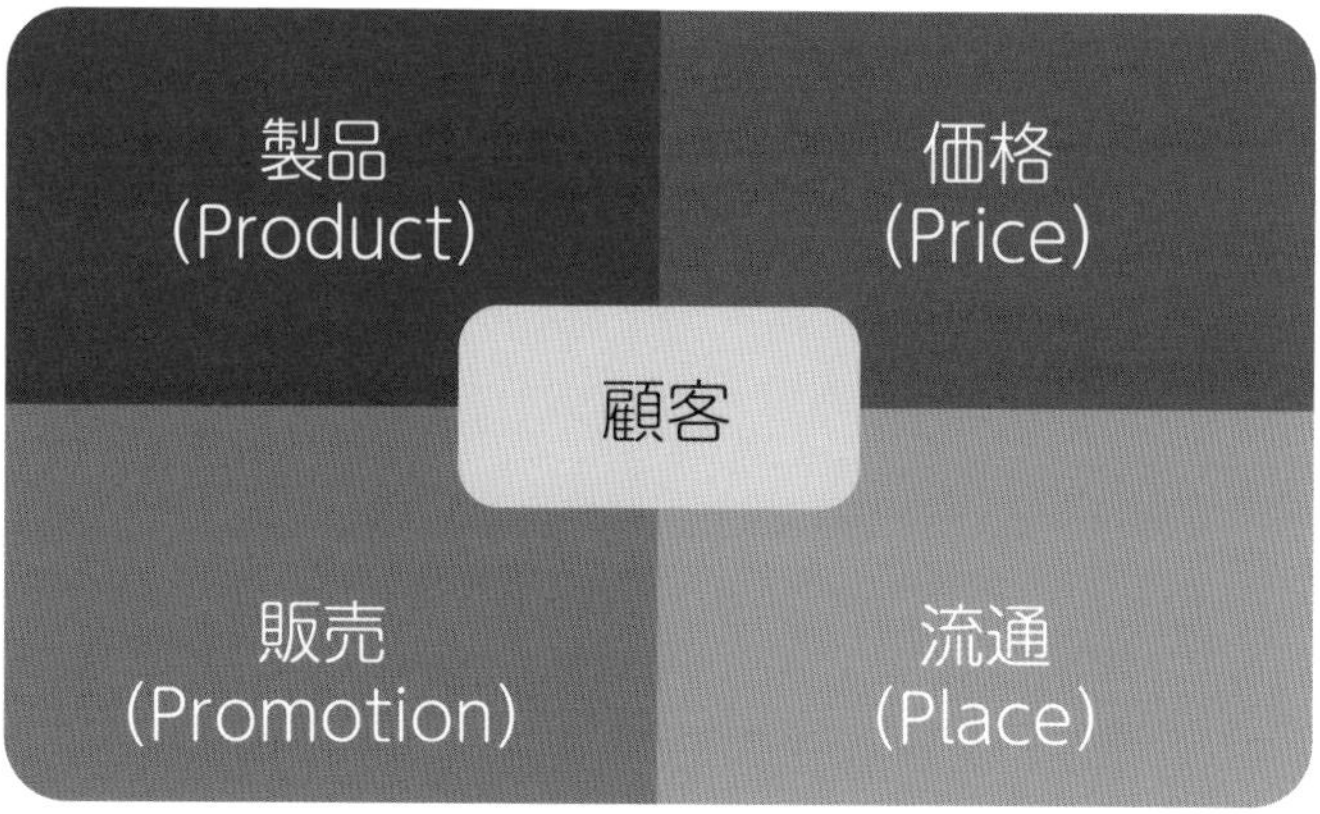

3C（マーケティング環境分析）

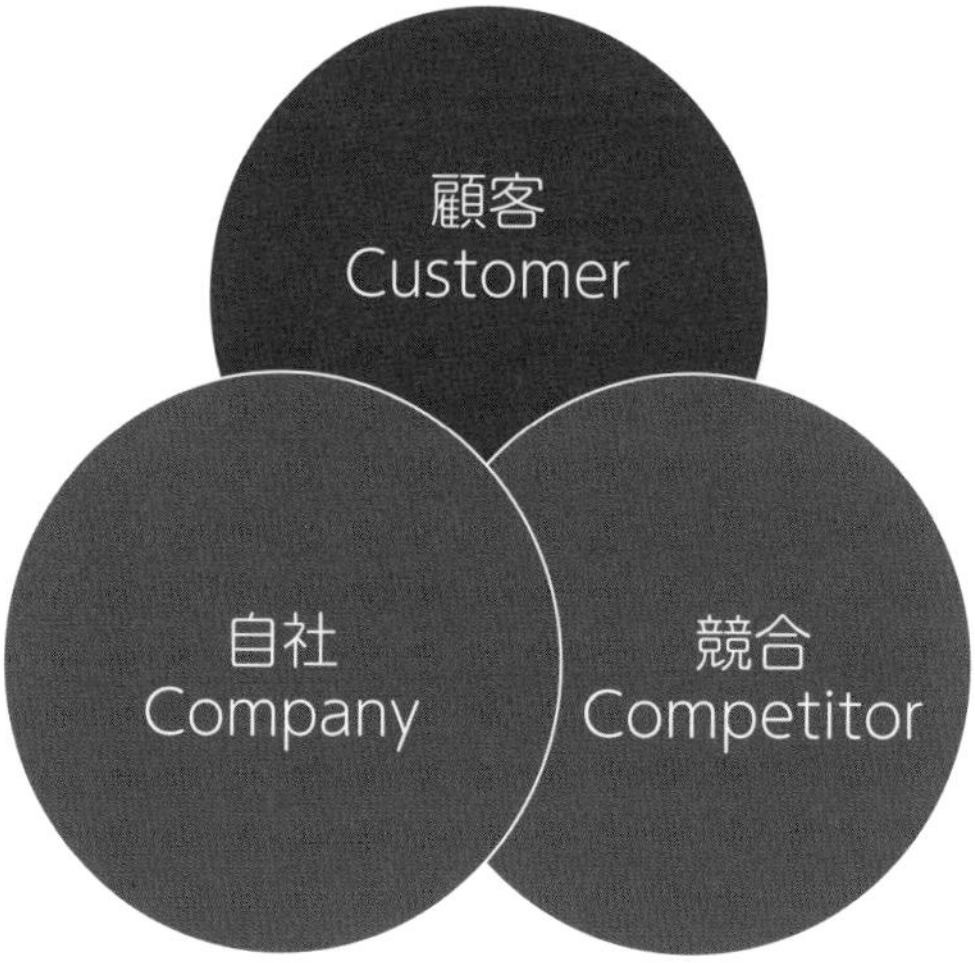

STP（ターゲット顧客決定分析）

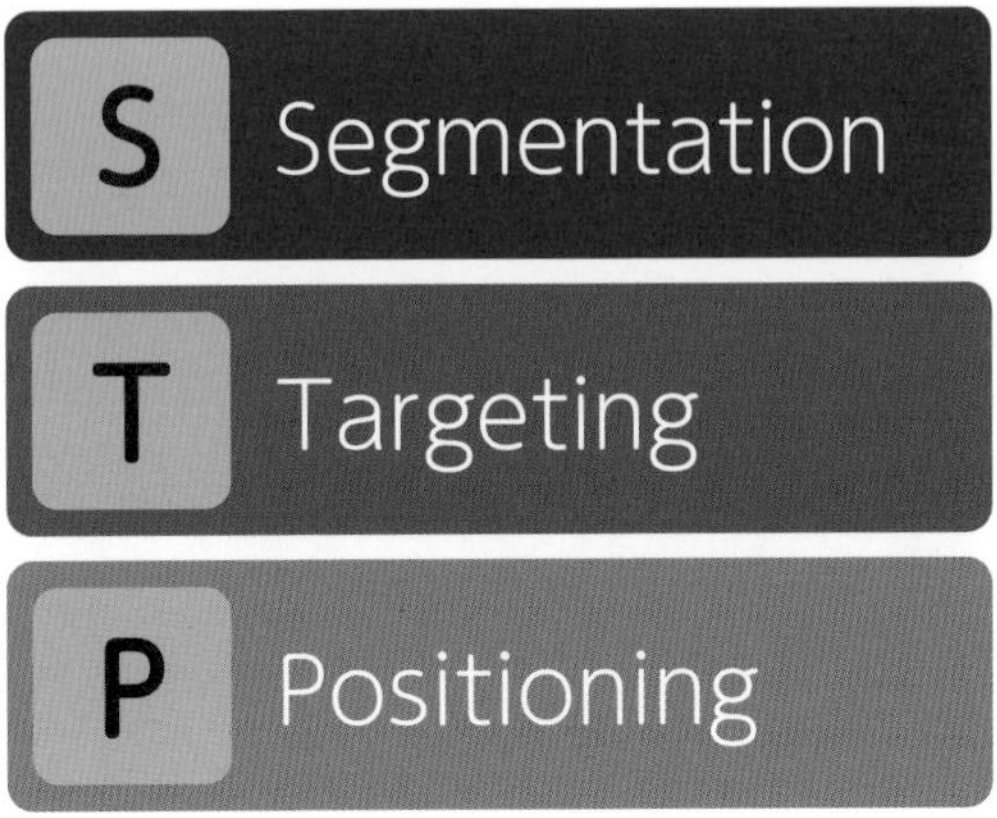

3i（ブランド戦略分析）

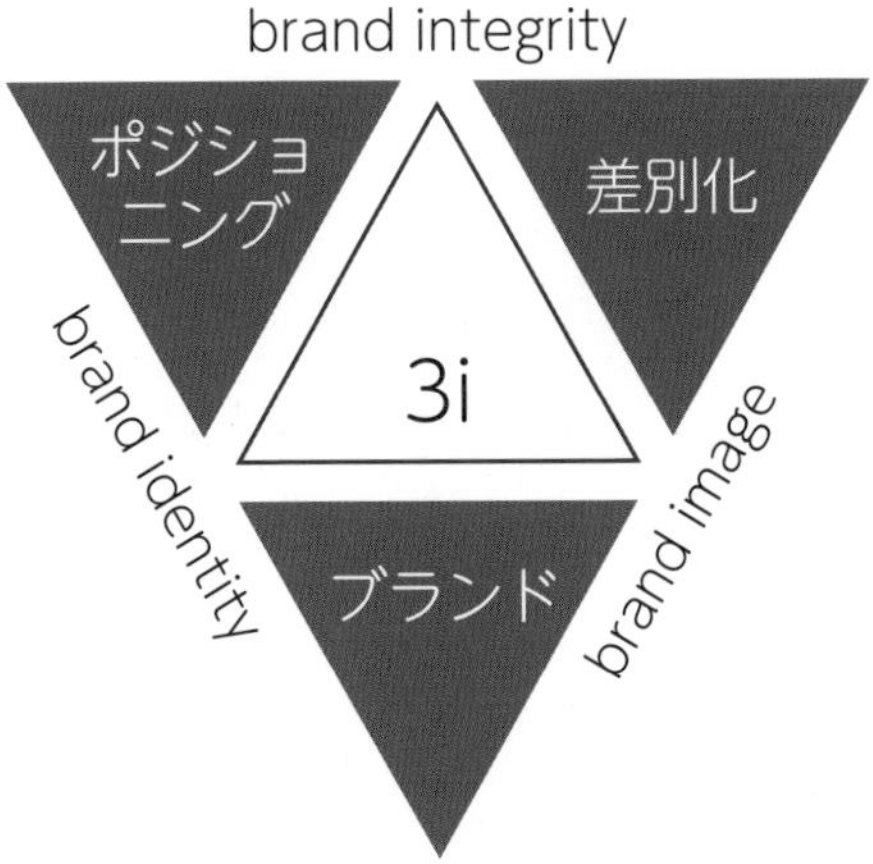

7Sモデル（経営資源活用分析）

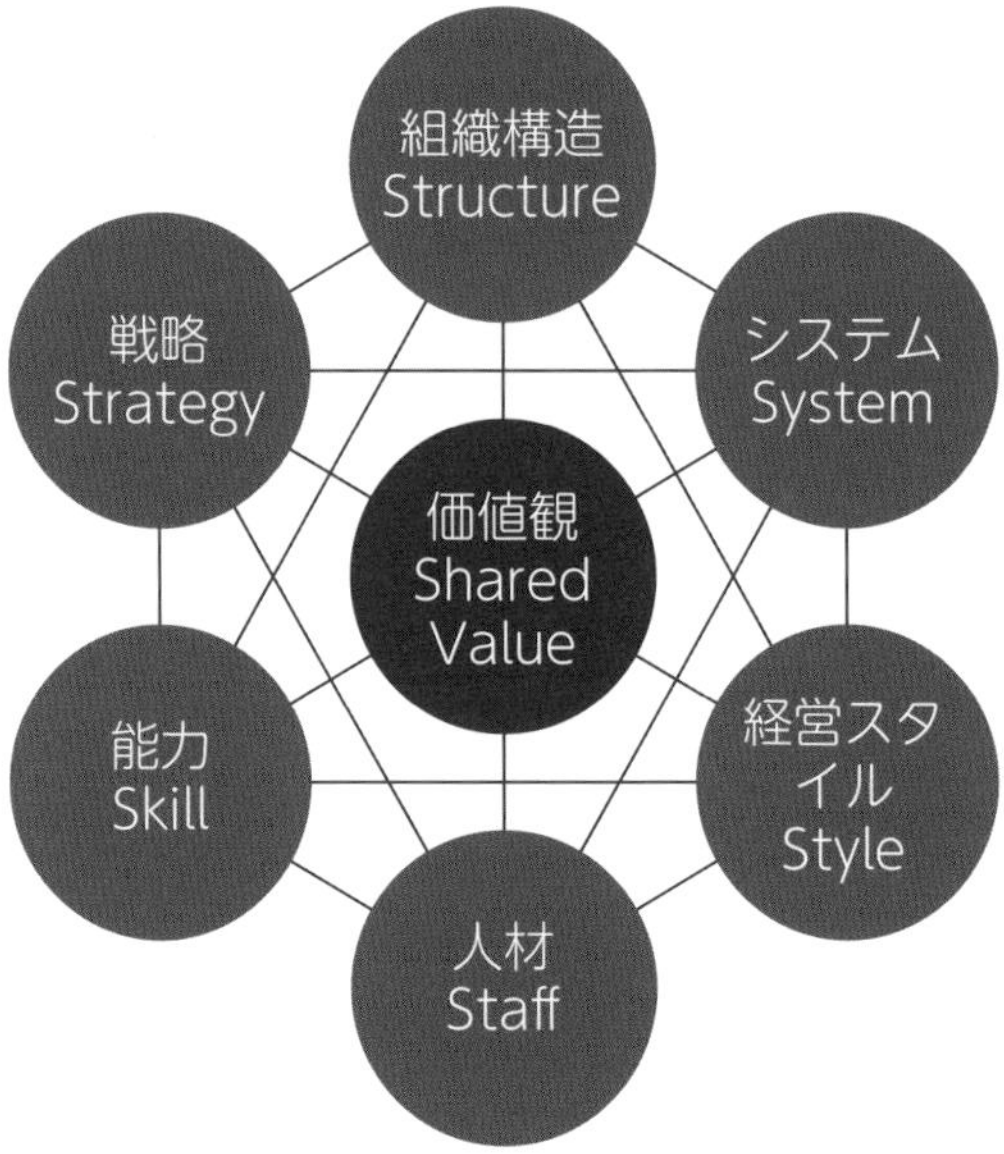

AISAS・AIDMA（消費行動の分析）

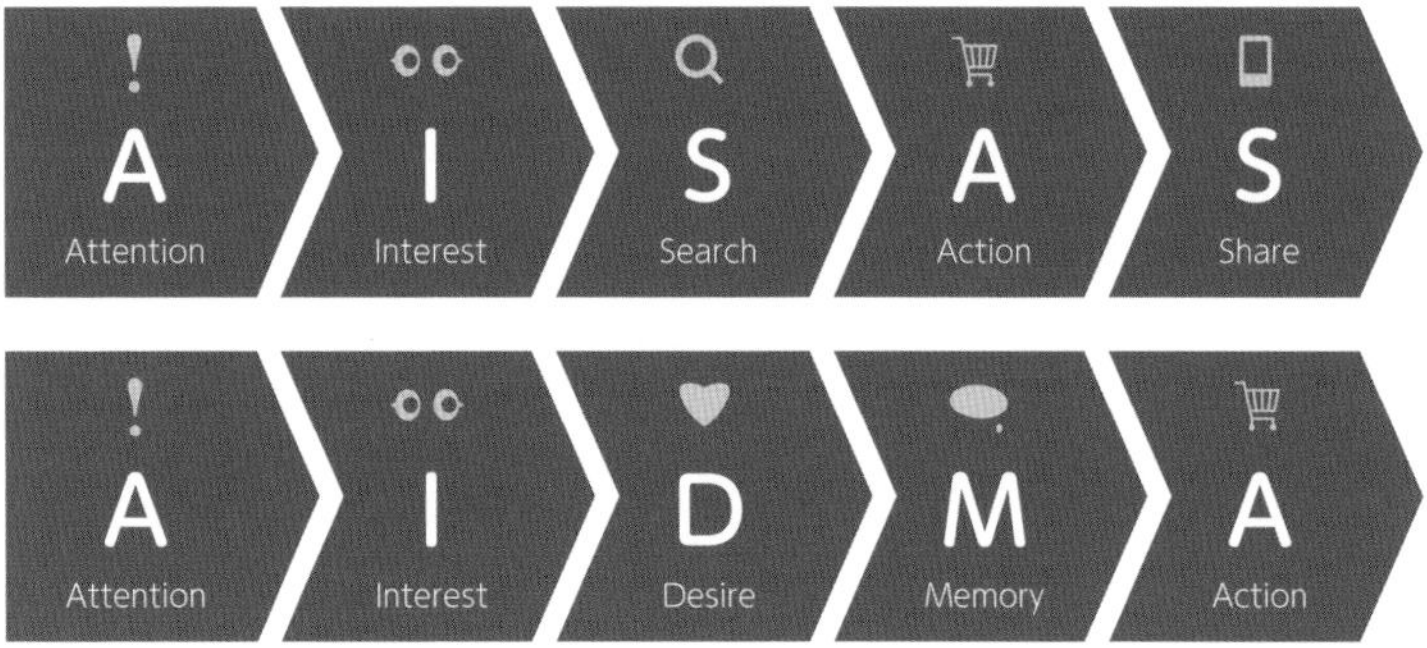

アンゾフの成長マトリックス（成長戦略の分析）

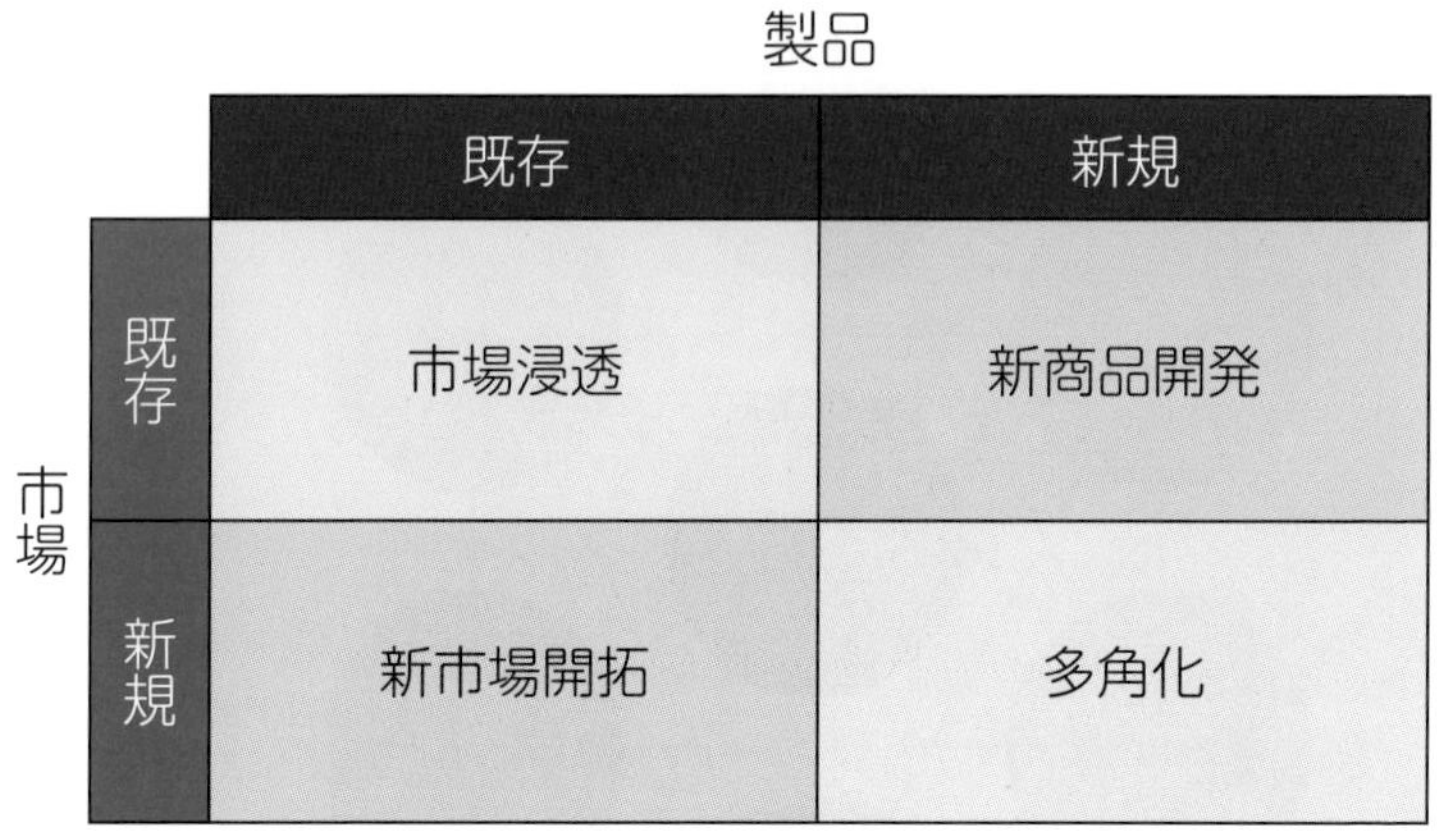

	既存	新規
既存	市場浸透	新商品開発
新規	新市場開拓	多角化

PPM（事業資金の配分の分析）

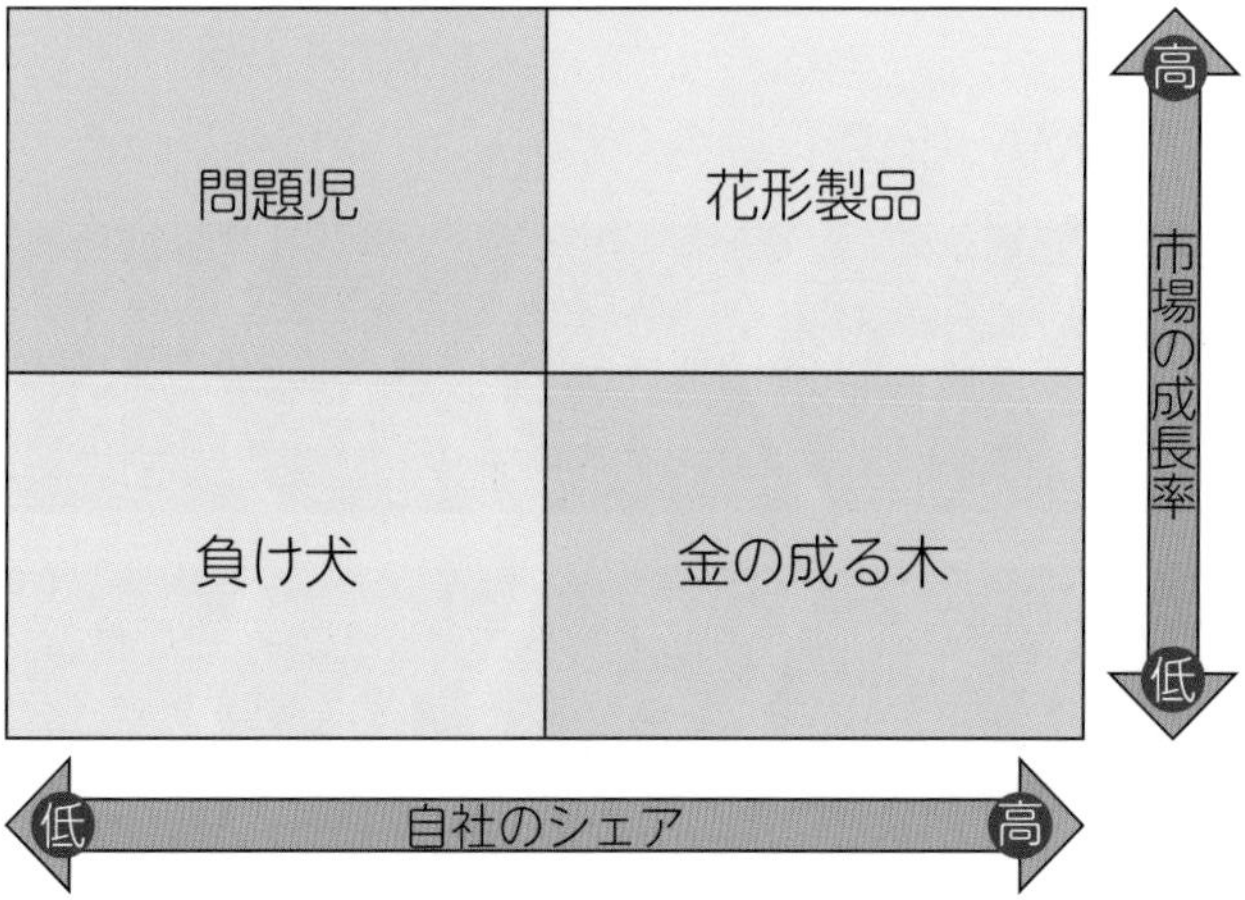

問題児	花形製品
負け犬	金の成る木

市場の成長率　高　低

自社のシェア　低　高

◆既存のフレームワークの応用

先に紹介したビジネス分析のフレームワークは、特定の分析のために考え出されたフレームワークです。したがって、その分析のためだけにしか使えません。しかし、誰もが知っているようなフレームワークであっても、ビジネスに応用できることもあります。

誰もが知っているフレームワークとは、たとえば次のようなフレームワークです。

- 5W1H
- 上中下
- PDCA
- ヒト・モノ・カネ・情報
- 守破離
- ハードウェア・ソフトウェア
- 精神的・物理的

誰もが知っているようなフレームワークは、応用しだいでいろいろな場面に使えます。なぜなら、誰もが知っているということは、それだけよく使われている証拠だからです。フレームワークを活用しようと意識していると、ランダムな箇条書きが、論理的にまとめられます（次ページ参照）。

誰もが知っているからと言って、正しいフレームワークとは限りません。たとえば、野球界ではよく「走攻守」と言います。しかし、「攻守」でMECEですから、「走攻守」はおかしなフレームワークです。また、「IN－OUT」は、基本的にはMECEなので、正しいフレームワークです。しかし、状況によっては、「IN—処理—OUT」というフレームワークになることもあります。有名なフレームワークだからと言って鵜呑みにはできません。

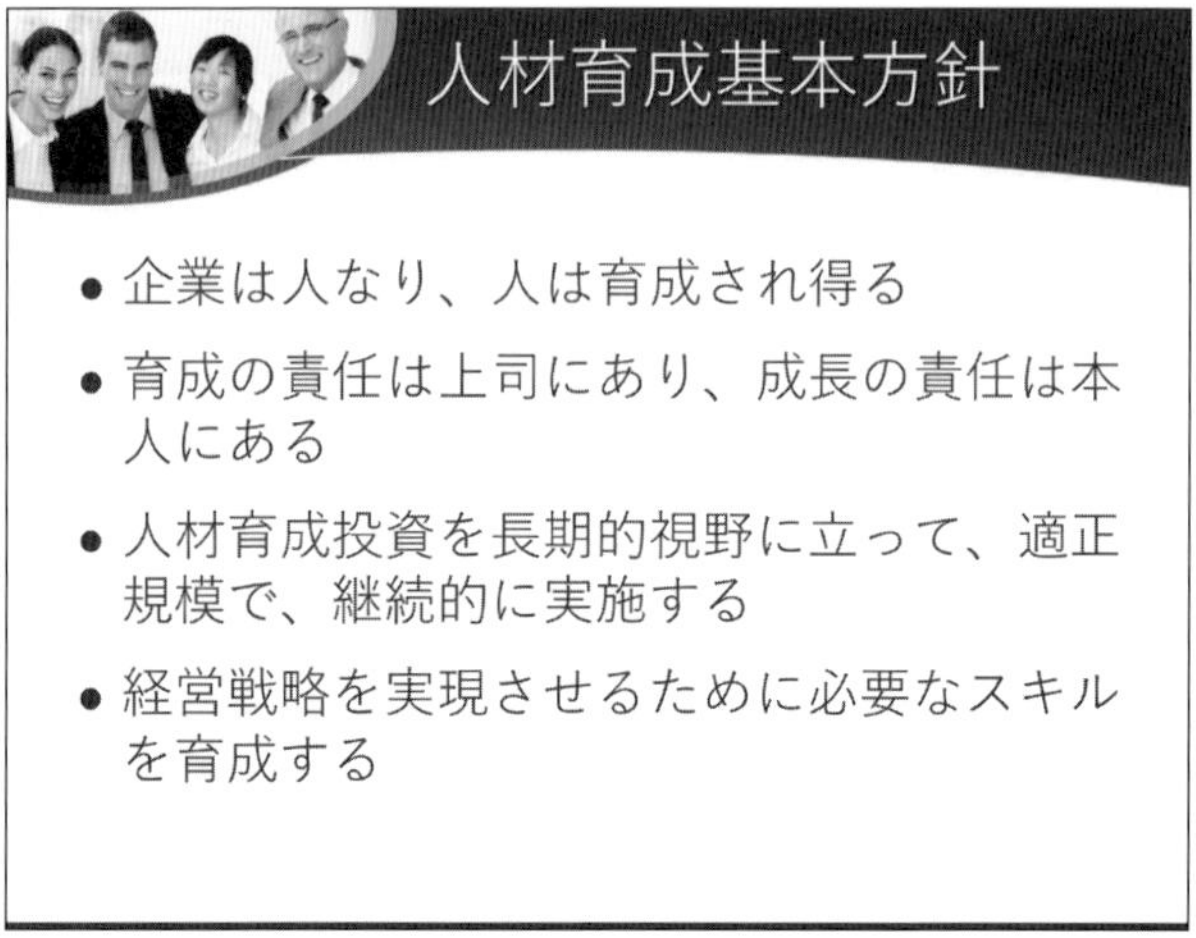

人材育成基本方針

- 企業は人なり、人は育成され得る

- 育成の責任は上司にあり、成長の責任は本人にある

- 人材育成投資を長期的視野に立って、適正規模で、継続的に実施する

- 経営戦略を実現させるために必要なスキルを育成する

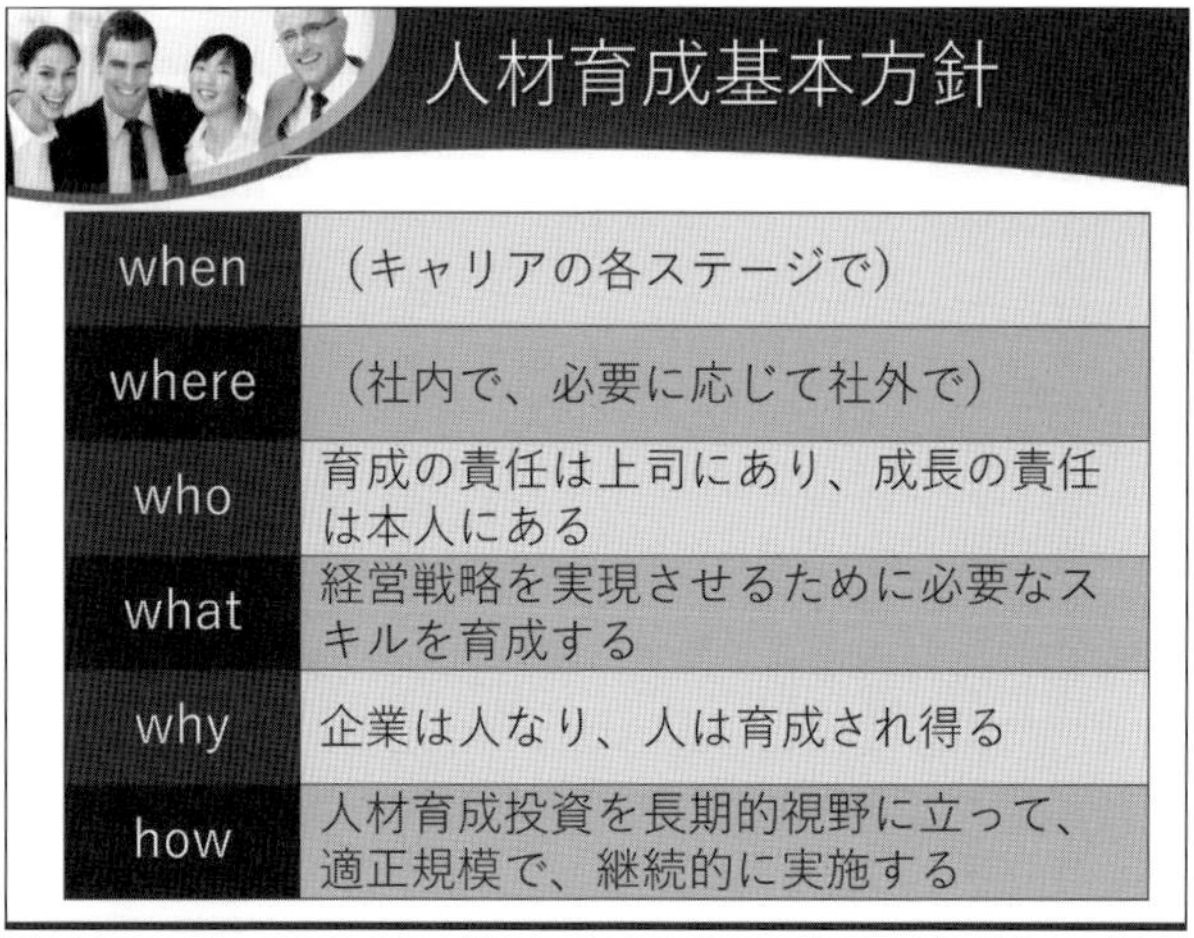

人材育成基本方針

when	（キャリアの各ステージで）
where	（社内で、必要に応じて社外で）
who	育成の責任は上司にあり、成長の責任は本人にある
what	経営戦略を実現させるために必要なスキルを育成する
why	企業は人なり、人は育成され得る
how	人材育成投資を長期的視野に立って、適正規模で、継続的に実施する

◆オリジナルなフレームワークの作成

自作のフレームワークが使えると論理性が増します。フレームワークを自作するときは、MECEだと明確に分かる2〜4の組み合わせを使います。

既存のフレームワークではなく、その場に応じたフレームワークが使えると、より論理的になります。なぜなら、自作のフレームワークは思考した印象を与えるからです。たとえば、次ページの「経営課題と革新の必要性」では、6項目（次ページの上図）を「経営」「組織」「人材」とフレームワークでまとめています(次ページの下図)。このようにフレームワークを使えると、「考えて分析した」印象を与えます。一方、既存のフレームワークは、借りてきた、考えていない印象を与えかねません。フレームワークを使ってロジックを組む習慣がつけば、その場に応じたフレームワークが作れるようになります。

フレームワークで情報を整理するときは、明確にMECEと分かる、2〜4の分類を考えましょう。なぜなら、明確にMECEと分かれば、モレもダブりもない確信が持てるからです。また、2〜4の組み合わせなら、モレが見つけやすいからです。たとえば、次ページの「経営課題と革新の必要性」では、6項目を「経営」「組織」「人材」と3つでまとめています。「経営」「組織」「人材」は、「人材を育て、その人材を組織化し、その組織を経営陣が回す」と考えればMECEなので、モレがないと分かります。しかし、6項目をただ羅列してしまうと、モレがあっても気がつきにくくなります。

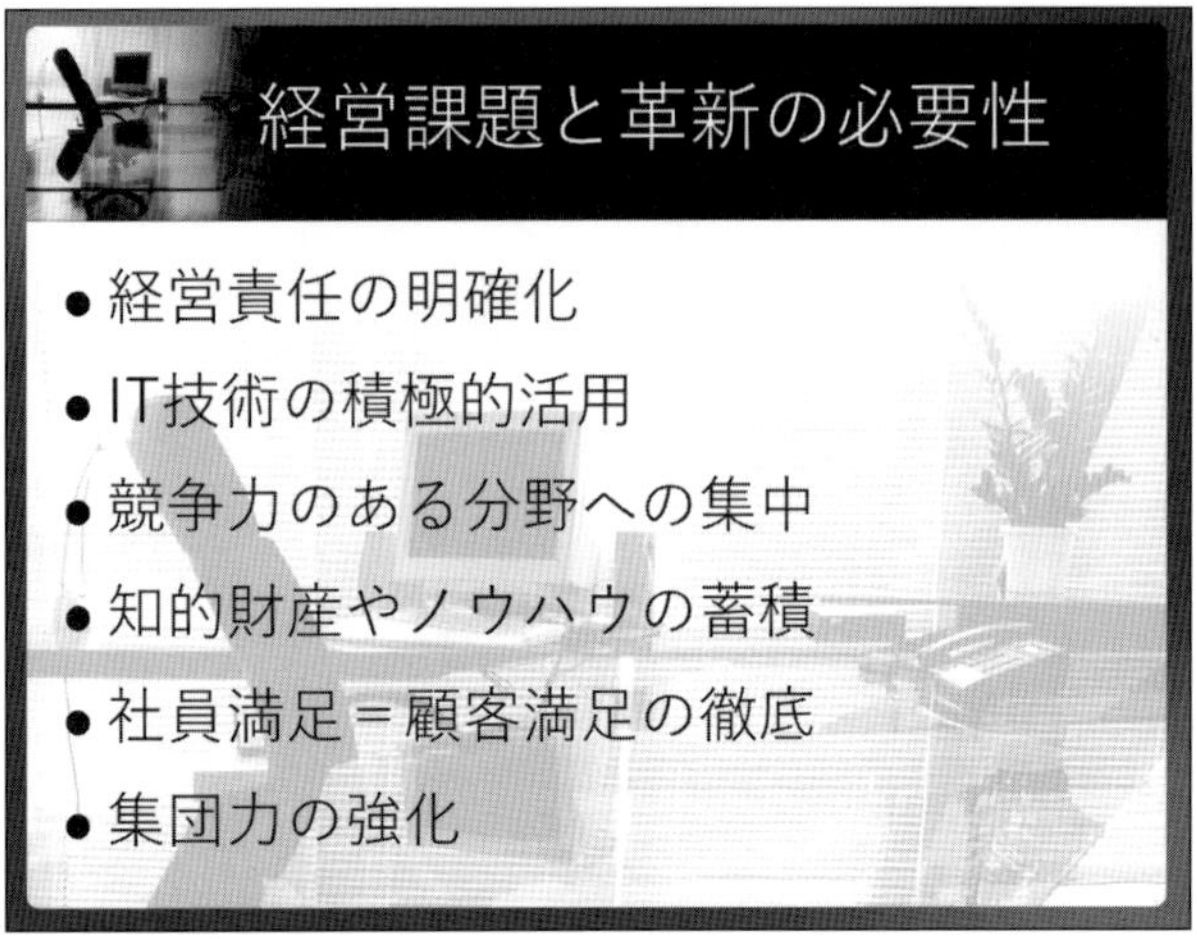
経営課題と革新の必要性
経営責任の明確化
IT技術の積極的活用
競争力のある分野への集中
知的財産やノウハウの蓄積
社員満足＝顧客満足の徹底
集団力の強化

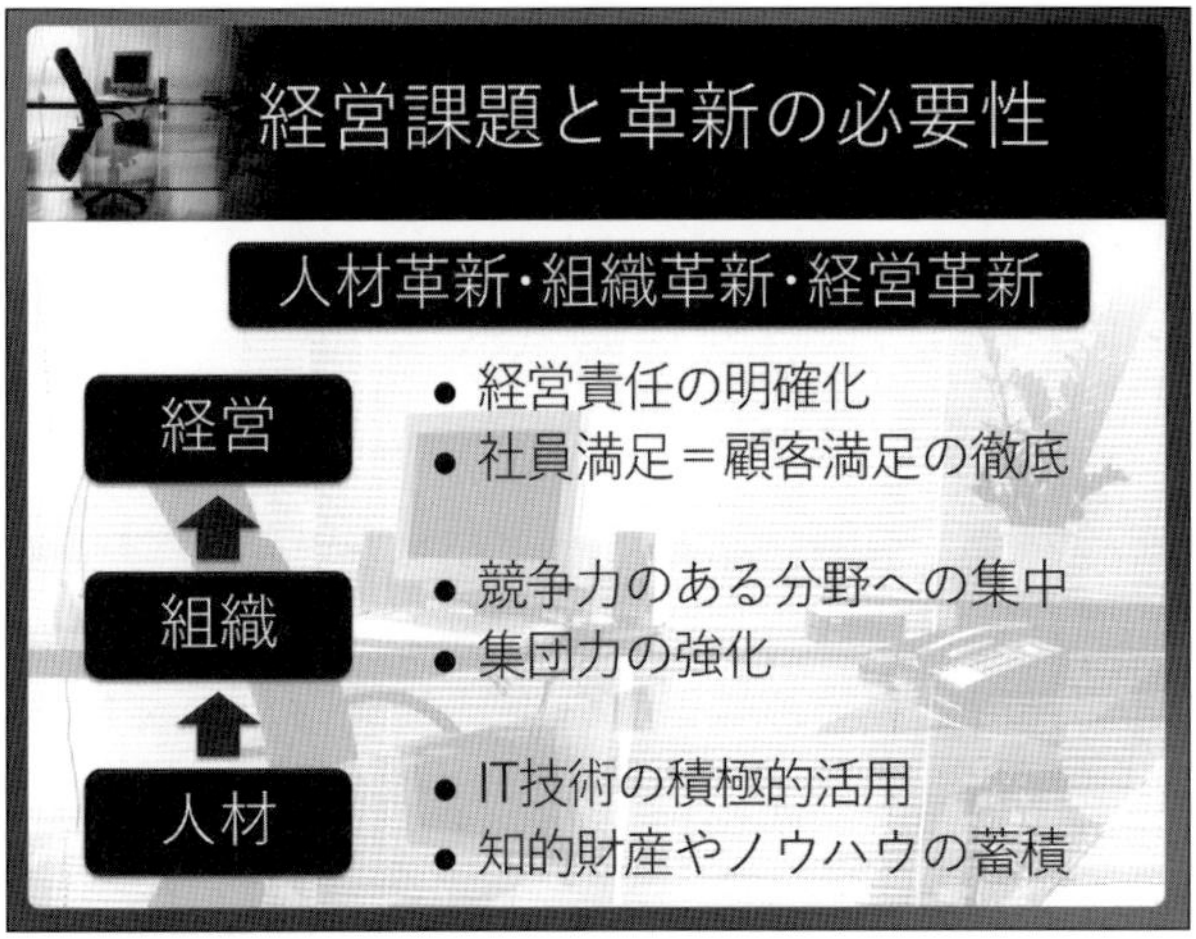
経営課題と革新の必要性
人材革新・組織革新・経営革新
経営
経営責任の明確化
社員満足＝顧客満足の徹底
組織
競争力のある分野への集中
集団力の強化
人材
IT技術の積極的活用
知的財産やノウハウの蓄積

まとめ

ロジック単位は、縦につなげるか、横に並べるかしなければなりません。横並びとは、ロジック単位が並列している状態です。横に並べる以上、ロジック単位が同じ種類に属さなければなりません。表現もそろえるべきです。表現のわずかなふぞろいにも注意が必要です。論理的な横並びを実現するには、フレームワークを活用すると便利です。既存のフレームワークは便利ではありますが、頼りすぎずに、自作するとさらに論理性が増します。

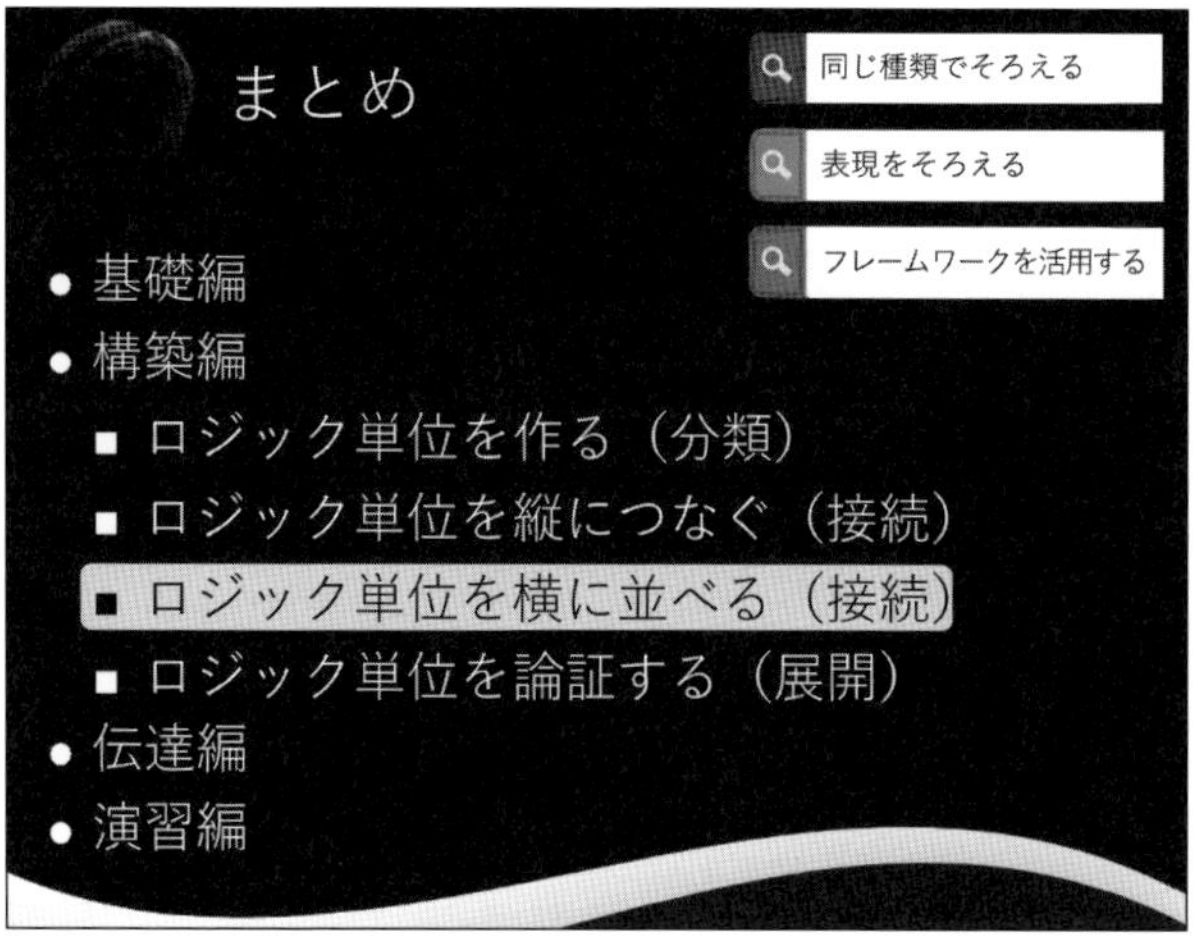

4 ロジック単位を論証する（展開）

ロジック単位が縦につながり横に並べば、ロジックは組めました。ロジックが組めたら、さらに各ロジック単位を、根拠を持って論証しなければなりません。根拠には理由と事実があります。両方ともそろっているのが理想ですが、片方でも論証はできます。さらに事実には、データと具体例があります。主張を論証する説明では、ＰＲＥＰ法（Point-Reason-Example-Point）を使うと、根拠が必然的に厚くなるので効果的です。

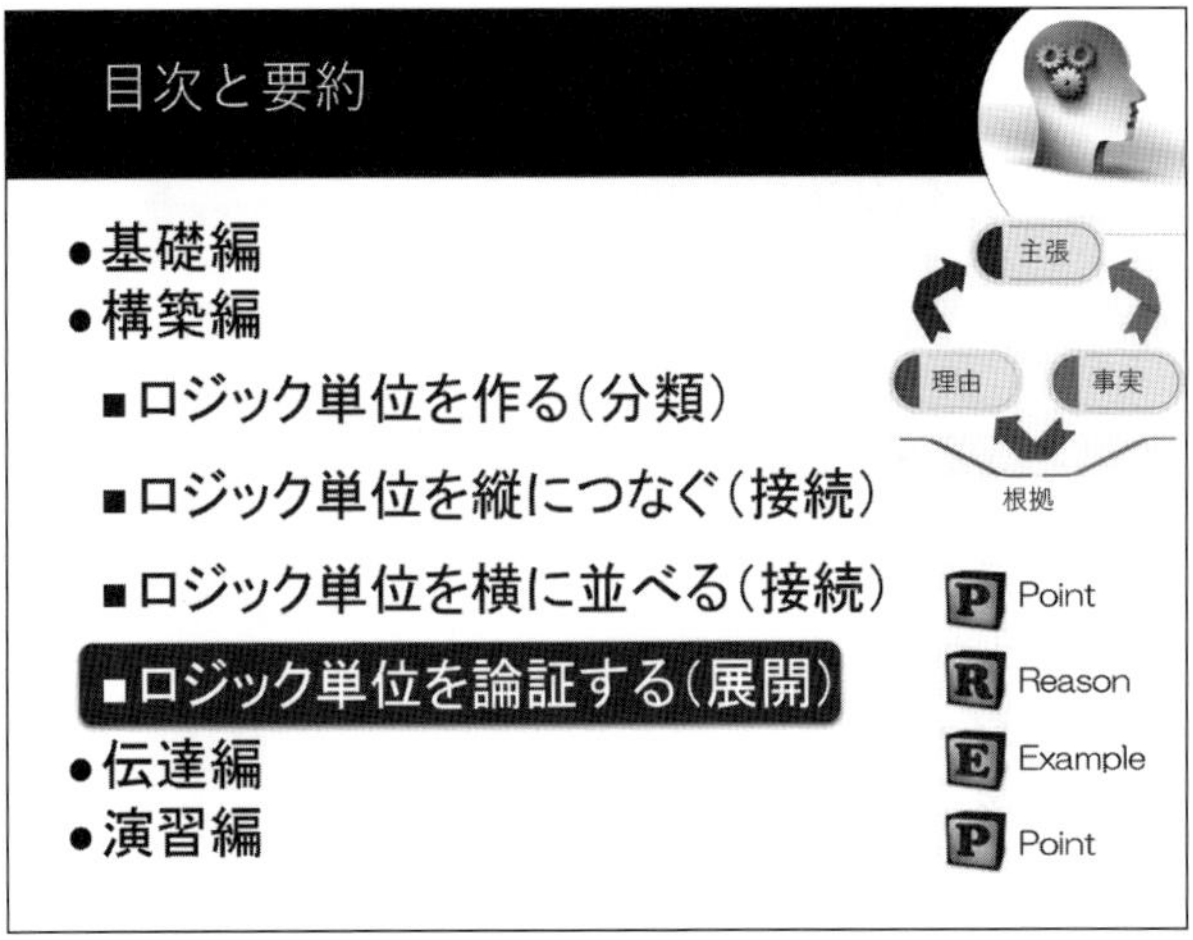

主張には根拠が必要

主張を述べたら、根拠が必要なのですが、意外にも根拠を述べない主張が横行しています。根拠が必要のない主張は、誰もが当たり前と思う主張だけです。誰もが当たり前と思うことを述べはしません。したがって、すべてのロジック単位には根拠が必要になります。

◆根拠のない主張が横行する

ロジックには論理性が求められる以上、主張を述べたら、根拠を述べなければなりません。しかし、意外にも、根拠を述べずに主張する人は多いです。

主張に説得力を持たすには根拠が必要です。なぜなら、根拠があれば、半信半疑の人も、「なるほど、確かにそう言える」と思うからです。「本当にそうか？」と思う人も、「理由があるなら、データがあるなら、きっとそうなのだろう」と納得するのです。あるいは、「そうではないだろう」と思う人も、「そうかもしれない」と思わせられるのです。

主張に根拠が必要なのは当たり前と思うかもしれませんが、実は多くの人が根拠を述べずに主張を述べます。それも、世間では知識人と思われている人（大学の教授など）でも、根拠を述べずに主張します。たとえば、次に示す例でも、筆者は主張に対して根拠は述べていません。

「書き慣れるためには、量を書く必要があります。たくさん書けば文章は練れてきて、当たりが柔らかくなり、読み手が受け入れやすいものになります。」（『論文・レポートはどう書くか』　鷲田小彌太　他）

「〈段落（パラグラフ）〉を過程作文の過程で意識してはならない。発想が萎縮し、貧弱になる。」（『私の作文教育』　宇佐美寛）

◆根拠の不要な意見とは？

根拠が不要なのは、根拠を述べるまでもなく当たり前の場合だけです。当たり前なのですから、ロジック単位にはなりません。

根拠を必要としないのは、「本当にそうか？」「そうではないだろう」と思う人がいない当たり前の意見です。当たり前のことは、説得する必要がないので、根拠を述べる必要はありません。ですから、「貧困のない世界が望ましい」「人種や性別で差別してはならない」「善良な市民には生きる権利がある」には、根拠は不要です。

根拠を必要としない当たり前の主張は、ロジック単位に組み込んではなりません。なぜなら、当たり前すぎて考える単位にはならないからです。人は、当たり前のことをロジック単位とはせず、その先の考えをロジック単位とします。たとえば、人は、「貧困のない世界が望ましい」と主張する代わりに、「貧困が拡大している現状は問題だ」「貧困がなくならないのは……のせいだ」「貧困をなくすには……すべきだ」と考えるのです。人は、根拠を必要としない主張を、無意識に思考の単位から外しているのです。

◆ロジック単位ごとに根拠を述べる

ロジック単位ごとに、根拠を述べて論証しなければなりません。根拠のないロジック単位を

作らないためにも、説明の仕方を知っておく必要があります。

すべてのロジック単位は、当たり前の意見ではないので、根拠が必要になります。したがって、文章ならすべてのパラグラフに、プレゼンテーションならすべてのスライドに根拠が必要になります[2]。当たり前ではないはずのロジック単位を根拠なく述べれば、「本当にそうか？」「そうではないだろう」となります。この状況では論理的な説明はできません。

根拠を端折らないためには、正しい説明の仕方が大事になります。逆に説明の仕方を知らないと、主張だけ述べて根拠を述べなくなります。たとえば、1つのパラグラフやスライドには1つのトピックという説明の仕方です。この説明の仕方を知らないと、複数の主張を押し込んでしまいます。複数の主張それぞれに根拠を付けると、パラグラフは大きくなりすぎたり、スライドが込み入ったりします。そこで、根拠を端折ってしまうのです。また、パラグラフという説明の仕方を知らないと、やはり根拠を述べる姿勢が希薄になりがちです。なぜなら、1つのトピックについて詳しく述べようという姿勢がなくなるからです。1、2文で改行して別のトピックに移ってしまうのです。

2　目次や要約に根拠は不要です。目次や要約はロジック単位ではありません

根拠には理由と事実がある

　根拠は、「理由」と「事実」から構成されます。両方ともそろうのが理想ですが、片方だけで論じる場合もあります。「理由」は、主張でもあるので、さらに根拠が必要になることがあります。一方、「事実」には「具体例」と「データ」があります。「具体例」と「データ」には、それぞれ特徴があるので使い分けが必要です。

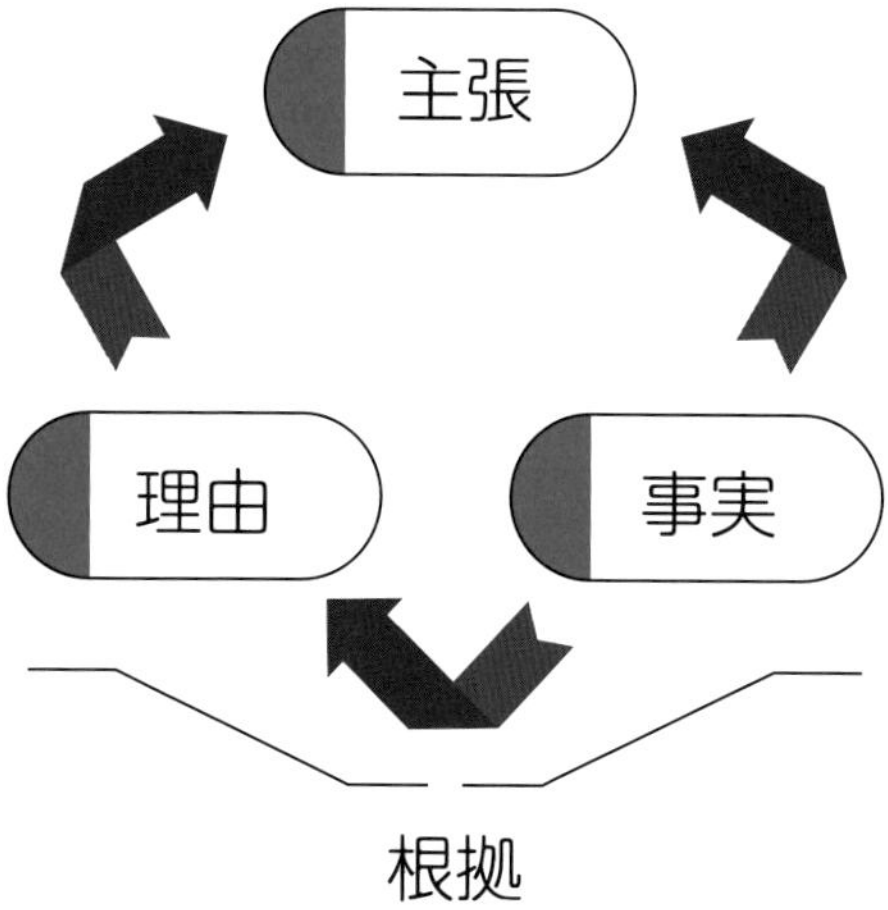

◆根拠としての理由と事実

「主張」を支える根拠は「理由」と「事実」に分けられます。どちらか一方でも「主張」を支えられますが、両方ともそろうと、より強く「主張」を支えられます。

本書でいう「理由」とは、「主張」を導き出す理屈です。「理由」は、なぜその「主張」が成立するのかの答えとなります。具体的には、次のようになります（左図の①）。

主張：食品ロスは減らすべきである
理由：食品ロスは経済的な損失を生んでいるから

本書でいう「事実」とは、「主張」や「理由」を裏付ける具体的な証拠です。「事実」は、どれほど「理由」が「主張」を支えているかの答えとなります。具体的には、次のようになります（下図の②）。

理由：食品ロスは経済的な損失を生んでいるから
事実：消費者庁の推計によると、日本で流通している年間8000万トン以上の食料のうち、643万トンが食品ロスである

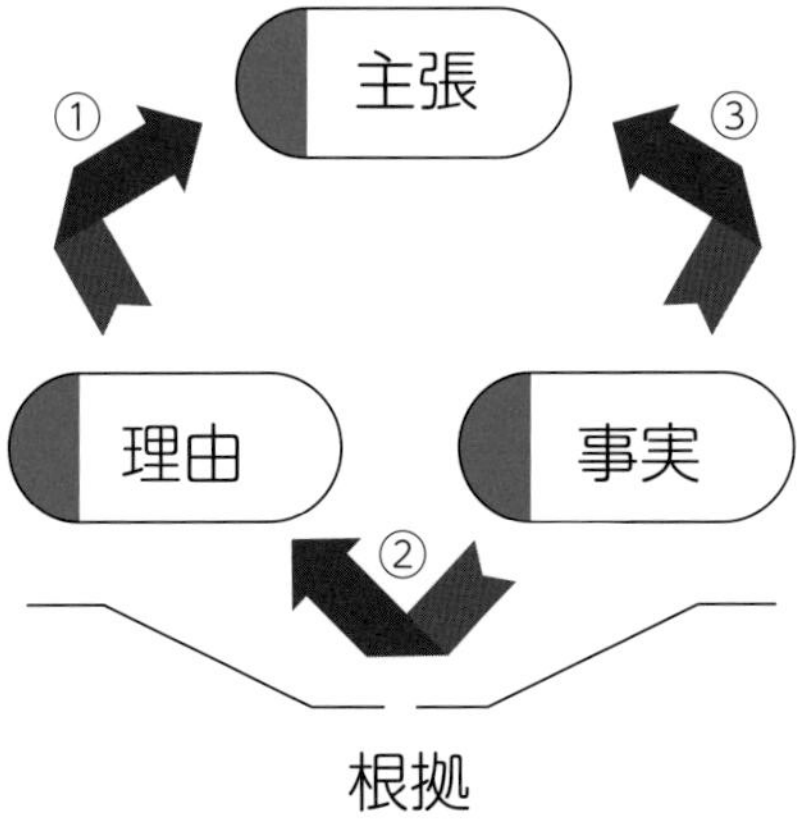

根拠は、この「理由」と「事実」がそろうと分かりやすく、説得力を持ちます（右下図の①と②）。

主張：食品ロスは減らすべきである
理由：食品ロスは経済的な損失を生んでいるから
事実：消費者庁の推計によると、日本で流通している年間８０００万トン以上の食料のうち、６４３万トンが食品ロスである

ただし、「理由」と「事実」の一方だけを述べる場合もあります。いつでも両方がそろうわけではありません。理由が分かりきっていれば、「事実」だけを根拠とする場合もあります。逆に、正確な「事実」がなければ、理由だけを根拠とする場合もあります。

「事実」だけを根拠とする場合（右下図の③）：
「食品ロスは減らすべきです。なぜなら、消費者庁の推計によると、日本で流通している年間８０００万トン以上の食料のうち、６４３万トンが食品ロスだからです。」

「理由」だけを根拠とする場合（右下図の①）：
「食品ロスは減らすべきです。なぜなら、経済的な損失を生んでいるからです。」

◆理由にも根拠が必要

根拠の1つである「理由」には、また根拠が必要です。さらにその根拠にも根拠が必要です。根拠が不要なほど当たり前になれば、そこで論証は止まります。

「主張」を導き出す「理由」は、同時に「主張」でもあります。たとえば、先の例で「食品ロスは経済的な損失を生んでいる」は、「理由」ではありますが、見方を変えれば「主張」です。なぜなら、この「理由」は「生んでいるはず」という意見であって、真実ではないからです。この「理由」は「主張」でもあるので、聞き手は、「なぜ、食品ロスは経済的な損失を生んでいるのか」とか、「飲食店における食べ残しなら、料金は同じなのだから、食べても残しても、飲食店側から見れば経済的な損失にはならないのではないか」と思うかもしれません。

「理由」が「主張」なら、その「理由」に

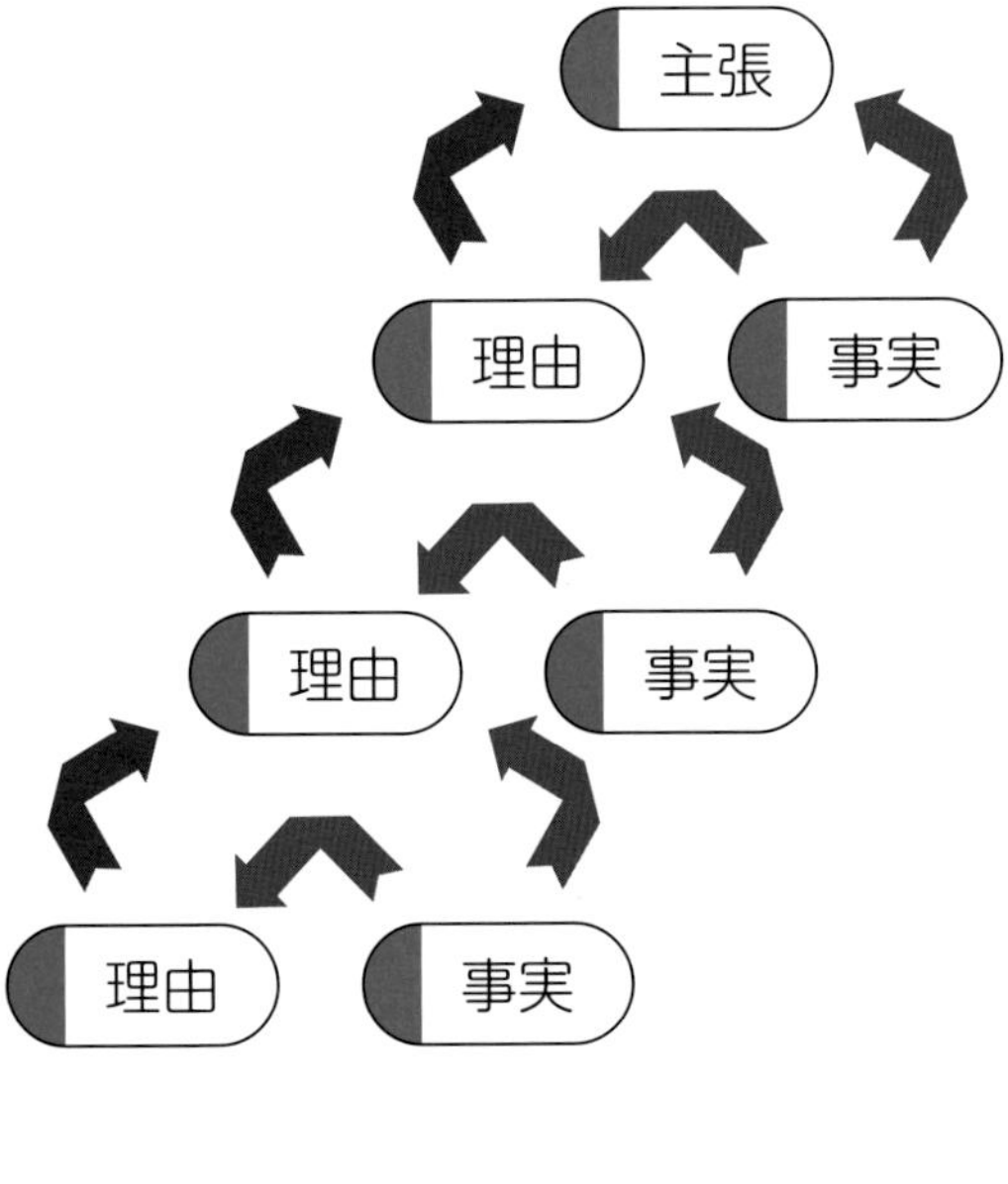

も根拠が必要です（右下図参照）。先の例なら、「なぜ、食品ロスは経済的な損失を生んでいるのか」という疑問に答える根拠です。その根拠とは、たとえば「生産過程や流通において多くのコストがかかっているから」という「理由」と、その「理由」を裏付ける具体的な証拠である「事実」です。あるいは、「食べ残しの処分に、経済的損失が生じるから」という理由と、その「理由」を裏付ける具体的な証拠である「事実」です。

さらに言えば、「理由」の「理由」も「主張」ですから、そこにまた根拠が必要です（前ページの図参照）。先の例で言えば、「なぜ、生産過程や流通において多くのコストがかかるのか」、「なぜ、食べ残しの処分に、経済的損失が生じるのか」という疑問に答える根拠です。その根拠とは、たとえば、「流通過程には人手とエネルギーがかかるから」という「理由」と、その「理由」を裏付ける具体的な証拠である「事実」です。あるいは、「飲食店の食べ残しは、家庭ゴミとは異なる処分が必要になるから」という「理由」と、その「理由」を裏付ける具体的な証拠である「事実」です。

これではきりがありませんが、根拠が不要になったところで論証は止まります。根拠が不要になるとは、誰もが当たり前と感じる意見のことです（「根拠の不要な意見とは？」147ページ参照）。逆に言えば、当たり前になるまで論証は必要なのです。この論証の概念が甘いと、論理性の低い主張となります。

◆事実にはデータと具体例がある

「主張」や「理由」を裏付ける具体的な証拠である「事実」には、「データ」と「具体例」があります。どちらにも一長一短があるので使い分けが必要です。

「データ」には、**信頼性が高いというメリットがあります。**「データ」は、第三者が収集した多くの情報です。したがって、偏見や偶然性がかなり排除できています。つまり、ある立場に都合のよい情報だけを集めた、たまたま生じた結果という可能性も低くなります。

一方で、「データ」には、**入手しにくいというデメリットがあります。**「データ」になる以上、該当テーマがある程度、社会的に話題になっていなければなりません。話題のテーマだから、第三者がコストをかけて収集するのです。コストもかかるので有料の場合もあります。

「具体例」には、**入手しやすく共感を生みやすいというメリットがあります。**「具体例」は、多くの場合、個人的な体験や見聞きした事例です。したがって、該当テーマが社会的に話題になっていなくても比較的入手しやすいです。しかも、多くの場合、身近な体験は、受け手側にも類似体験があることも多いので、共感されやすくなります。

一方で、「具体例」には、**信頼性が低いというデメリットがあります。**偏見や偶然性が排除できません。つまり、ある立場に都合のよい情報だけを集めてしまうこともあります。また、その体験がたまたまということもありえます。

主張と根拠はＰＲＥＰ法で示す

主張と根拠を説明するときは、ＰＲＥＰ(Point-Reason-Example-Point) で説明すると効果的です。このときビジネスでは、EをExampleだけではなく、EvidenceやExplanationまで拡張すると、さらに効果的な説明になります。RやEは、具体的に詳細に説明するのが説得力を増すためのコツです。

P Point

R Reason

E Example
Evidence
Explanation

P Point

◆PREPとは

PREP法とは、主張と根拠を次の4つの構成で説明しようという考え方です。パラグラフ・ライティングでは基本的な考え方です。

P：Point（主張）
R：Reason（理由）
E：Example（具体例）
P：Point（主張）

たとえば、次のような説明になります。

P：Point　食べられる商品が廃棄される食品ロスは減らすべきである
R：Reason　なぜなら、食品ロスは経済的な損失を生んでいるから
E：Example　経済的な損失の例は、製造・流通におけるエネルギー浪費である
P：Point　エネルギーを無駄にしないためにも、食品ロスは減らすべきである

このPREP法という考え方は、パラグラフ・ライティングの基本です。パラグラフは、Topic sentence-Support sentence-Conclusion sentenceで構成します。この構成は、よくハンバーガーにたとえられます（次ページの図参照）。パラグラフにおけるSupport sentenceをReason＋ExampleにブレークダウンしたのがPREP法です。

PREP法は、パラグラフ・ライティングの基本ですが、文章全体や階層にも適用します。そこで、文章全体は、要約で始め、R（Reason）やE（Example）が続き、必要があれば、最後にまとめで終わります。階層も、要約で始め、RやEが続き、必要があれば、最後にまとめで終わります。本書も、すべてのロジック単位がPREP法で構成されています。

PREP法で気をつけるべきことは、PREPの4つすべてがそろうとは限らないことです。特に、最後のP（Point）はあまり使いません。最後のPは念押しにすぎないので、念押しする必要のない状況では省略されます。本書も、すべてのロジック単位層がPREP法で構成されていますが、最後のPは多くの場合、省略しています。また、Support sentenceが文ではなく、図表などになれば、文が極端に少なくなりますので、最後にPを置く意味はありません。また、R（Reason）とE（Example）が両方ともあるとは限りません。EからRが自明ならRは省略されます。たとえば、「私には、忍耐力があります。たとえば、」という説明にRは不要です。

◆拡張版PREP

実際の説明では、EをEvidence（データ）やExplanation（詳細説明）にまで拡張しましょう。なぜなら、先に説明したように、「主張」を支える根拠には、「理由」（Reason）と「事実」である「具体例」（Example）と「データ」（Evidence）が必要だからです。さらには、「理由」「事実」「具体例」をつなぐための説明文や、言葉の定義など（Explanation）も必要になるからです。

たとえば、次のような説明になります。

P：Point　食べられる商品が廃棄される食品ロスは減らすべきである

R：Reason　なぜなら、食品ロスは経済的な損失を生んでいるから

E：Evidence　消費者庁の推計によると、日本で流通している年間８０００万トン以上の食料のうち、６４３万トンが食品ロスである

E：Explanation　生産過程や流通におけるエネルギー損失、生産者や労働者が費やした手間や時間などが無駄になっている

P：Point　エネルギーを無駄にしないためにも、食品ロスは減らすべきである

◆RやEは、具体的に詳しく

説得力を持たせるには、R（Reason）とE（Example）を、具体的に詳しく説明するのがコツです。たとえば、安全性向上のために、暗証番号から生体認証に変更したい場合を考えましょう。「暗証番号より生体認証の方が、セキュリティ性が高いから」という当たり前のR(Reason)では、人は行動に移してくれません。そこで、次のようなE(Example)やE(Evidence)を示すと説得力が増します。

- ランダムな暗証番号でも見抜く方法の例
- 暗証番号が破られて被害に遭った事例とその記事
- 生体認証が破られない理由とそのデータ

もし、ロジック単位が簡単な説明で終わるなら、論証できていないサインです。なぜなら、R（Reason）とE（Example）を、具体的に詳しく説明すれば、それなりの情報量になるはずだからです。ですから、パラグラフが1、2文で終わってしまうとか、スライドがスカスカになってしまうなら、論証が足りないのです。RとEを、具体的に詳しく加えましょう。

文章とプレゼンの違い（1）

大きな違いの１つが、コミュニケーションの主導権を受信者側が握っているか、発信者側が握っているかです。

文章なら、主導権は受信者側にあります。したがって、読み方は読み手が勝手に決められます。読む速度はもちろん、読む箇所も読み手が決めています。概略だけ読んで終わりにすることも、全部を通しで読むことも、大事な部分を拾い読みすることも読み直すことも自由にできます。

一方、プレゼンテーションは、主導権が発信者側にあります。したがって、受信者側はコントロールできません。その場に参加した以上、最初から最後までを通しで一回だけ聞くのが前提になります。受信者が理解できているかは関係なく、話は次々に進んでいきます。

主導権の差が、コミュニケーション方法にも差を生みます。たとえば、文章は重要な順に書きます。なぜなら、全部読む保証がないからです。しかし、プレゼンテーションは全部聞くのが前提なだけに、重要な情報を最後に回す戦略も採れます。

まとめ

ロジックを組んだだけでは、まだ論理性は不十分です。ロジック単位は、根拠を持って論証しなければなりません。根拠には理由と事実があります。両方ともそろっているのが理想ですが、片方でも論証はできます。さらに事実には、データと具体例があります。根拠を持って論証するには、PREP法を使うと効果的です。つまり、Point-Reason-Example-Pointと説明していきましょう。PREP法を使うと、根拠が必然的に厚くなります。

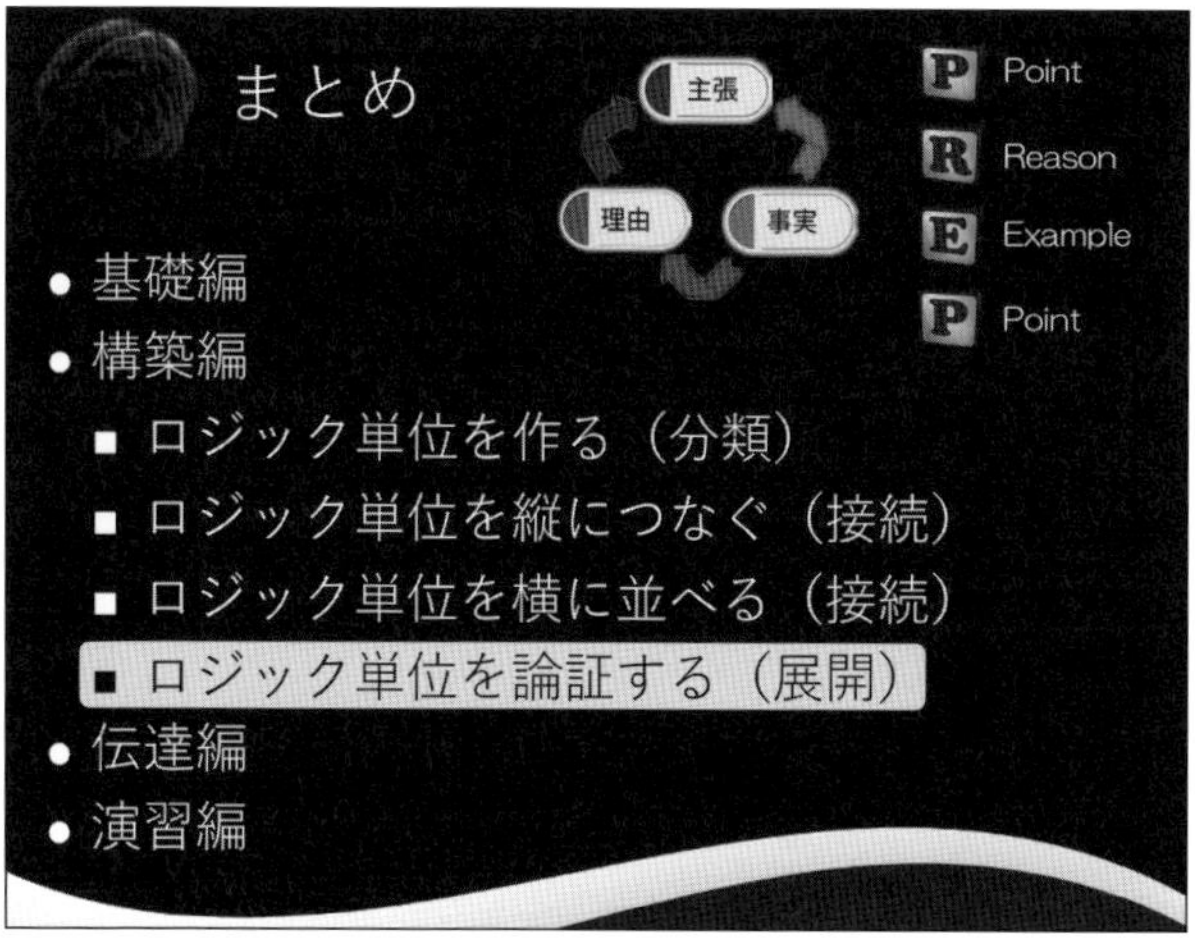

伝達編
ロジックを文章や
プレゼンテーション
で伝える
基礎編
構築編
伝達編
演習編

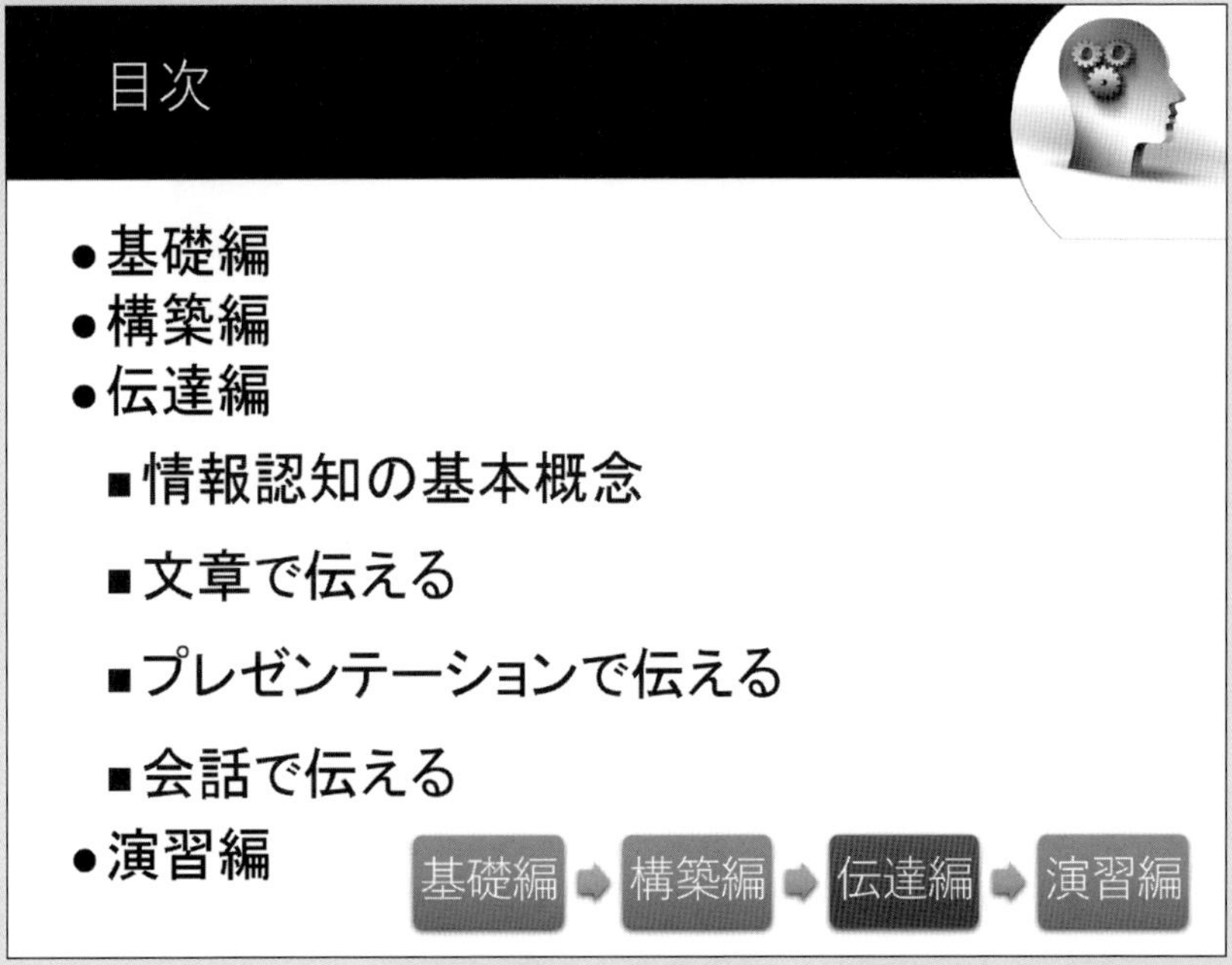
目次
●基礎編
●構築編
●伝達編
■情報認知の基本概念
■文章で伝える
■プレゼンテーションで伝える
■会話で伝える
●演習編
基礎編
構築編
伝達編
演習編

ロジックを分かりやすく伝達する方法は、情報認知の概念がベースになります。この情報認知を研究する認知心理学で提唱されている、二重貯蔵モデルとメンタルモデルという考え方が理解できると、どう説明すると分かりやすくなるかが分かります。さらには、情報の非対称性や強調のポジションという概念も重要です。

情報認知の基本概念を押さえておけば、文章やプレゼンテーションで、どう説明すればロジックを伝えやすくなるかが見えてきます。基本的には、最初に要約を述べ、ロジック単位を明確に伝え、そのロジック単位が縦と横に接続されていることを示し、各ロジック単位をしっかり論証します。

会話でも、文章やプレゼンテーションと基本は同じです。しかし、会話では、資料なしで手短に説明しなければなりません。そこで、ナンバリングやラベリングでロジック単位を明確に伝えます。ロジック単位は3つまでとし、それぞれをPREP法で説明します。

1 情報認知の基本概念

ロジックを伝達するには、人はどのように情報を認知するのかの基本を知っておくべきです。なぜなら、情報認知の概念が理解できると、どう発信すれば伝わるかが見えてくるからです。この情報認知を研究する認知心理学では、情報の理解を二重貯蔵モデルとメンタルモデルという概念で説明しています。一方、経済学では、情報の非対称性という概念も、コミュニケーションでは大事と考えています。さらに、最初と最後が強調のポジションであることも知っておきましょう。

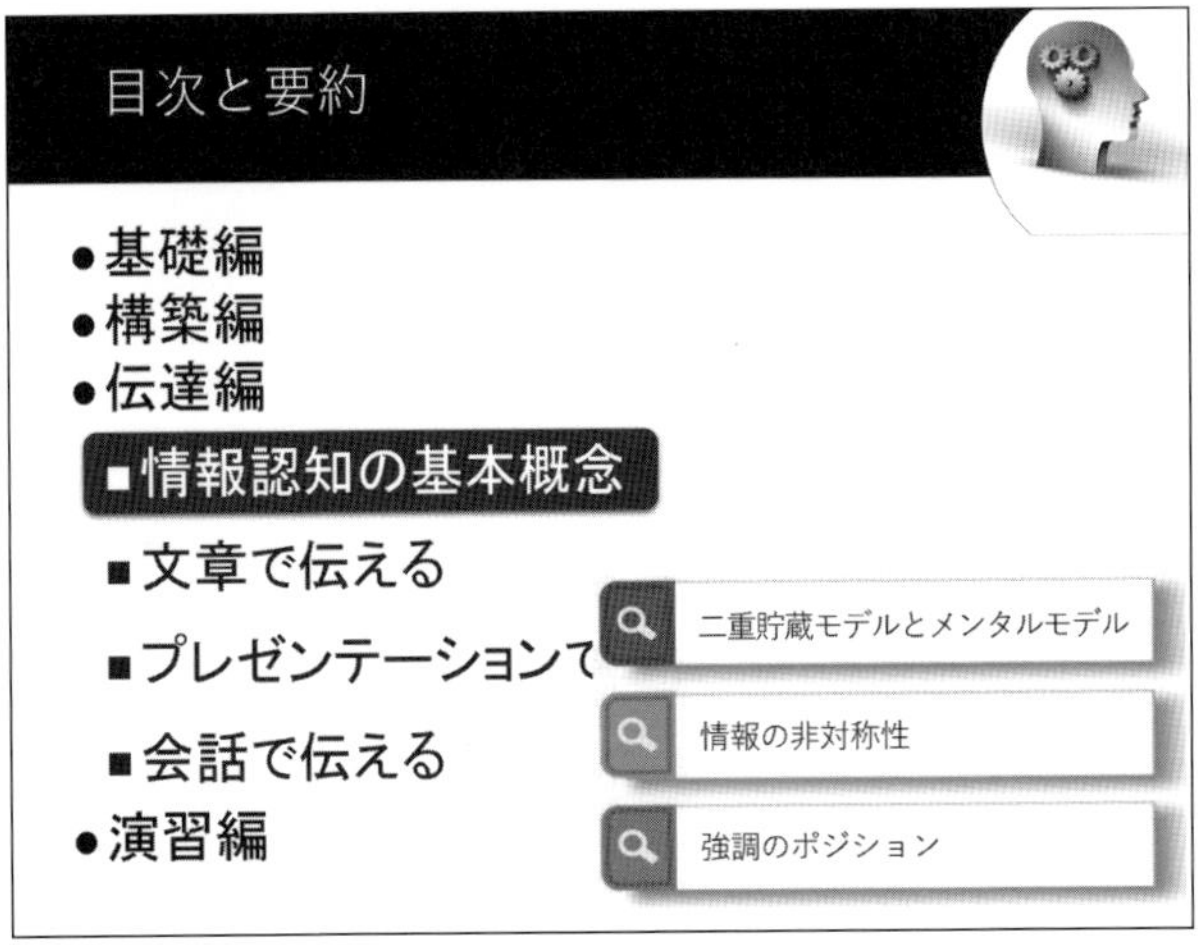

二重貯蔵モデルとメンタルモデル

認知心理学では、人は情報処理するときに、短期メモリと長期メモリという2つの貯蔵庫を使う（二重貯蔵モデル）と説明しています。また、この情報処理をなるべく早くできるよう、頭の中にメンタルモデルという自分なりの理解や仮説を作ると考えています。分かりやすく説明するには、この二重貯蔵モデルとメンタルモデルに配慮する必要があります。そこで、同時処理する情報は、短期メモリに記憶できる量にします。そのうえで、受信者のメンタルモデルをあらかじめ作らせるような説明が必要です。

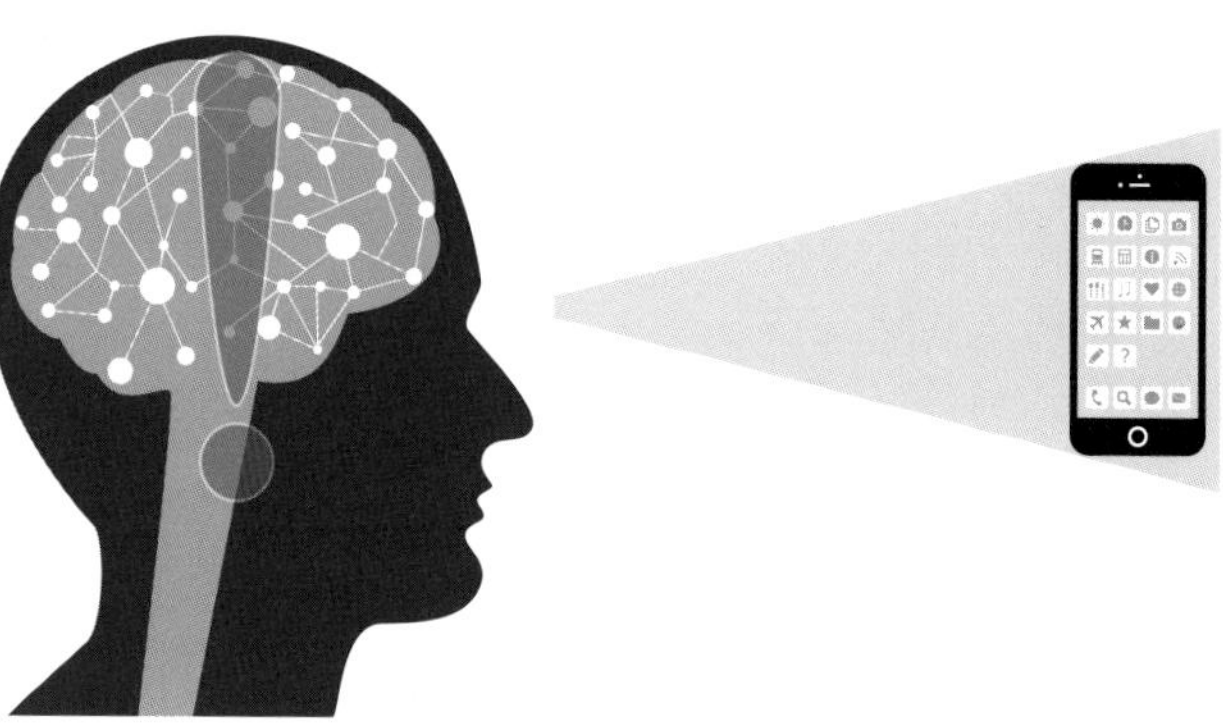

◆二重貯蔵モデルとは

認知心理学では、人は情報を、短期メモリと長期メモリという二重の貯蔵庫を使って処理していると考えています。短期メモリで入力情報を一時保管し、長期メモリから関連情報を持ってきて、入力情報を理解していると考えられています。

短期メモリは、7±2の情報が約20秒保持できる一時メモリです。たとえるなら、短期メモリはベルトコンベア付きの作業台です。ベルトコンベアがついているので、約20秒のうちに情報処理しないと、入力情報は流れていってしまいます。つまり、理解できないという状態です。

一方、長期メモリはほぼ無制限の情報がほぼ永久的に入る巨大なメモリです。たとえるなら、長期メモリは巨大な書庫です。この書庫には、生まれてから現在に至るまでに記憶した情報が保管されています。この記憶された情報と、短期メモリにある入力情

3　認知心理学の最新の理論では4±1の考え方が優勢です。「マジカルナンバー7 or 4」（94ページ）を参照してください

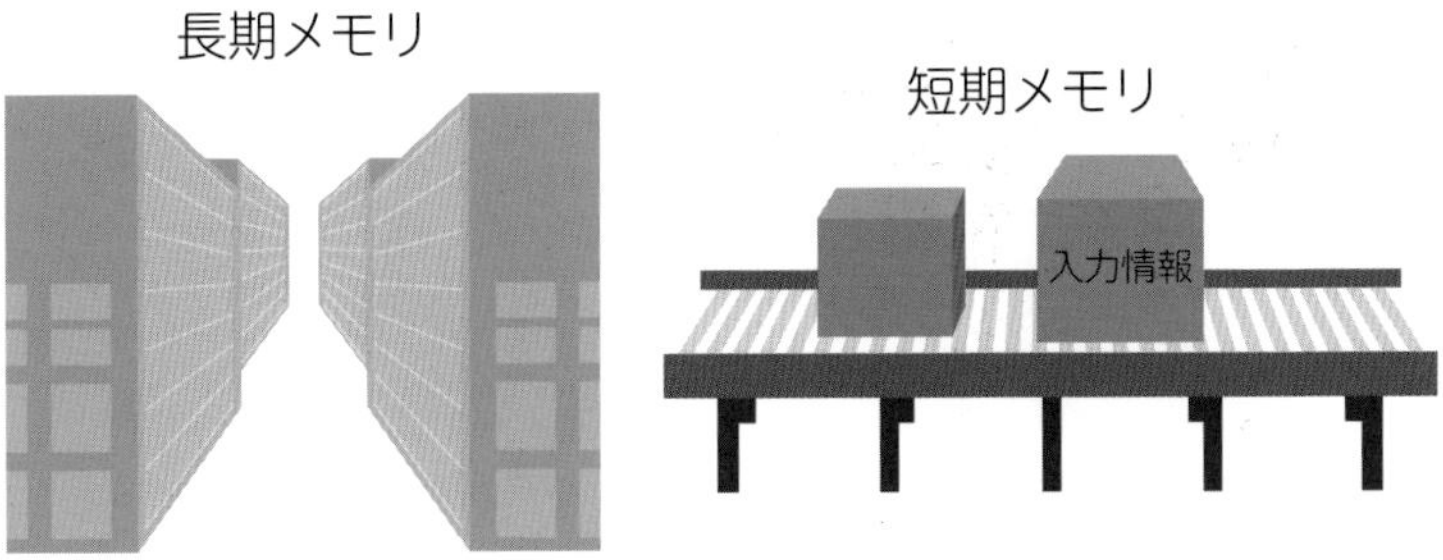

報を使って情報処理をします。

たとえば、左下図のような物体が、短期メモリに入った場合、人は長期メモリにあった記憶を使ってこの物体の理解をします。短期メモリに入ってきた情報は、この物体の形や色だけです。しかし、多くの方はこの物体を次のように情報処理できるはずです。「これはスマートフォンだな」「この形状ならiPhoneかな」「一番下の丸いボタンでオン・オフするのだろうな」などと。これらの情報は、すべて長期メモリ側にあった記憶された情報です。過去に同じような物体を見たり、触ったりした経験から判断したのです。

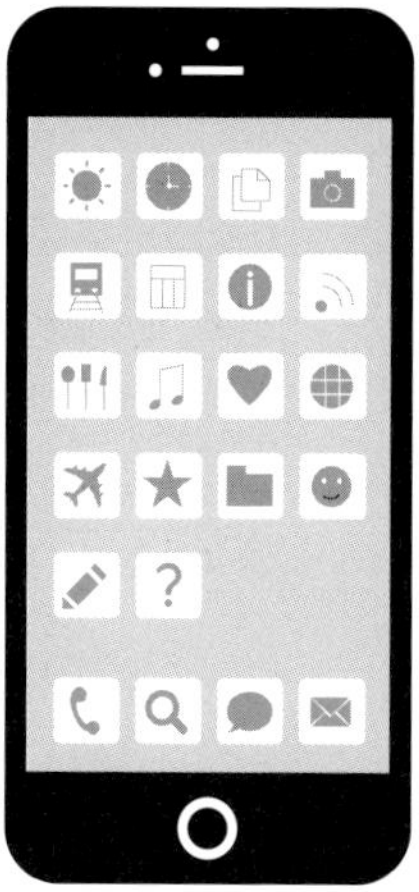

◆メンタルモデルとは

この情報処理をなるべく早くできるよう、人は頭の中にメンタルモデルを作って、関連する記憶をあらかじめ活性化しておきます。

メンタルモデルとは、人が頭の中に作る自分なりの仮説や理解です。「この物体はこういうものだろう」という仮説です。あるいは、「この物体はこういうものだ」という理解です。このメンタルモデルは人によって多少異なります。しかし、同じ時代の同じ文化の人なら、おおむね同じメンタルモデルを作ります。

人は、情報を高速に処理するために、メンタルモデルを作って、関連する記憶をあらかじめ活性化しておきます。関連する記憶を活性化するとは、長期メモリという巨大な書庫の前に、使いそうな記憶を準備しておくことです。使うかどうか分からないけれど、使いそうな記憶はいつでも取り出せるよう書庫の前に移動しておくのです。そのうえで、いざ必要となったときには、高速に取り出すのです。

つまり人は、次のような処理を高速で回すために、頭の中を絶えず動かしているのです（下図参照）。

1. 情報が入ってくる
2. その情報に対するメンタルモデルを作る
3. メンタルモデルに合わせて関連記憶を活性化する
4. 活性化した情報を使うはずだと待つ
5. 次の情報処理で活性化した情報を使えれば処理が早まる／活性化した情報が使えないなら、メンタ

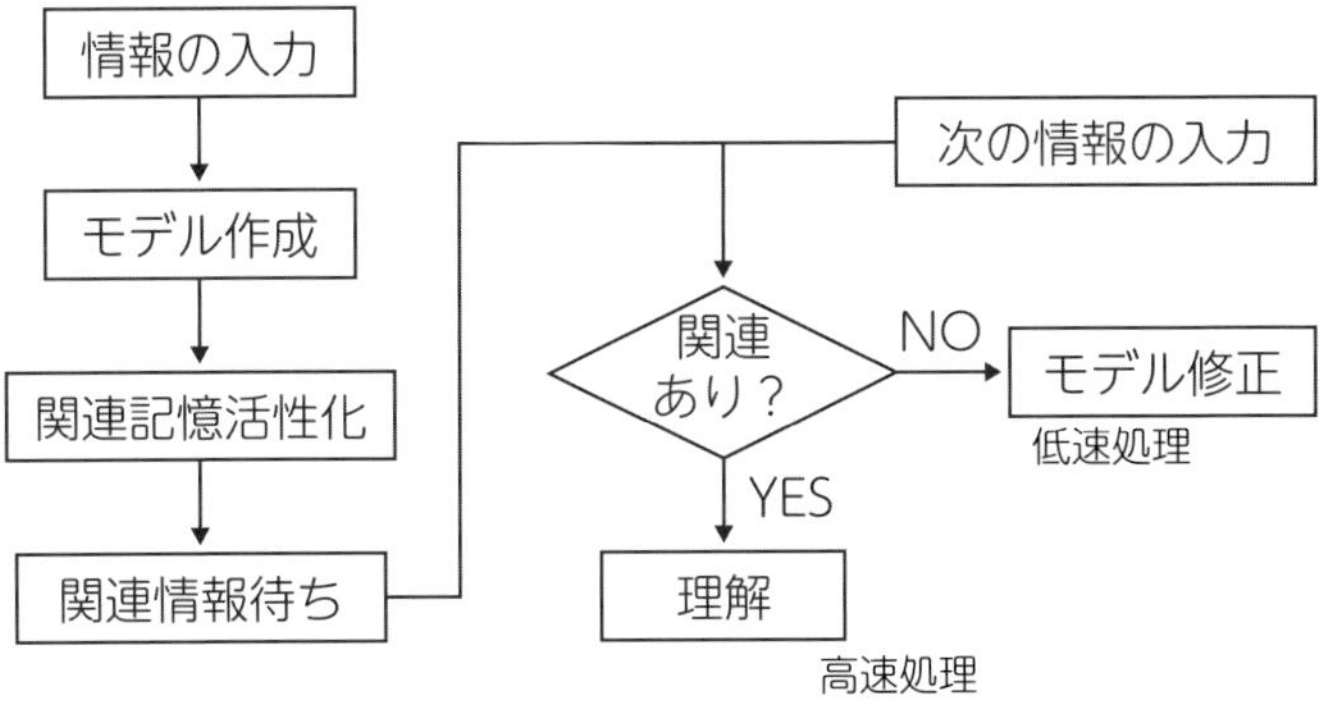

ルモデルを修正するので処理が遅くなる

◆分かりやすく説明するには

分かりやすく説明するには、この二重貯蔵モデルとメンタルモデルに配慮する必要があります。具体的には次のことに注意します。

1. 同時処理する情報は短期メモリに入る数に絞る
2. 受信者が情報処理に必要な記憶はメンタルモデルで活性化しておく
3. 活性化した記憶を使うように論理展開する

まず、**同時処理する情報数はできれば5まで、多くて7までとしましょう**。この数を超えると短期メモリがオーバーフローを起こすので、同時処理を止めてください。分かりやすい例で言えば、1つの文は7単語を超えると分からなくなります。そこで同時処理を止める、つまり文を切ります。同様に、文だけではなく、ロジック単位も、同時に見せるのは、できれば5まで多くても7までとします。この数を超えるなら、同時処理を止める、つまり階層を変えます。

次に、**受信者のメンタルモデルを明確に作らせ、情報処理に必要な記憶はあらかじめ活性化させておきましょう**。メンタルモデルを作らせるとは、概略から述べようということです。概略を述べれば、メンタルモデルができて関連記憶を活性化するので、後の詳細が分かりやすくなります。たとえば、「本モジュールはA・B・Cの3つのサブモジュールで構成されている」と始めれば、受信者は、「この後、A・B・Cの3つのサブモジュールをこの順に説明するぞ」というメンタルモデル（=仮説）を作るはずです。そこで、Aサブモジュールを理解するのに必要な関連記憶を活性化するので、後のAサブモジュールの説明が分かりやすくなります。

最後に、活性化した記憶を使うように論理展開しましょう。受信者は、メンタルモデル、つまり仮説を立てて情報を待っています。その期待を裏切れば分かりにくくなります。たとえば、「本モジュールはA・B・Cの3つのサブモジュールで構成されている。Bサブモジュールは、」と始まってしまったら、「何それ？　Aサブモジュールは？」という疑問が生じます。分かりにくくなるのです。

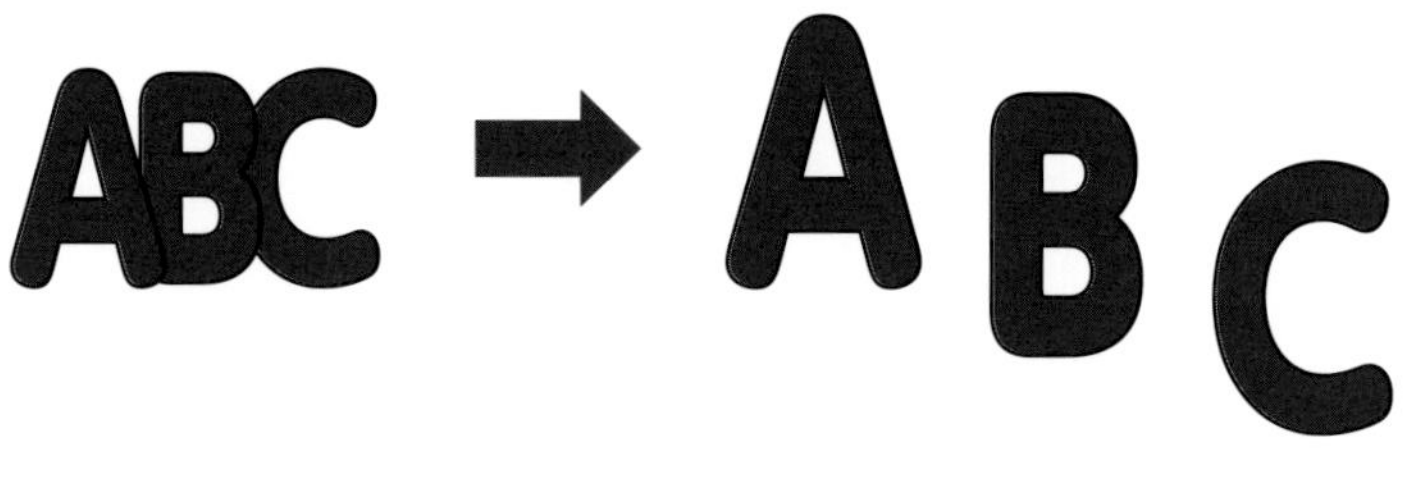

情報の非対称性

情報の非対称性とは、経済学で売り手と買い手で持っている情報が異なる状態を指しています。ここでは、この情報の非対称性という概念をコミュニケーション全般に拡張して紹介します。この情報の非対称性に配慮すると分かりやすい説明ができます。逆に情報の非対称性を頭に入れておかないと、人の「分かりにくい」と言っていることが分からないという状態になります。実際にこの「分かりにくいが分からない」状態は嫌というほど身近にあります。

◆情報の非対称性の身近な例

突然ですが、道順を説明してください。あなたは今、下の地図の右下「ここ」と書かれている道に立っています。通りすがりの人に道を聞かれました。「市役所まではどう行ったらいいでしょう？」市役所は地図の左上にあります。「ここ」から市役所までの道順を、いつものように説明してください。

おそらく、多くの読者は、次のように説明することでしょう。

「市役所なら、まずこの道をまっすぐ行って、突き当たりにある神社の角を左に曲がって、2つ目の信号を右折します。しばらく歩いてコンビニエンスストアのあ

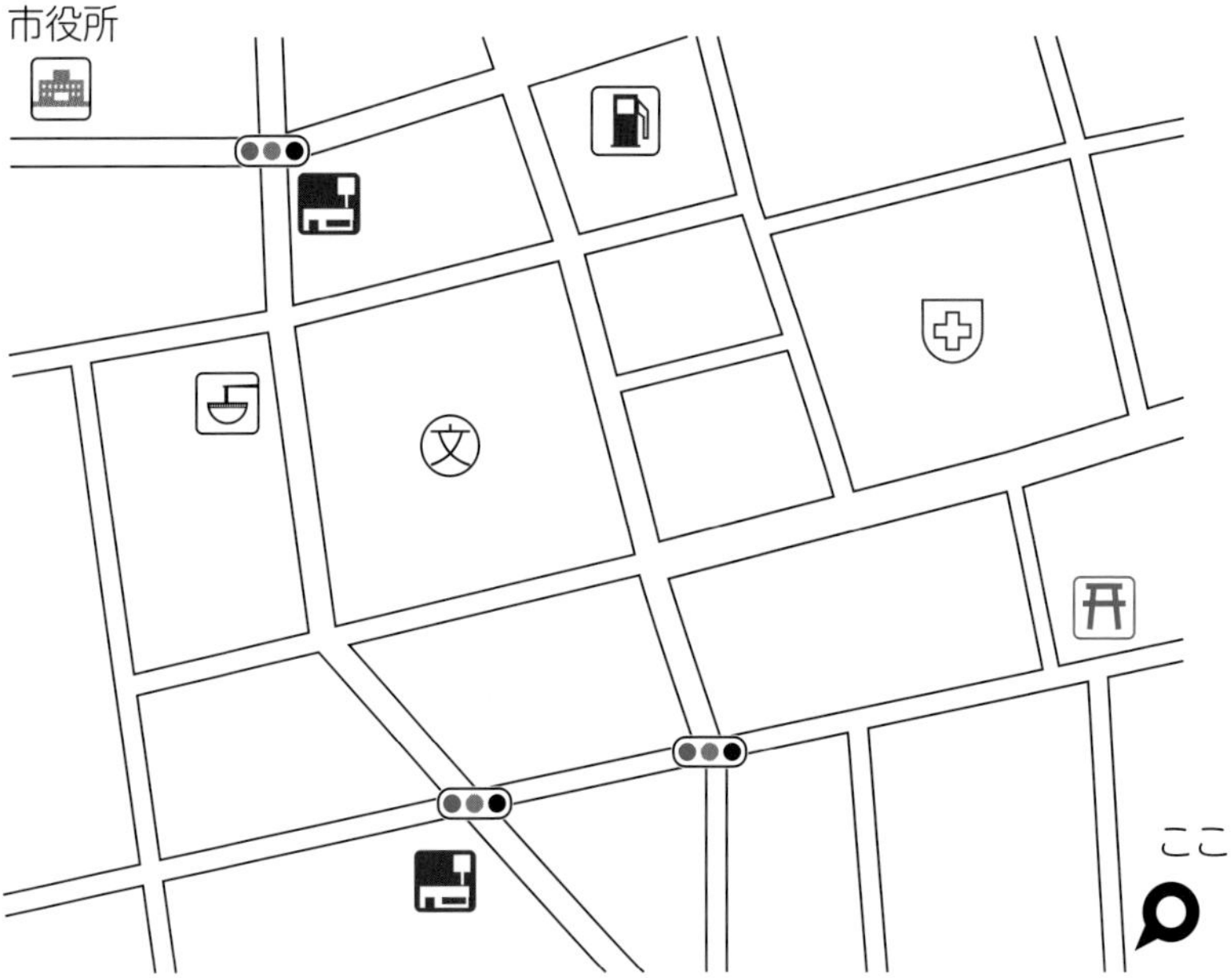

る信号を左に曲がると、すぐ右手に市役所があります」

実はこの説明は分かりにくいのです。しかし、この説明で分かりやすいと思っている方もいるはずです。この分かりにくいが分からないのが、ここで勉強したい、「情報の非対称性」なのです。なぜ、この説明が分かりにくいのか。なぜ、その分かりにくさが分からないのか。その理由を、次に説明しましょう。

◆発信者と受信者では持っている情報が違う

発信者と受信者は、持っている情報が違います。この意識がないと説明が分かりにくくなるばかりか、分かりにくいことが分からなくなりますので注意が必要です。

先の道順の例でも、発信者は受信者の持っていない多くの情報をあらかじめ持っているのです。たとえば、「神社の角を左に曲がって、2つ目の信号を右折します。」と説明した場合、発信者は神社までの距離の3倍程度歩けば、2つ目の信号があることを知っています。しかし、その情報は受信者にはありません。また、2つ目の信号のとき、全行程の5割程度終わっていることを発信者は知っていますが、その情報も受信者にはありません。さらに、2つ目の信号を右折した後、次の信号までの距離感も受信者にはありません。

自分しか持っていない情報が邪魔をするので、発信者は分かりにくく説明していることに気

がつきません。この情報の非対称性という概念が頭にないと、「あなたの道順説明は分かりにくいです」と言われても、「分かりにくい」が分からないのです。「分かりやすい説明をした。分からないのはあなたの理解力のせいだ」となってしまいます。

この情報の非対称性にだまされて、分かりにくく説明しているのに気づいていない人は多いです。たとえば次のような説明です。

- 何を調査したかだけを述べ、結果・結論は最後に述べる（発信者は結果も結論も頭にある）
- 目次を説明せずにプレゼンテーションを始める（発信者はロジック構成を頭に置いている）
- P（Point）を述べずにE（Evidence）であるデータ（グラフなど）の説明を始める（発信者はPointを頭に置いている）

◆分かりやすく説明するには

そこで分かりやすく説明するには、最初に情報の非対称性を少しでも解消しておくべきです。先の道順の例では、「市役所なら、北西の方向に歩いて10分ぐらい。角を全部で3回曲がります」程度の情報を先に伝えておくべきなのです。この情報で、方向と距離感がつかめ、全行程が4つに分かれていることがあらかじめ分かります。発信者から見れば不要な情報なのかもしれませんが、受信者には大事な情報なのです。

強調のポジション

文章やプレゼンテーションでは、最初と最後が強調のポジションです。全体はもちろん、階層、パラグラフ（プレゼンテーションならスライド）、文に至るまで、最初と最後が強調のポジションです。この最初と最後の強調のポジションに重要な情報を示すことが、コミュニケーションのコツです。なお、最初と最後の強調のポジションのうち、文章なら、最初がより重要ですが、プレゼンテーションは最後も重要です。

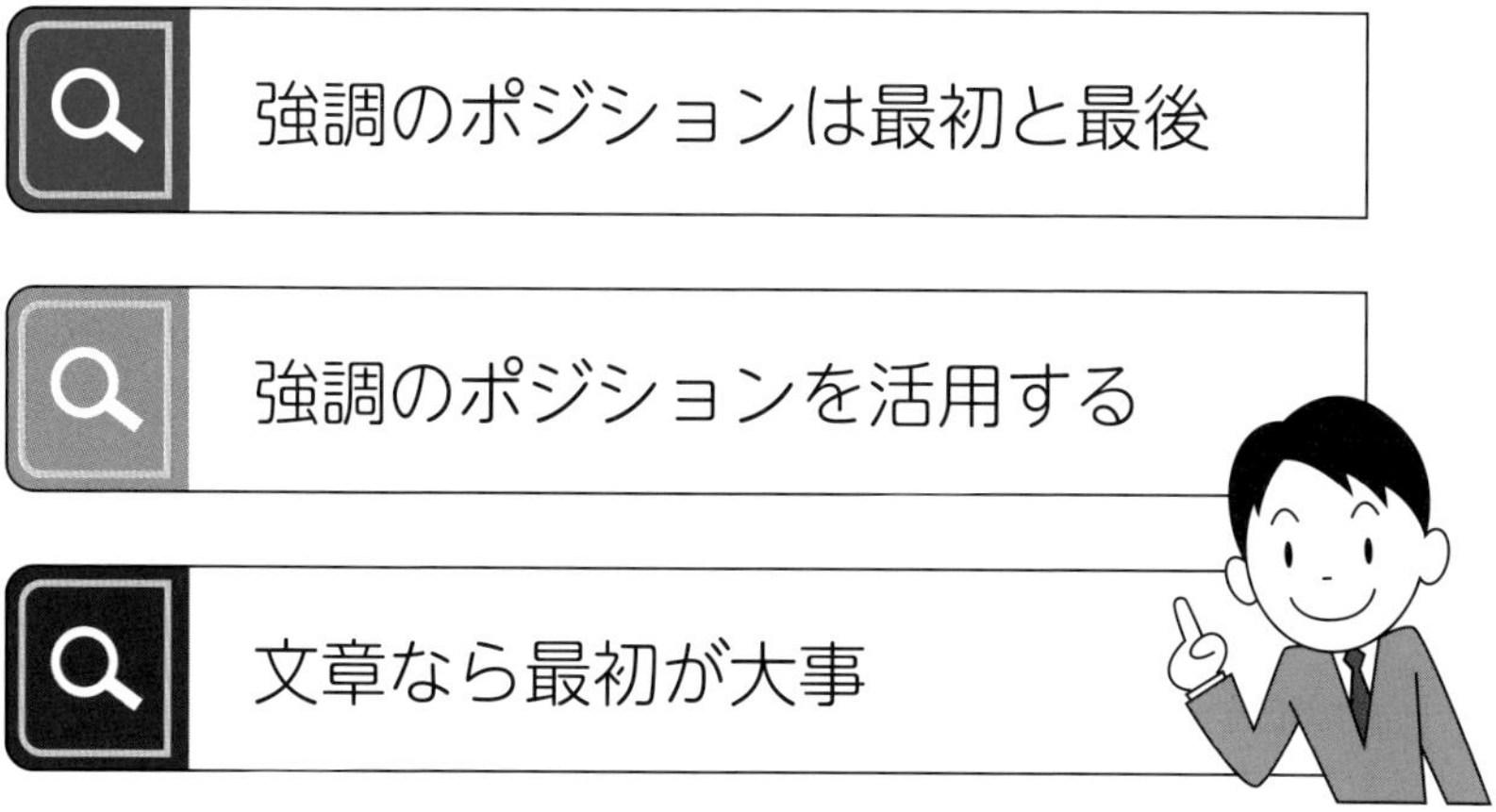

強調のポジションは最初と最後
強調のポジションを活用する
文章なら最初が大事

◆強調のポジションは最初と最後

文章やプレゼンテーション全体はもちろん、階層、パラグラフ（プレゼンテーションならスライド）、文に至るまで、最初と最後が強調のポジションです。

最初と最後は、人が緊張・集中している強調のポジションです。たとえば、プレゼンテーションで最初から寝ている人はいません。最初は起きて、話を聞いています。しかし、途中で眠くなるときもあります。居眠りが始まっても、最後のまとめになれば、ふっと起きて聞いていることはよくありがちです。同様に、文章でも、最初と最後は、人は緊張して、集中して読んでいます。

全体の最初と最後だけではなく、固まりごとに最初と最後は強調のポジションです。たとえば文章なら、階層の中にある、最初と最後のパラグラフも強調のポジションです。パラグラフの中にある、最初と最後の文も強調のポジションです。文の中にある、最初と最後の単語も

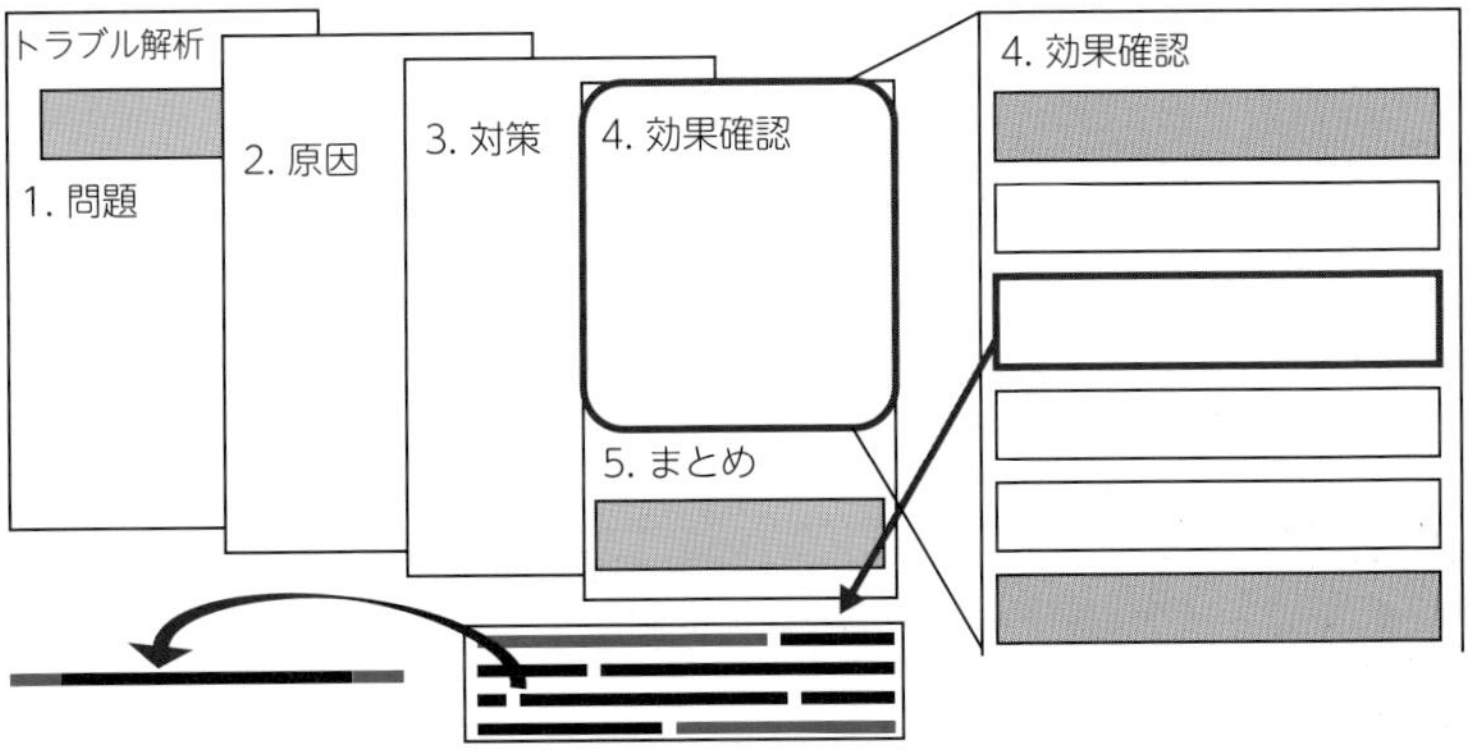

強調のポジションです。

◆強調のポジションを活用する

この最初と最後の強調のポジションをうまく使うと、効果的にコミュニケーションできます。

強調のポジションである最初と最後を有効活用しているシーンは日常的によく見かけます。たとえば、論文が、アブストラクトで始まり結論で終わるのは、強調のポジションを有効活用しているのです。娯楽である映画や漫才ですら、最後の結末や落ちだけではなく、オープニングで聴衆を引きつける手法を採ることはよくあります。昔は、最後ばかり強調されていたのですが、最近では最初の強調のポジションをいかに使うかは大事だと認識されてきました。俗に「つかみはＯＫ」と呼ばれる行為です。

論理を伝える場合も、最初と最後の強調のポジションを効果的に使いましょう。具体的には次のようになります。

- 全体は要約で始め、結論で終わる
- 階層も要約で始め、必要があれば結論で終わる
- パラグラフ（スライド）もＰ（Point）で始め、Ｐ（Point）で終わる
- 文も、キーワードで始め、動詞で終わる

◆文章なら最初が大事

文章なら、最初がより重要です。一方、プレゼンテーションは最後も重要です。

強調のポジションは、文章なら最後より最初がより重要です。なぜなら、読み手がその文章全部を読む保証はないからです。読むのを途中でやめてしまうかもしれません。しかし、普通の読み手なら上から読んでいきます。途中から、あるいは逆から読む人はいません。最初は、必ず読んでくれるので、最後より最初が優先です。

一方で、**プレゼンテーションは、最後の強調のポジションも、最初と同じく重要です。**なぜなら、プレゼンテーションは、全部を聞くのが前提だからです。全部を聞くのが前提なら、最後の強調のポジションも重要です。むしろ、プレゼンテーションでは最後をより重視する傾向が強くなります。なぜなら、前に述べたことより、後に述べたことの方が残りやすいからです。

最初 ≫ 最後

最初 ≦ 最後

まとめ

認知心理学では、人が情報を処理する過程を、二重貯蔵モデルとメンタルモデルという概念で説明しています。一方、経済学では、発信者と受信者で持っている情報が異なることを、情報の非対称性という言葉で紹介しています。また、人は、最初と最後で緊張を高めて情報を受信します。こういった情報認知の基本概念を押さえておけば、分かりやすい説明の仕方が見えてきます。

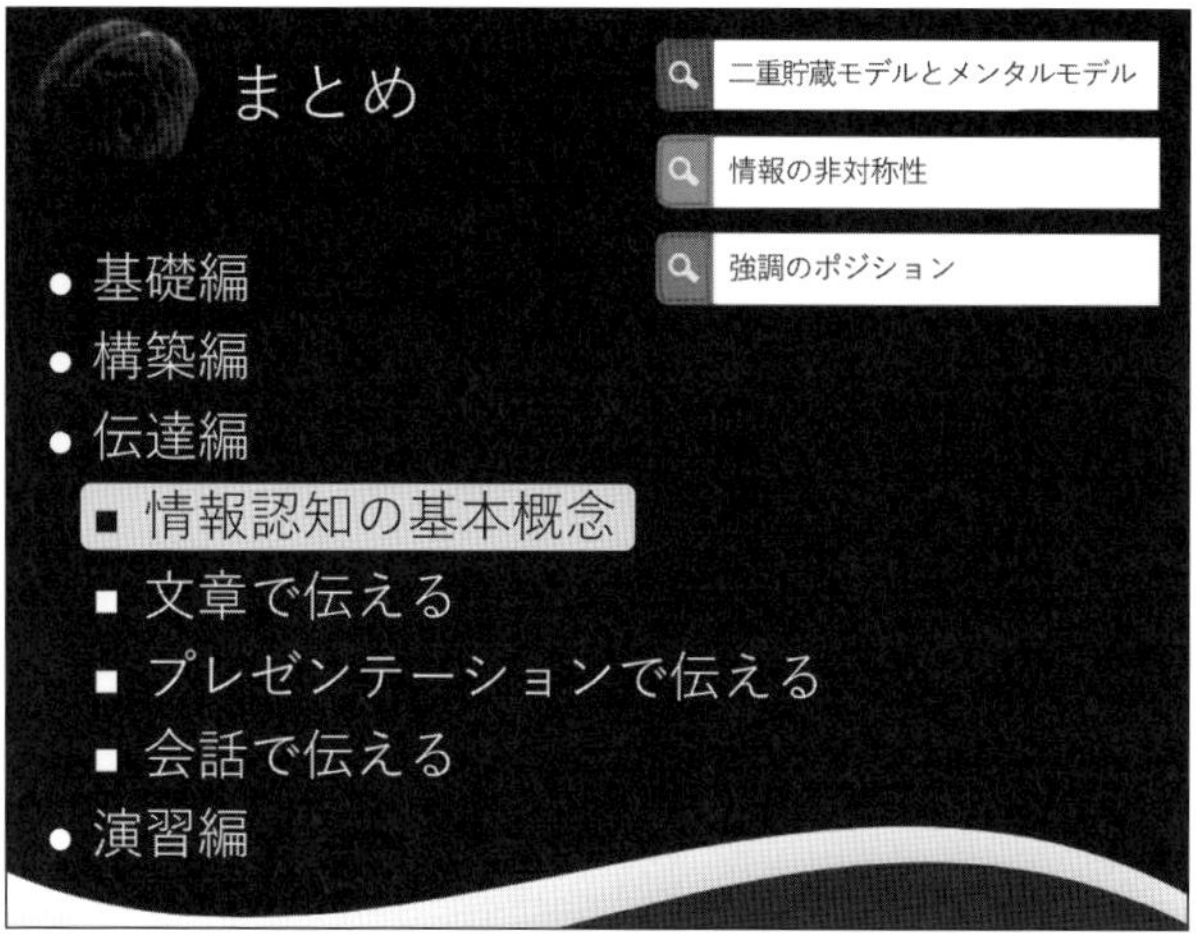

2 文章で伝える

情報認知の基本概念を押さえておけば、文章やプレゼンテーションで、どうすればロジックを伝えやすくなるかは見えてきます。逆に、人が陥りやすいミスも見えてきます。文章にしろ、プレゼンテーションにしろ、基本的には、最初に要約を述べ、ロジック単位を明確に見せ、縦につなぎ、横に並べたうえで、各ロジック単位を論証することが大事です。情報の非対称性にだまされると、この基本が守れなくなります。

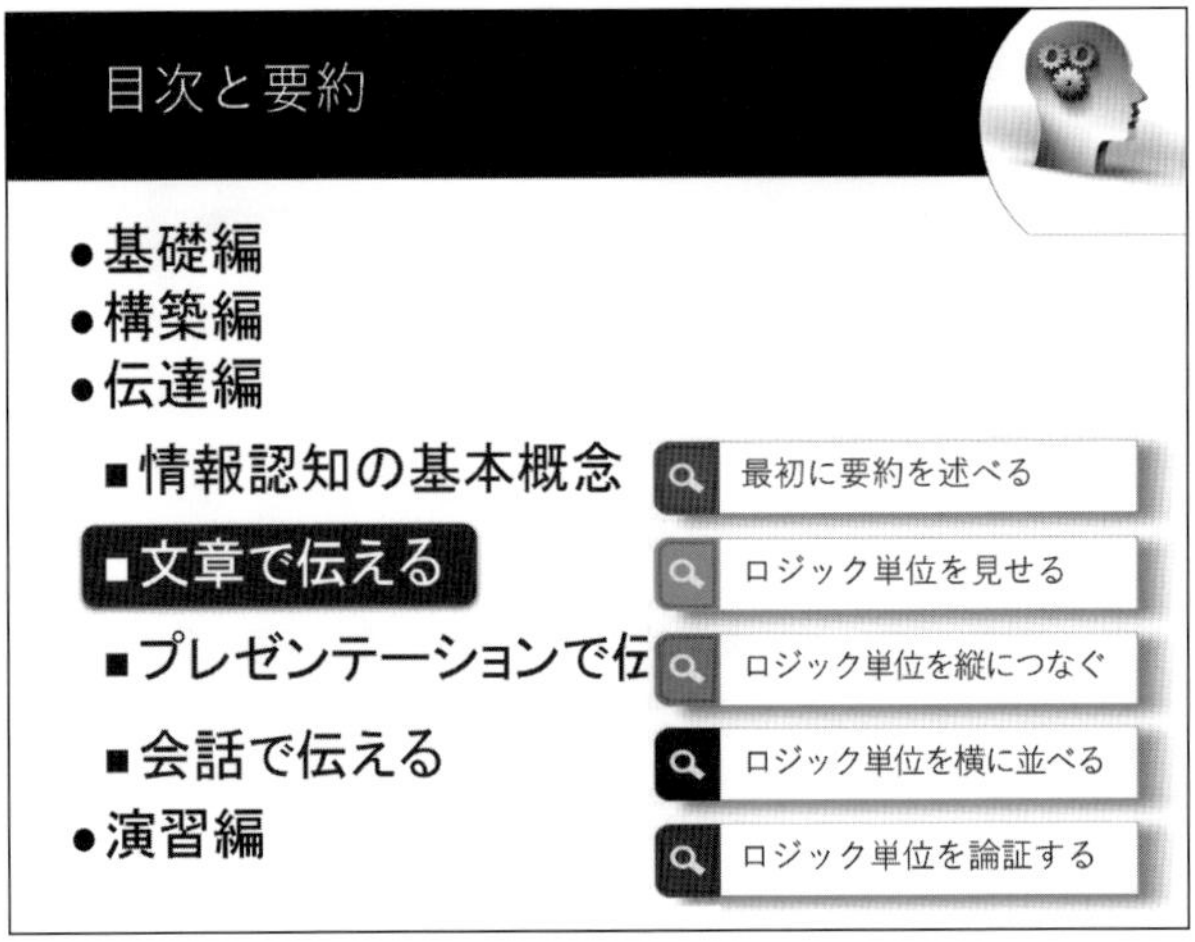

最初に要約を述べる

ロジックを正確に伝えるために、文章の最初では要約を述べます。この要約は、文章全体の先頭で述べるのはもちろんですが、階層構造のある文章なら階層ごとに先頭で述べます。その要約は、簡潔に述べなければなりません。また、各論のキーワード、特に見出しをつなぐと効果的です。

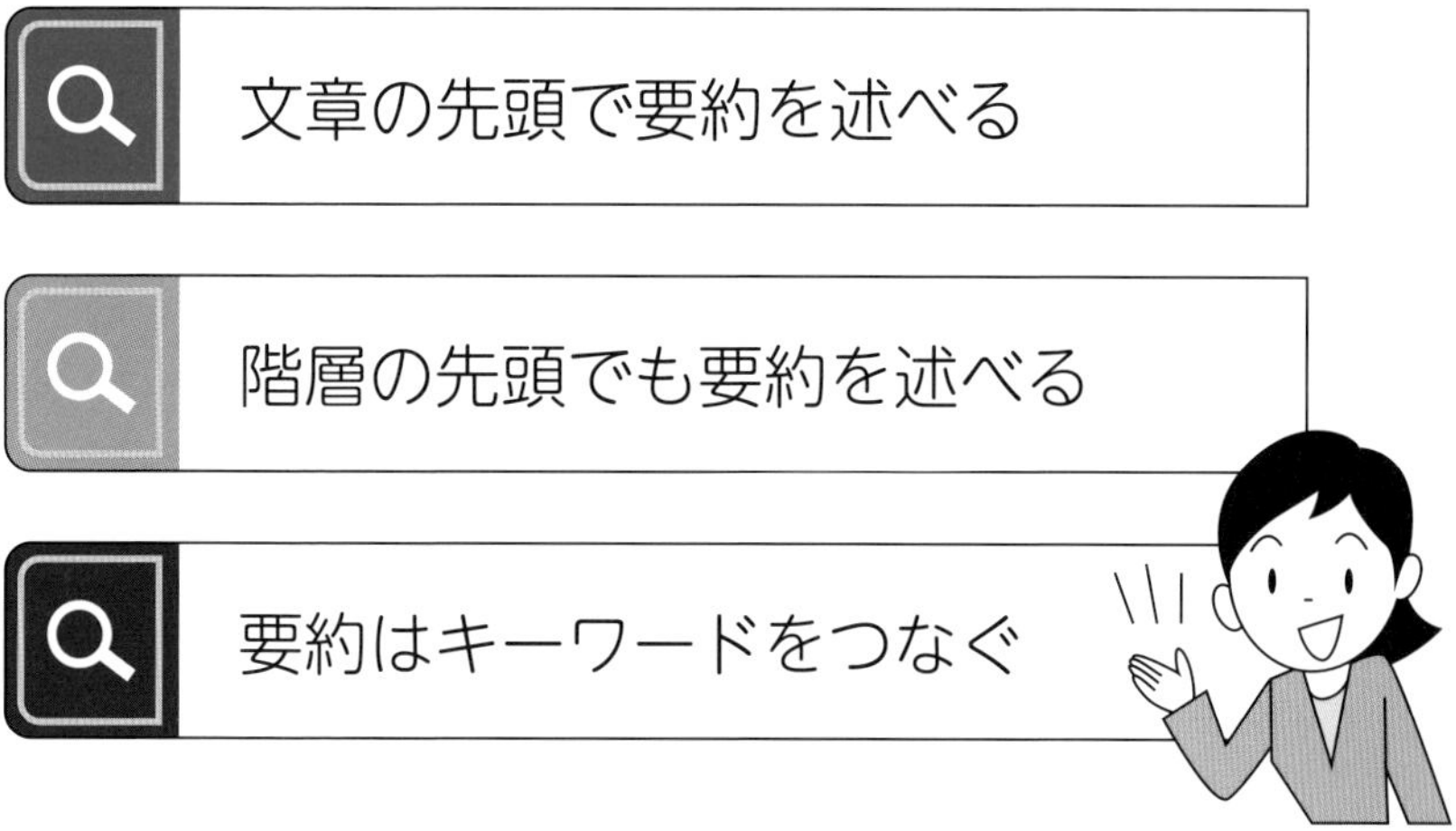
文章の先頭で要約を述べる
階層の先頭でも要約を述べる
要約はキーワードをつなぐ

◆文章の先頭で要約を述べる

文章の最初は要約で始めます。いきなり各論から述べてはいけません。要約で述べたことは、必要があれば結論で繰り返します。

ロジックを正確に伝えるために、文章の先頭では、重要な情報を要約します。要約で重要な情報だけを見せれば、読み手は、重要な情報を短期メモリで処理（=理解）できます。あるいは、メンタルモデルが作れるので、後の情報を処理しやすくなります。さらには、先頭の強調のポジションに重要な情報が示されていれば、記憶に残しやすくなります。

先頭で要約を述べない人は、情報の非対称性にだまされているのです。書き手は、要約を述べずに、いきなり各論から説明を始めても、何の問題もありません。なぜなら、書き手だけは結果も結論も知っているからです。自分しか持っていない情報が邪魔をするので、書き手は、自分の説明が分かりにくいことに気づけないのです。

たとえば、提案書において、いきなり現状分析から始める説明です。提案するなら、現状─問題─提案というロジックの流れは定番です。そこで、書き手はいきなり現状分析から始めます。しかし、読み手は、「なぜ、この現状を、こういう視点で分析しているのか？」と疑問を抱きます。一方、最初に要約を述べておけば、読み手は、「現状のあの問題に、こういう提案をしようとしている。だからこの現状を、こう分析しているのか」と理解できるのです。

先頭で述べた要約は、必要があれば最後でも結論として繰り返します。最初と最後の強調のポジションで大事な情報をまとめるのです。したがって、要約と結論では、内容も同じです。最初と最後で重要な情報が食い違っているはずはありません。ですから、結論は必要がある場合、念押しとして述べる程度です。なぜなら、文章では、最初の強調のポジションがより重要だからです。

◆階層の先頭でも要約を述べる

大きな階層には、階層の要約も必要です。しかし、小さな階層なら、要約はなくてもよい場合もあります。

要約は、各階層の先頭でも述べます。要約を置く理由は、文章全体の場合と同じです。要約で重要な情報だけを見せれば、読み手は、重要な情報を短期メモリで処理（=理解）できます。あるいは、メンタルモデルが作れるので、後の情報を処理しやすくなります。さらには、先頭の強調のポジションに重要な情報が示されていれば、記憶に残しやすくなります。

ただし、パラグラフが1つか2つしかない小さな階層に要約は不要です。そもそも、パラグラフの先頭ではトピックセンテンスとしてＰ（Point）が述べられています（「トピックセンテンスを先頭に」188ページ参照）。したがって、パラグラフが1つしかないなら、要約する意味はありません。パラグラフが2つの階層に要約が必要かは、書き手がその場で考えてください。要約しなくても、ロジックが簡単に頭に入るなら不要です。しかし、パラグラフが3つ以上になったら、ロジックは簡単には把握できないので、原則として要約が必要です。

◆文章量とキーワードに注意

要約は、短く、各論のキーワードを縦横につなぐように構成します。

要約は、重要な情報が記憶に残るように、短くまとめます。文章全体の要約なら、長くても7文程度です。文が7つなら、読んだとき約30秒なので、読み手も集中して読めます。階層の要約は、さらに短く1～4文が目安です。要約が長くなると、重要な情報がボケます。最悪の場合、読み手は面倒になって読むのをやめてしまいます。

要約を上手にまとめるには、各論のキーワードを縦横につなぐと効果的です。各論のキーワードは、多くの場合、見出しになっています。したがって、各論の見出しをつなぐようにして文章を作ると、大事なポイントがうまくまとめられます。このとき、ただ文章にするのではなく、キーワード間の縦横の関係を言葉で明記します。もし、ある見出しが要約から抜けているなら、キーワードが抜けたのですから、正しく要約できていないサインです。

ロジック単位を見せる（分類）

文章における大きなロジック単位は見出しを伴う階層です。しかし、より重要なロジック単位は、最も小さなロジック単位であるパラグラフです。1パラグラフに1トピック（＝ロジック単位）を割り当てます。パラグラフというロジック単位は、見出しではなく、見た目の固まりというレイアウトで読み手に伝えます。その固まりであるパラグラフの先頭には、そのパラグラフのトピックを述べたトピックセンテンスを書きます。

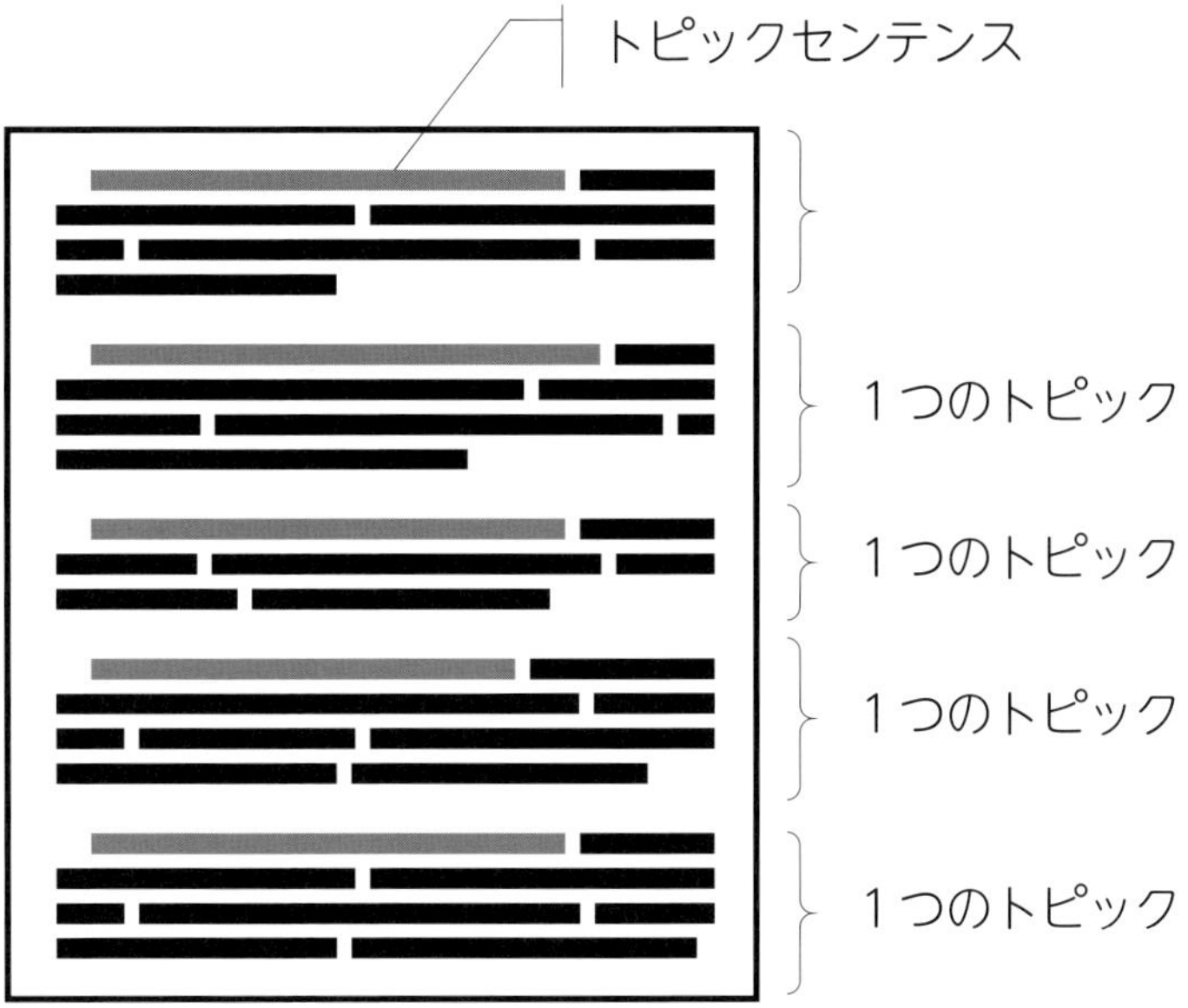

◆1パラグラフ・1トピック

文章の場合、ロジック単位はパラグラフで見せます。パラグラフより小さな、1、2文のブロックでロジックを伝えようとしてはいけません。

パラグラフとは、ある1つのトピックを論じるのを目的とした文の集まりです。大事な要件は、1つのパラグラフで1つのトピック、つまり1つのロジック単位だということです。1つのロジック単位を、レイアウト上の1つのブロックで表現するのがパラグラフです。

パラグラフを使うことで、ロジックが伝わりやすくなります。なぜなら、ロジック単位がレイアウトではっきり見え、かつ、短期メモリで処理できる数で整理されるからです。たとえば、この階層「1パラグラフ・1トピック」では、最初の要約のパラグラフを除くと、パラグラフが4つあることはすぐに分かります。4つのトピック、つまり4つのロジック単位なので、短期メモリで処理できます。ロジック単位を少なく見せることで理解が容易になります。

逆に、1つのロジック単位を、複数のブロックに分けてはいけません。つまり、1、2文でどんどん改行するような文章を書いてはいけません。1、2文で改行してしまうと、レイアウト上のブロックが増えすぎてしまいます。ブロックの数が多すぎると、短期メモリで処理できなくなります。その結果、ロジックが理解できなくなります。

ちなみに、日本語の「段落」は、パラグラフとは異なります。「段落」は、「長い文章中の大きな切れ目」（広辞苑　第七版）です。「一段落つく」と言うように、切れ目であって、文の集まりではありません。しかし、日本語にはパラグラフに相当する言葉がないので、パラグラフを「段落」と訳してしまったのです。その結果、今では、「段落」がパラグラフと同じ意味に使われる場合があります。

◆レイアウトでロジック単位を見せる

パラグラフは、ロジック単位を、習慣で決まっているレイアウトで見せます。そのレイアウトは、下図の3種類のいずれかです。同じ文書中は同じレイアウトをずっと守ります。

右：パラグラフの間で行間を空けます。パラグラフの書き出しは字下げしません。

中：パラグラフの間で行間を空けません。パラグラフの書き出しは字下げします。

左：パラグラフの間で行間を空けます。パラグラフの書き出しは字下げします。

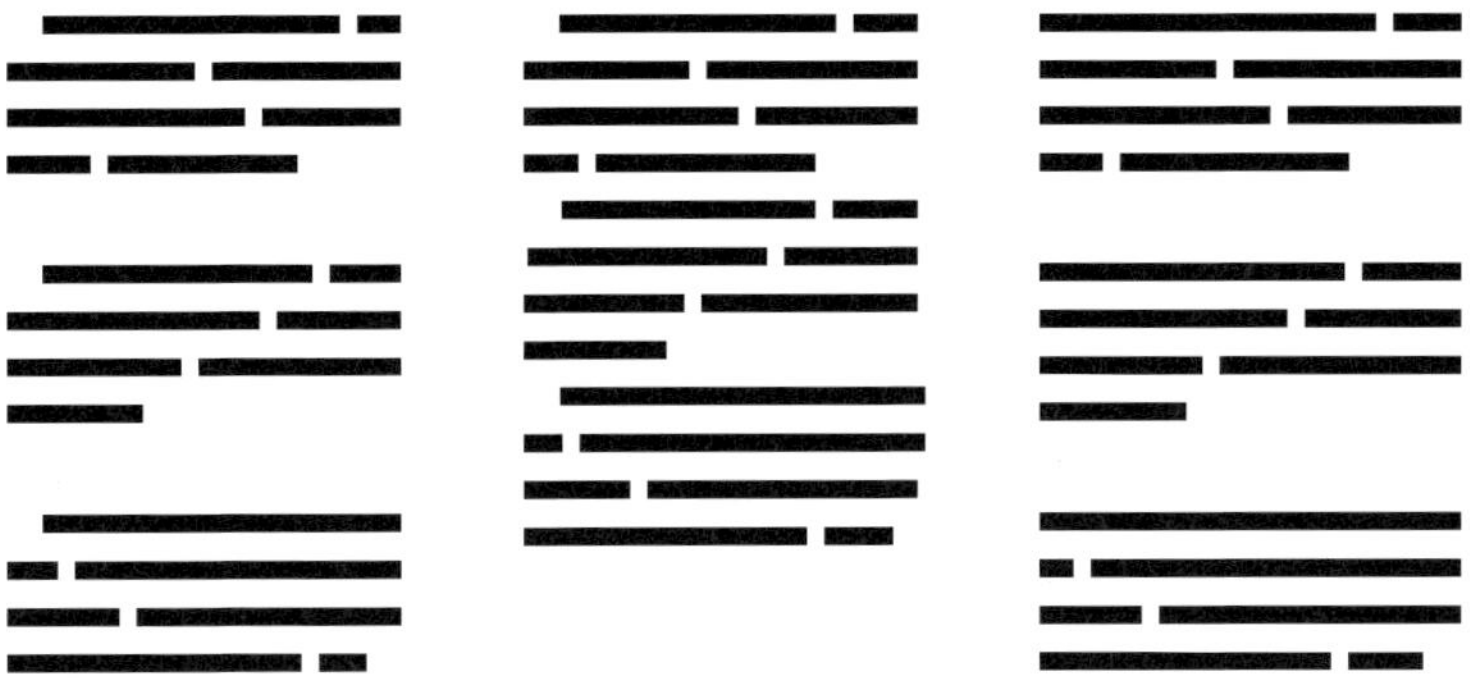

◆トピックセンテンスを先頭に

パラグラフの先頭には、そのパラグラフのトピックを1文（＝トピックセンテンス）で書きます。各論のパラグラフなら、例外なく、トピックセンテンスで書き始めます。

パラグラフは、トピックセンテンスを先頭にＰＲＥＰ法で構成します（「主張と根拠はＰＲＥＰ法で示す」１５５ページ参照）。つまり、Topic sentence-Support sentence-Conclusion sentence の構成です（下図参照）。この、Support sentenceをReason＋ExampleにブレークダウンするとＰＲＥＰ法になります。

パラグラフをトピックセンテンスで始める理由は、先頭文は目立つし、読まれやすいからです。パラグラフの先頭は、強調のポジションなので目立ちます。目立つ先頭でトピックを述べれば、ロジック単位が読み手に強く残ります。また、先頭文は最も読まれやすいです。仮に飛ばし読みする場合でも、パラグラフの先頭文は読みます。先頭文を読み飛ばして真ん中を読む人はまずいません。

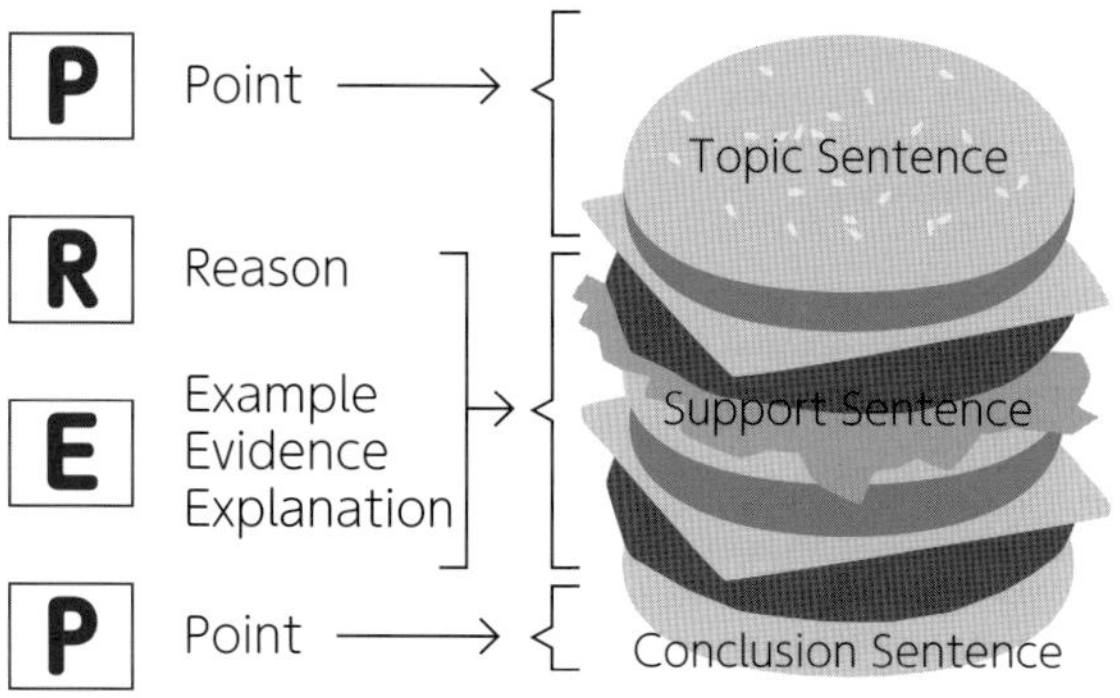

また、パラグラフをトピックセンテンスで始めるのは、読み手のメンタルモデルを作らせるためでもあります。先頭でポイントを述べれば、読み手はそのトピックについてメンタルモデルを作ります。メンタルモデルができれば関連記憶が活性化します。その関連記憶によって、トピックセンテンスに続くSupport sentenceが理解しやすくなります。

各論のパラグラフなら、例外なく、トピックセンテンスを先頭に書きます。このルールに例外はありません。何百ページ書こうが、必ず先頭がトピックセンテンスです。本書でも、各論のパラグラフでは例外なく先頭がトピックセンテンスです。

ただし、各論ではない、まとめをしているパラグラフは例外です。まとめのパラグラフでは、そのまとめをさらにまとめる文（＝トピックセンテンス）が作れないこともあります。また、仮にトピックセンテンスが作れても、パラグラフの先頭にあるとは限りません。先頭に書けるなら書くというだけです。

もし、各論のパラグラフなのに、トピックセンテンスを先頭に書けないなら、そのパラグラフはトピックが2つあるサインです。1パラグラフ・1トピックができないと、つまり1パラグラフで2つのトピックを述べると、1文ではまとめきれなくなります。だから、パラグラフの分割を考えるべきです。1パラグラフ・1トピックができれば、必ず、トピックセンテンスを先頭に書けます。

文章とプレゼンの違い（2）

文章とプレゼンテーションの２つ目の違いが、文章は広範囲を見ていますが、プレゼンテーションは１枚のスライドしか見ていないことです。

文章なら、２ページを開きながら、ある部分を読んでいます。書籍はもちろんですが、社内資料でも今は両面コピーが普通ですから、資料を見開きで読むことが多いはずです。さらに、必要に応じて前のページに戻って見直せます。したがって、読み手は、読んでいる箇所と、全体の関係が見えています。

しかし、プレゼンテーションでは、絶えず１枚のスライドしか見ていません。仮に手元に資料があっても、戻って目を通すわけにはいきません。なぜなら、そんなことをしている間に説明はどんどん進んでしまうからです。受信者は、全体を把握しないで部分だけを聞いているのです。

この違いが、コミュニケーションに差を生みます。プレゼンテーションの場合は、説明しているロジック単位が、ロジック全体のどの部分かを明示する必要があります。具体的には、目次を１項目進むたびに目次を出し直す必要があります。

ロジック単位を縦につなぐ（接続）

ロジック単位が縦につながっているなら、つながっていることを明記しなければなりません。たとえば、下位階層間が縦につながっているときは、上位階層の要約で、つながっていることを説明します。階層の中のパラグラフが縦につながっているなら、パラグラフのトピックセンテンスで、つながっていることを説明します。さらに、パラグラフの中も、縦につながっているなら、そのつながっていることを明記します。縦につながっていると思っていても、言葉でつながらないなら、つながっていないかもしれないというサインです。

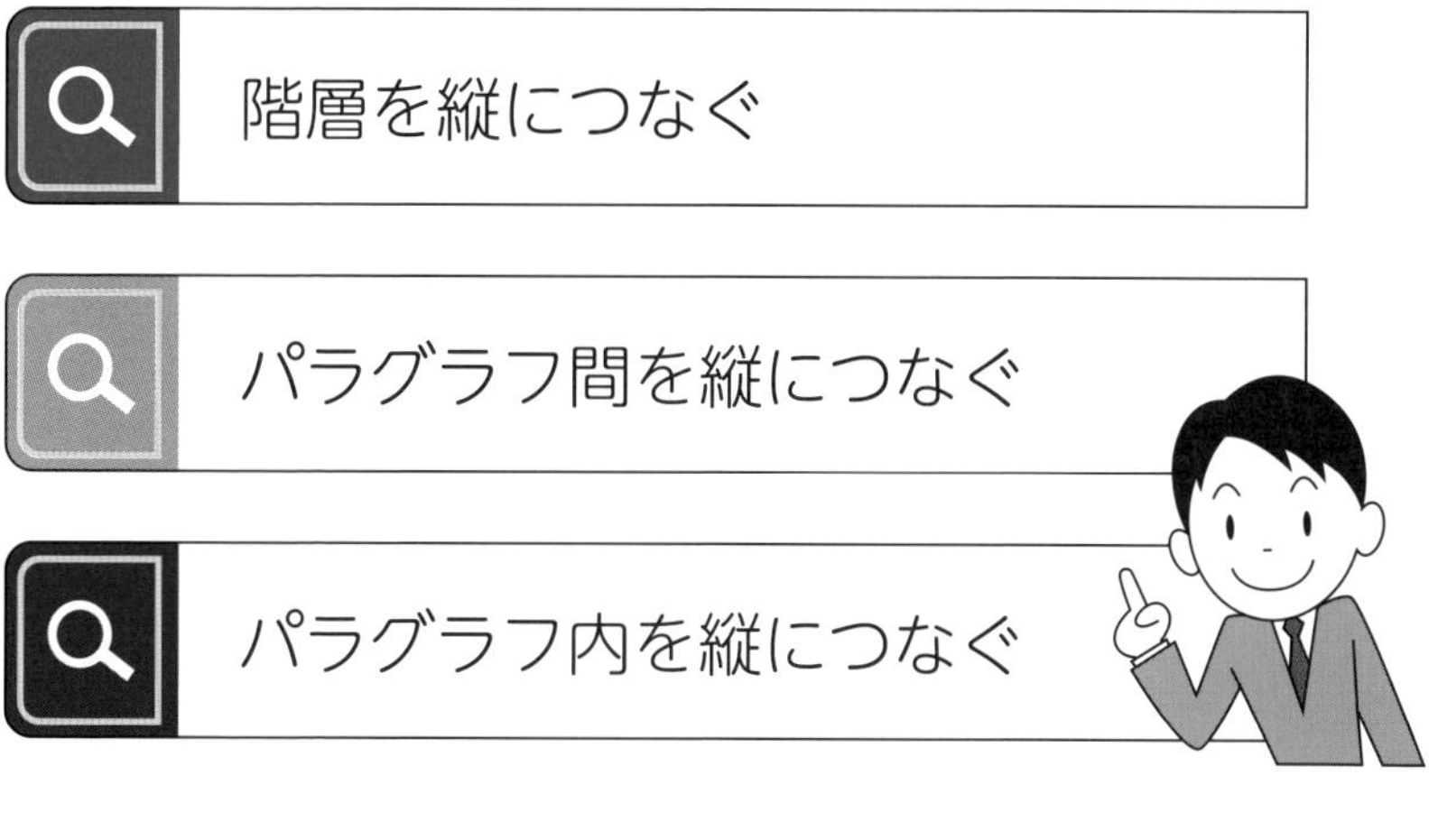
階層を縦につなぐ
パラグラフ間を縦につなぐ
パラグラフ内を縦につなぐ

◆階層を縦につなぐ

階層どうしが横並びではないなら、縦につながっていることを言葉で確認しましょう。階層が縦につながっている様子は、上位階層の要約で明示します。

同一階層の見出しが、横に並んでいないなら、縦につながっているはずです。なぜなら、ロジックは、ロジック単位を縦につなぐか横に並べるかでできているからです。横でなければ縦しかありません。横に並んでいないなら、縦につなぐしかありません。

たとえば、本書の本章「文章で伝える」における2つの階層を比べてみましょう。

ロジック単位を見せる（分類）
- 1パラグラフ・1トピック
- レイアウトでロジック単位を見せる
- トピックセンテンスを先頭に

ロジック単位を縦につなぐ（接続）
- 階層を縦につなぐ
- パラグラフ間を縦につなぐ
- パラグラフ内を縦につなぐ

この階層構造では2つの縦つながりが読み取れます。1つ目に、「ロジック単位を見せる（分類）」と「ロジック単位を縦につなぐ」が縦につながっています。2つ目に、「ロジック単位を見せる（分類）」の中の「1パラグラフ・1トピック」「レイアウトでロジック単位を見せる」「トピックセンテンスを先頭に」も縦につながっています。いずれも、前に述べた行為の結果、後の行為ができるので、縦につながっています。なお、「ロジック単位を縦につなぐ」の中の「階層を縦につなぐ」「パラグラフ間を縦につなぐ」「パラグラフ内を縦につなぐ」は横に並んでいます。

この階層間の縦つながりは、下図の表現を使って、上位階層の要約で明示します。この説明を省くと、読み手は情報間の関係を意識しなくなります。たとえば、「1パラグラフ・1トピック」「レイアウトでロジック単位を見せる」「トピックセンテンスを先頭に」は、上位階層である「ロジック単位を見せる（分類）」の要約（185ページ参照）で、次のように縦につないでいます。

より重要な[A]ロジック単位は、最も小さなロジック単位である[B]パラグラフです。[B]1パラグラフに[C]1トピック（＝ロジック単位）を割り当てます。パラグラフという[C]ロジック単位は、見出しではなく、[D]見た目の固まりというレイアウトで読み手に伝えます。[D]その固まりであるパラグラフの先頭には、[E]トピックセンテンスを書きます。

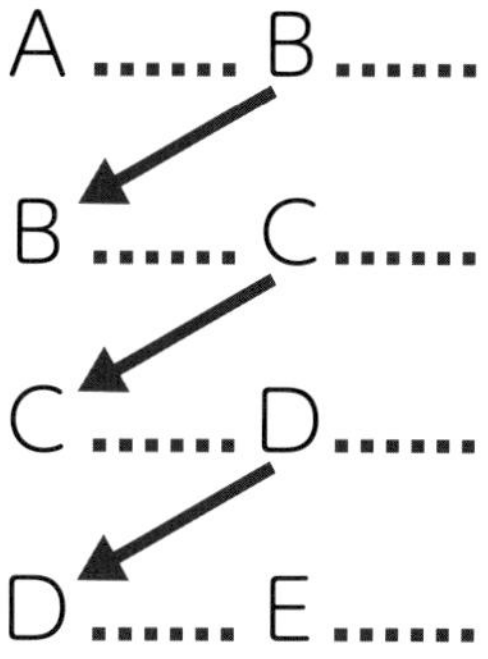

もし、横に並んでいないロジック単位を、右記の表現でつなげられないなら、ロジックが組まれていないサインです。ロジック単位を縦につなぐか横に並べるかしかないのです。横でも縦でもないなら、ロジックがおかしいのです。しかし、実際には、横でも縦でもない関係をよく見るので注意が必要です。

◆パラグラフ間を縦につなぐ

階層と同様に、パラグラフ間も横並びではないなら、縦につながっています。パラグラフは、トピックセンテンスでつなぎます。この接続が難しいので注意が必要です。

パラグラフ間の縦のつながりは、各パラグラフのトピックセンテンスで明示します。縦のつながりを、トピックセンテンスに明示すれば、前ページの図のような流れがトピックセンテンスに生まれます。表現の重複がくどく思う方もいるかもしれませんが、実際にはパラグラフの先頭なので離れているためにくどくは感じません。この縦つながりを明示しないと、読み手は接続関係を意識せずに読み流してしまいます。

たとえば、「ロジック構築の成功例」（67ページ参照）における各論のパラグラフは、次のようにトピックセンテンスでつながっています。

- [A]家庭や食品製造業・小売店、飲食店での[B]「食品ロス」が問題視されている。
- [B]食品ロスは、[C1]「もったいない」という日本人の美徳に反する。
- また、[B]食品ロスは、[C2]経済的な損失でもある。
- [C1]「もったいない」食品ロスの最大要因は、[D1]消費者の食べ残しや食べ忘れだ。
- [C2]経済的な損失につながる食品ロスの要因が、[D2]食品製造業・小売店での「3分の1ルール」による返品や廃棄だ。

- そこで、D1消費者による食品ロスを減らすために、「もったいない」というE1美徳をもっとアピールすべきだ。
- また、D2食品製造業・小売店による食品ロスを減らすために、業界に残るE2「3分の1ルール」を見直すべきだ。

パラグラフ間をトピックセンテンスで縦につなぐことはかなり難しいです。なぜなら、書き手は、隣接しているパラグラフより、隣接している文に目が行くからです。つまり、次のパラグラフを書き始めるときに、前のパラグラフの「最後の文」に目が行くのです。その結果、前のパラグラフの「最後の文」と、次のパラグラフの最初の文をつないでしまいます。そうではなくて、前のパラグラフの「最初の文」と、次のパラグラフの最初の文をつなぐのです。

◆パラグラフ内を縦につなぐ

階層間やパラグラフ間と同様に、パラグラフ内も横並びではないなら、縦につながっています。パラグラフの中が縦につながっている様子も、階層間やパラグラフ間と同様に、言葉でつないでいきます。

パラグラフは、PREPで構成する（「主張と根拠はPREP法で示す」155ページ参照）のですから、次のような縦の接続が基本となります。

P：Point（主張）　[A]食べられる商品が廃棄される[B]食品ロスは減らすべきだ
R：Reason（理由）　なぜなら、[B]食品ロスは[C]経済的な損失を生んでいるから
E：Example（具体例）　[C]経済的な損失の例は、製造・流通における[D]エネルギー浪費である
P：Point（主張）　[D]エネルギーを無駄にしないためにも、食品ロスは減らすべきだ

次のパラグラフは、PとRだけで構成されていますが、縦につながっている様子が読み取れます。

[A]男女雇用機会均等の確保は、国民の生活水準に関わる重要な課題である。[A]男女雇用機会均等を確保しなければ、[B]女性の就労率が上がらない。[B]女性の就労率に変化がないなら、今後、少子高齢化の進行で[C]労働人口が減少する。[C]労働人口が減少すれば、国全体の[D]ＧＤＰが低下する。[D]ＧＤＰの低下は、[E]国民の生活水準の低下を招くことになる。

なお、パラグラフの中で横に並ぶ場合もありますが、多くの場合、表現上は簡単です。なぜなら、次の例のように箇条書き状態になるからです。

男女雇用機会均等の実現は、次の三点において重要な課題である。

- 男女平等の実現
- 人手不足への対応
- 革新的アイデアの発想

ロジック単位を横に並べる（接続）

情報を安易に羅列してはいけません。羅列は並列を意味しています。何気ない並列は論理性を下げます。並列している階層では、構成や表現をそろえます。同様に、並列しているパラグラフでも、構成や表現をそろえます。並列しているのに、構成や表現がそろわないなら、並列ではないかもしれないというサインです。

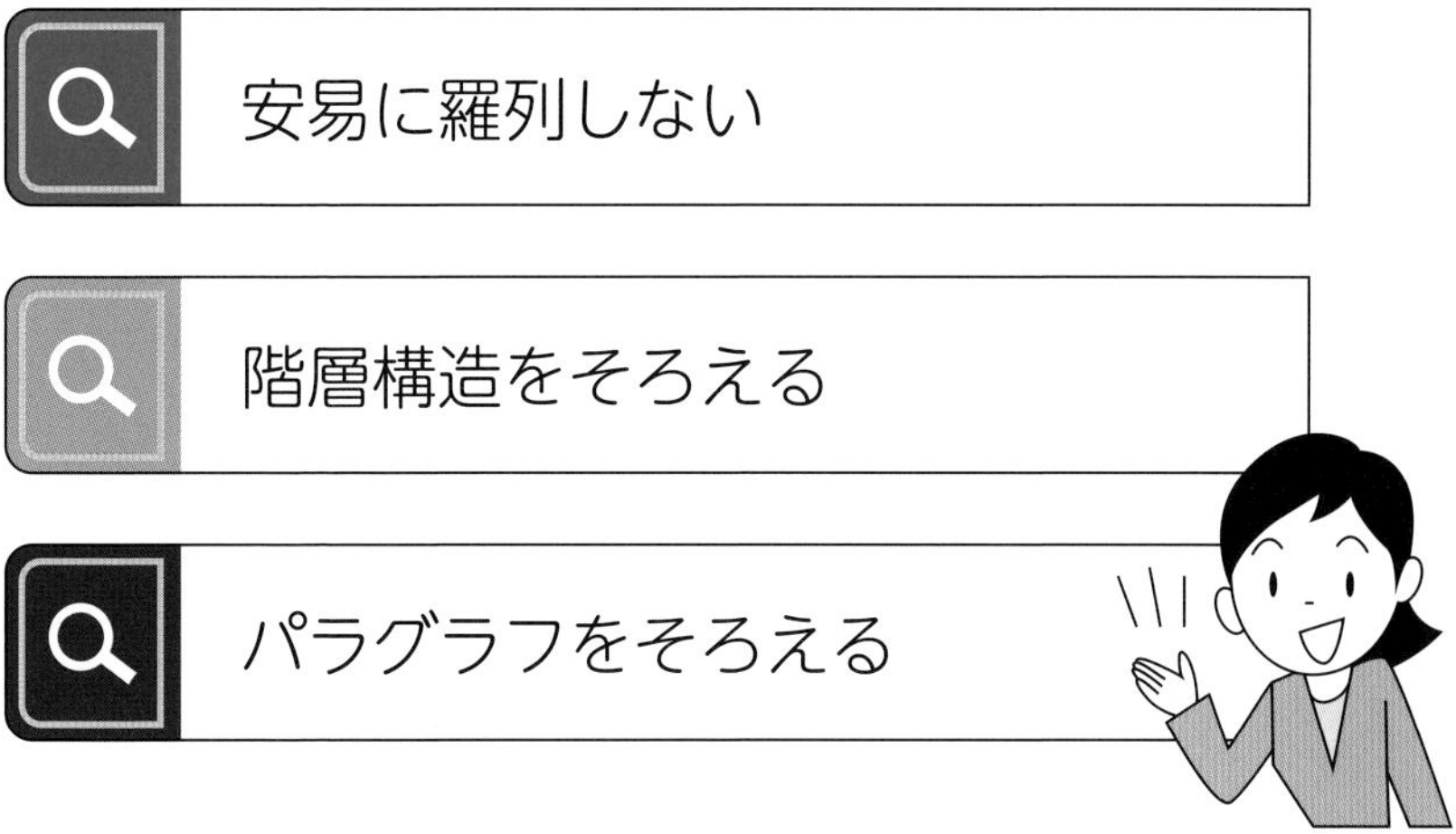
安易に羅列しない
階層構造をそろえる
パラグラフをそろえる

◆安易に羅列しない

文章では、横には並んでいない情報を無意識に羅列してしまうことがあります。羅列は横に並んでいることを伝えます。横に並んでいない情報を羅列すれば、論理性が下がります。情報間の接続関係を安易に捉えてはいけません。

たとえば、「ロジック構築の失敗例」（64ページ参照）で、安易な並列を指摘してみましょう。この記事では、食品ロスの問題点を、次のように「資源の浪費」、「経営の圧迫」、「小売価格の上昇」の3点から指摘しています。

貴重な資源の浪費であり、企業の経営を圧迫する側面もある。コストがかさむ分、小売価格の上昇を招きかねない。

この3つの情報が横並びと捉えた場合、重要な順なのかという疑問がわきます。まず、この3つの情報は横並びと読み取るのが自然でしょう。なぜなら、接続関係を示さずに羅列しているからです。横並びなら一般に重要な順です。それではなぜ、「資源の浪費」と「経営の圧迫」を1文でつなげ、「小売価格の上昇」は独立した1文なのでしょう。重要な2つの情報を1つの文で同時に見せれば、2つの情報がともにボケてしまいます。最も重要性の低いはずの「小売価格の上昇」は1文なので、逆に強調されてしまいます。仮に、「資源の浪費」が1文で、「経営の圧迫」と「小売価格の上昇」がつながって1文なら理解できます。

それでは仮に、この3つの情報は横並びではなく、「経営の圧迫」の理由が「小売価格の上昇」と読み取っても、おかしなことになります。「小売価格の上昇」を理由としたいなら、誤解を生まぬよう、「なぜなら」「その結果」のような接続詞が必要です。さらに、なぜ、「資源の浪費」より重要性の低い「経営の圧迫」についてだけ、次の文で理由を補足するのかも分かりません。別の接続関係も推測できますが、論理的な文章で、情報間の関係を内容から推測させるように書いてはいけません。

この3つの情報の関係は、後続の文章のロジック単位に影響が出ます。3つの情報が横並びならば、この後は「資源の浪費」、「経営の圧迫」、「小売価格の上昇」がロジック単位になるでしょう。しかし、横並びではない関係が暗示されているなら、その関係によって後続の文章のロジック単位が変わってしまいます。この説明では、読み手はメンタルモデルを作って、先を予想できません。あるいは、予想したが外れてしまうので、論理性の低い分かりにくい文章になってしまいます。

◆階層構造をそろえる

横に並んでいる階層なら、階層どうしで中の構造をそろえることを考えましょう。同じ種類で横に並べている情報なのですから、同じロジック単位で説明できることが多くなります。

たとえば、本編の「ロジックを文章やプレゼンテーションで伝える」では、「文章で伝える」と「プレゼンテーションで伝える」の階層が、次のようにそろえてあります。

文章で伝える
- 最初に要約を述べる
- ロジック単位を見せる（分類）
- ロジック単位を縦につなぐ（接続）
- ロジック単位を横に並べる（接続）
- ロジック単位を論証する（展開）

プレゼンテーションで伝える
- 最初に要約を述べる
- ロジック単位を見せる（分類）
- ロジック単位を縦につなぐ（接続）
- ロジック単位を横に並べる（接続）
- ロジック単位を論証する（展開）

しかし、横に並んでいる階層でも、重要性に大きな差があれば構造をそろえる必要はありません。なぜなら、重要性の低い階層と高い階層を同じ構造にしてしまうと、重要性の大きな差が伝わらないからです。その結果、重要なロジック単位がボケかねません。そこで、本編でも「文章で伝える」「プレゼンテーションで伝える」と並列する「会話で伝える」は別の構成を採っています。横に並んでいる階層を、すべてそろえる必要はありません。

◆パラグラフをそろえる

階層と同様に、横に並んでいるパラグラフどうしで、中の構成をそろえることを考えましょ

う。パラグラフの基本構成はPREPなのですから、トピックを横に並べているなら、パラグラフの中がそろうことが多くなります。

たとえば、次のようになります。

日本の中小企業が海外に進出する際、飲食品製品に関しては、以下の3つが重要である。

① 付加価値が高い
② 日本向けと同じ
③ 日本製をアピールできる

まず、製品として高付加価値の本物が必要である。なぜなら、国内外で評価される本物なら、中小企業でも市場を開拓できるからだ。資本力を有する大手であれば、プロモーションやチャネル構築だけでも、それなりの市場開拓はできる。しかし、資本力のない中小企業が、大手と勝負するなら、製作者のこだわりが現れる付加価値となる。たとえば、海外で成功しているクラフトビールのA社は、国際的な品評会で多くの金賞を得ている。まず高付加価値の本物であることは大前提だ。

次に、日本向けと同じ製品が望ましい。なぜなら、中小企業には経営資源が少ないからだ。資本力を有する大手であれば、多種類の製品を展開してヒットを狙う戦術も可能だ。しかし、資本力のない中小企業なら、成功体験のない製品より、国内であっても成功体験があった製品を、ネーミングや色遣いを変える程度のカスタマイズの方がリスクは少ない。たとえば、海外で成功しているラーメン店のB社は、麺もスープ、トッピングまでほぼ日本と同じで展開している。日本向けと同じ製品を基本とすべきだ。
　さらに、日本製をアピールできる製品が望ましい。なぜなら、工業製品からの連想で、日本製は高品質というイメージを活用できるからだ。資本力を有する大手であれば、別のアプローチも可能である。しかし、経営資源の少ない中小企業が、努力せずに得られるアドバンテージを使わない手はない。たとえば、海外で成功している醤油の蔵元のC社は、大手日本製の醤油より、日本を全面的にアピールすることで高品質のイメージを作り出すことに成功している。日本の文化や品質イメージをアピールできると強みになる。

SELF CHECK

もし、パラグラフの構成をそろえようとしても、うまくそろわないなら、並ばないトピックを並べたサインです。そろわないとは、ＰＲＥＰ法を適用したのに、あるパラグラフだけ理由が当たり前になりすぎるとか、具体例が挙げられないとかです。並ばないトピックとは、種類が異なるとか、抽象度が異なるということです。

ロジック単位を論証する（展開）

ロジック単位を論証するために、階層もパラグラフもPREP法（Point-Reason-Example-Point）で説明します。パラグラフをPREP法で説明すれば、1つのパラグラフは4〜8文相当の大きさになるはずです。もし、1、2文のパラグラフができてしまったら、論証が足りないサインです。ただし、要約と各論は区別しなければなりません。要約は、まとめをしているのですから、論証は不要です。

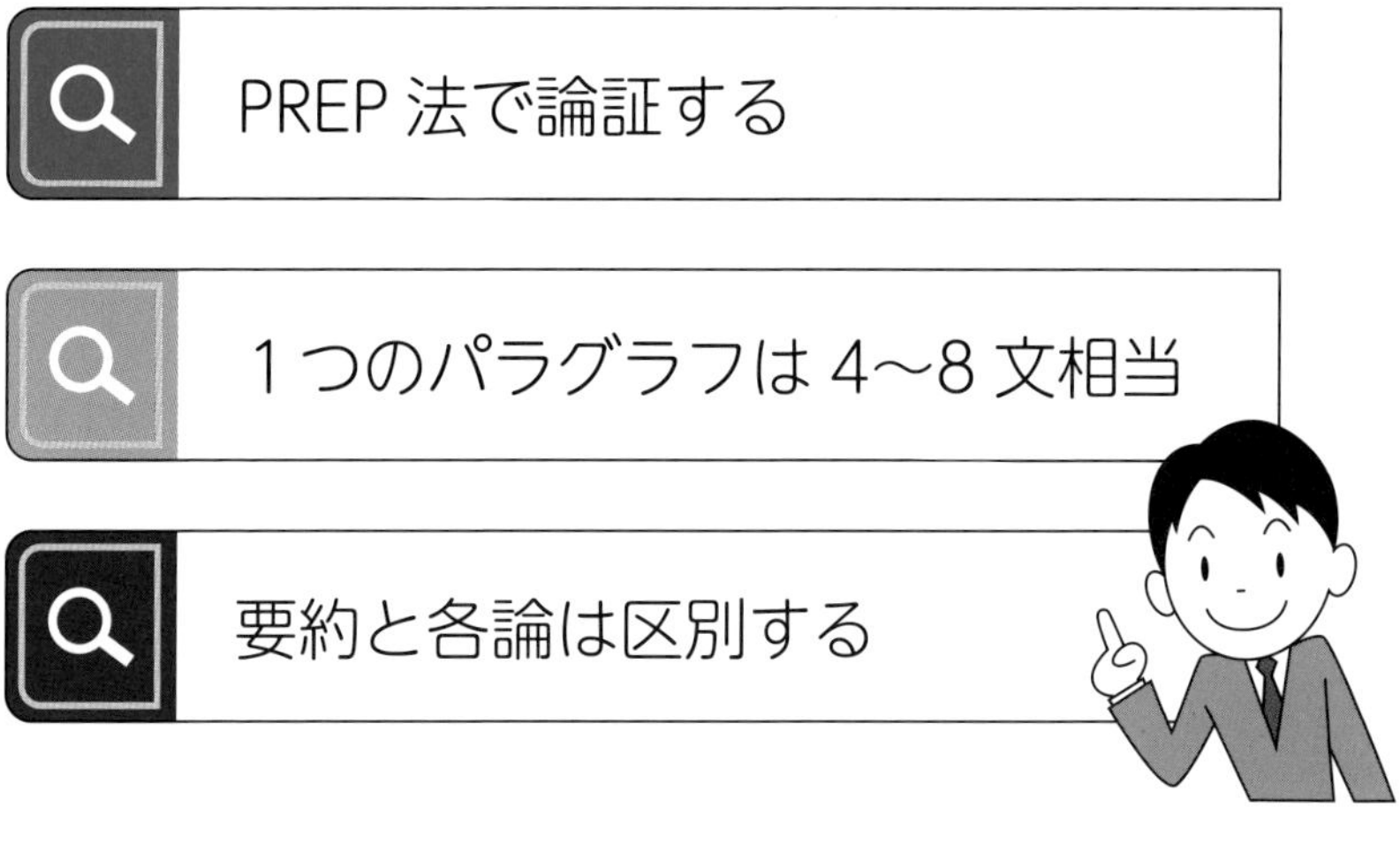
PREP法で論証する
1つのパラグラフは4〜8文相当
要約と各論は区別する

◆ＰＲＥＰ法で論証する

ロジック単位は階層からパラグラフまですべて、ＰＲＥＰ法（「主張と根拠はＰＲＥＰ法で示す」１５５ページ参照）で説明します。ここに例外はありません。

階層構造はＰＲＥＰ法で構成します。そこで、最初にＰ（Point）である要約を述べます。続いて、Ｒ（Reason）やＥ（Example, Evidence, Explanation）を、階層を使って説明します。最後に必要なら、Ｐ（Point）である結論を述べます。

同様に、階層の下のパラグラフもＰＲＥＰ法で構成します。そこで、最初にＰ（Point）であるトピックセンテンスを述べます。続いて、Ｒ（Reason）やＥ（Example, Evidence, Explanation）を文やグラフ、表、図、写真などを使って説明します。最後に必要なら、Ｐ（Point）であるConclusion sentenceを述べます。

各論なら、この考え方に例外はありません。つまり、あるロジック単位はＰＲＥＰ法だが、あるロジック単位はＰＲＥＰ法ではないということはありません。例外があるなら、例外である理由が必要です。すべてのロジック単位は論証が必要（「ロジック単位ごとに根拠を述べる」１４７ページ参照）なので、すべてのロジック単位はＰＲＥＰ法で説明します。

◆1つのパラグラフは4～8文相当

すべてのロジック単位をＰＲＥＰ法で説明するのですから、パラグラフは4～8文相当の大きさになります。ロジック単位であるパラグラフが1、2文で終わることはありません。

ＰＲＥＰ法で説明すれば、必然的に1つのパラグラフを4～8文相当で構成することになります。読み手に、そのロジック単位のＰ（Point）を納得してもらうには、具体的で詳しいＲ（Reason）やＥ（Example, Evidence, Explanation）が必要になります。ＲやＥを丁寧に書けば、1つのパラグラフは4～8文相当になります。「相当」と言った理由は、Ｅでは、文の代わりにグラフや表、図解、写真などが使われることが多いからです。読み手を納得させるには、グラフや表、図解、写真が1つあれば十分なことはよくあります。

たとえば、「パラグラフをそろえる」（200ページ参照）で紹介した文章から、左記のパラグラフを分析してみると、ＰＲＥＰ法の構成で6文からできています。このパラグラフはこのように、「製品として高付加価値の本物が必要である」というＰ（Point）を論証するには、Ｒ（Reason）やＥ（Example, Evidence, Explanation）が必要になるので、4～8文になります。

まず、製品として高付加価値の本物が必要である。なぜなら、国内外で評価される本物なら、中小企業でも市場を開拓できるからだ。資本力を有する大手であれば、プロモーションやチャネル構築だけでも、それなりの市場開拓はできる。しかし、資本力のない中小企業が、大手と勝負するなら、製作者のこだわりが現れる付加価値となる。たとえば、海外で成功しているクラフトビールのA社は、国際的な品評会で多くの金賞を得ている。まず高付加価値の本物であることは大前提だ。

もし、パラグラフが1、2文で終わってしまうなら、そのパラグラフが不十分であるサインです。1、2文で終わるなら、R（Reason）やE（Example, Evidence, Explanation）が足りないのです。したがって、読み手は、そのパラグラフのP（Point）に納得できない、理解できないことになります。あるいは、そのパラグラフは、1つのトピックを2つのパラグラフに分けてしまっているのかもしれません。

◆要約と各論は区別する

ただし、要約は、PREP法では説明しません。したがって、要約は1、2文でもかまいません。要約と各論（=詳細説明）を同列に扱ってはいけません。要約は、まとめをするだけで、ロジック単位、つまり論証のステップではありません。ロジック単位ではないので、論証する必要はありません。たとえば、「XにはAとBがある」という1文でも、要約なら問題ありません。しかし、ロジック単位である「A」「B」には、論証または詳細説明が必要になります。そこで、「A」「B」それぞれ、PREP法で4～8文を使って説明します。

まとめ

　文章にしろ、プレゼンテーションにしろ、分かりやすい説明の仕方は同じです。分かりやすい説明は、情報認知の基本概念に基づくことになります。基本的には、最初に要約を述べ、ロジック単位を明確に見せ、縦につなぎ、横に並べたうえで、各ロジック単位を論証することが大事です。情報の非対称性にだまされると、この基本が守れなくなります。

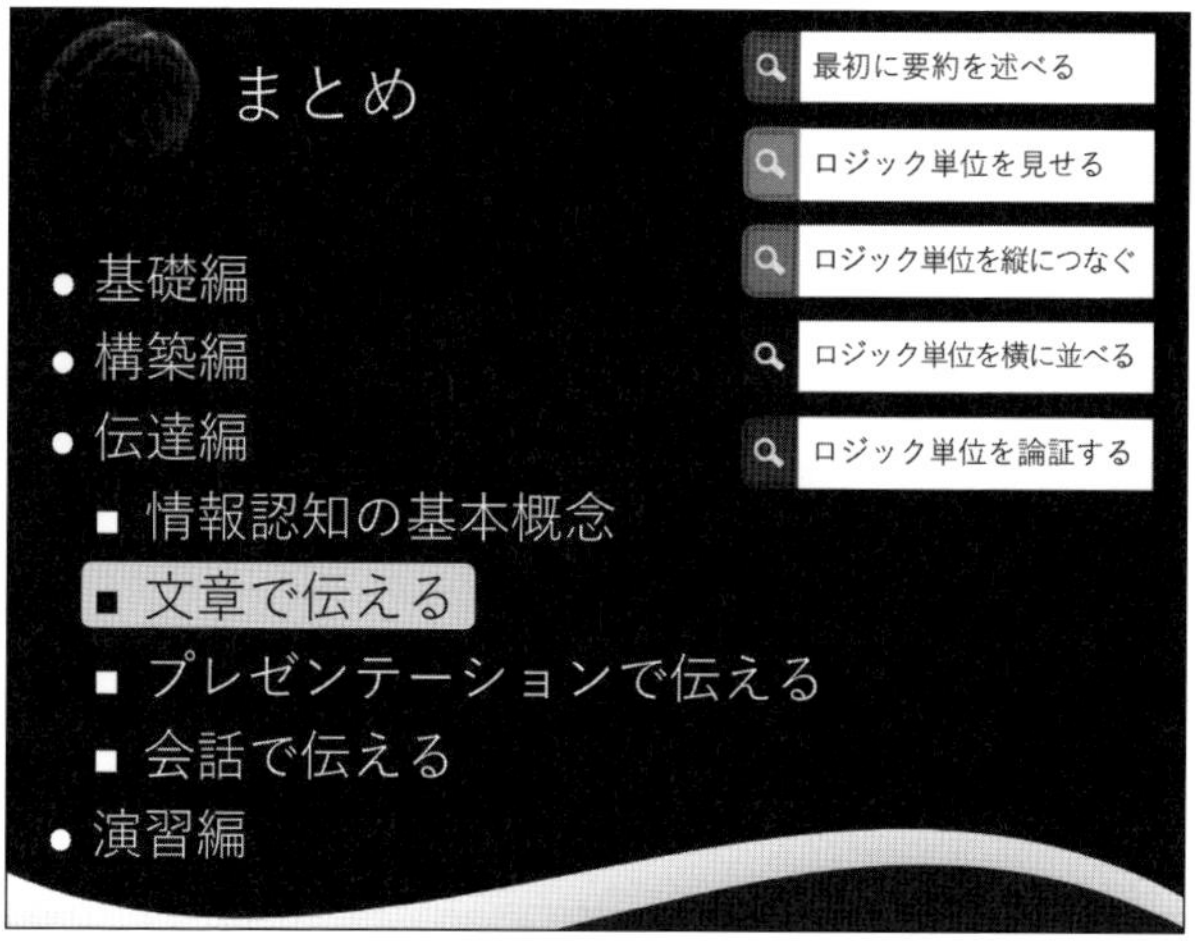

3 プレゼンテーションで伝える

情報認知の基本概念を押さえておけば、文章やプレゼンテーションで、どうすればロジックを伝えやすくなるかは見えてきます。逆に、人が陥りやすいミスも見えてきます。文章にしろ、プレゼンテーションにしろ、基本的には、最初に要約を述べ、ロジック単位を明確に見せ、縦につなぎ、横に並べたうえで、各ロジック単位を論証することが大事です。特に接続を強調する必要があります。なぜなら、プレゼンテーションでは、聴衆が絶えず1枚のスライドしか見ていないので、接続が意識しにくいからです。

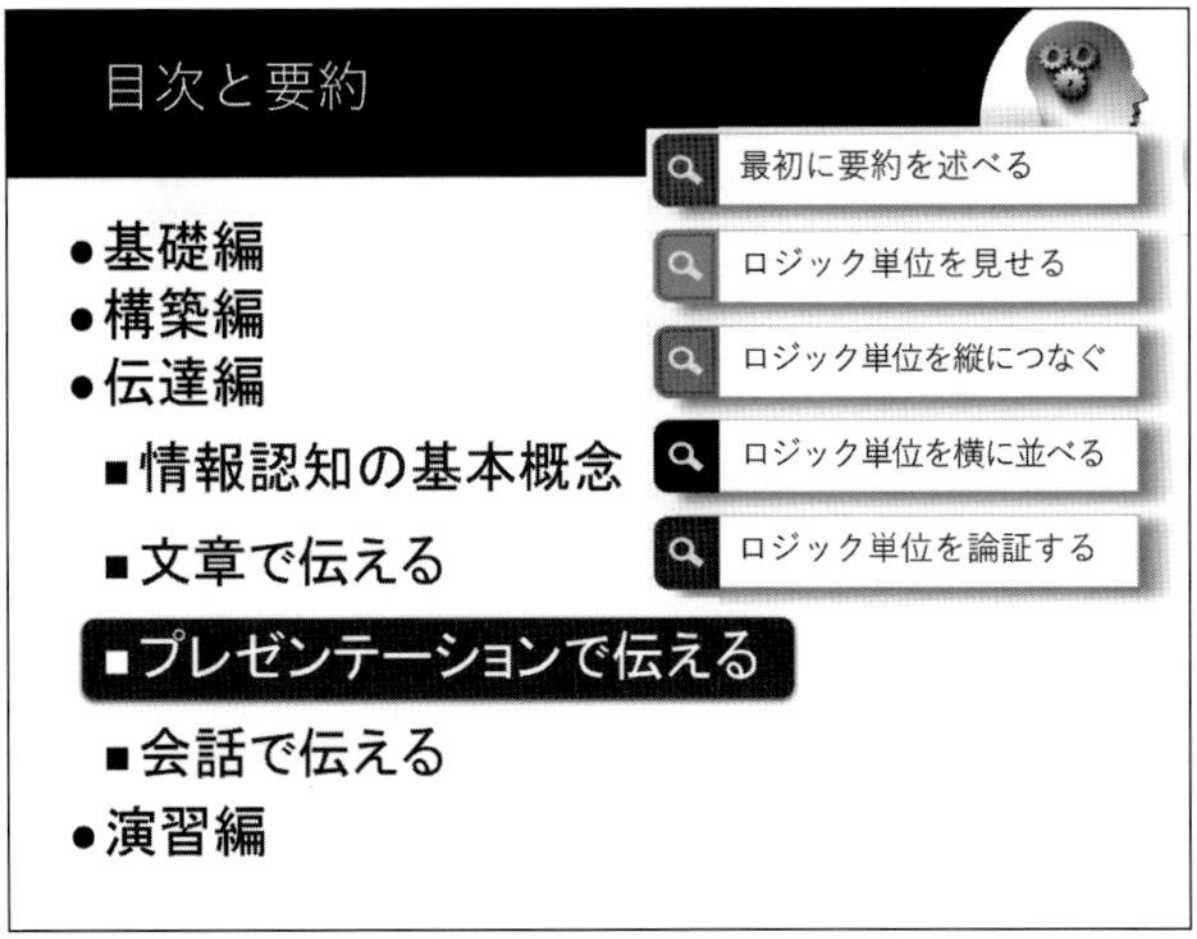

最初に要約を述べる

プレゼンテーションでは、表紙スライドの次である2枚目のスライドで要約を述べます。さらに、3枚目の目次で、ロジック構成を説明します。階層構造のあるプレゼンテーションでは、階層の先頭でも要約を述べます。要約や目次の説明を飛ばす人は、情報の非対称性にだまされているのです。プレゼンターは、結果も結論も論理の流れもあらかじめ知っています。しかし、聴衆にその情報がないことを忘れてはいけません。

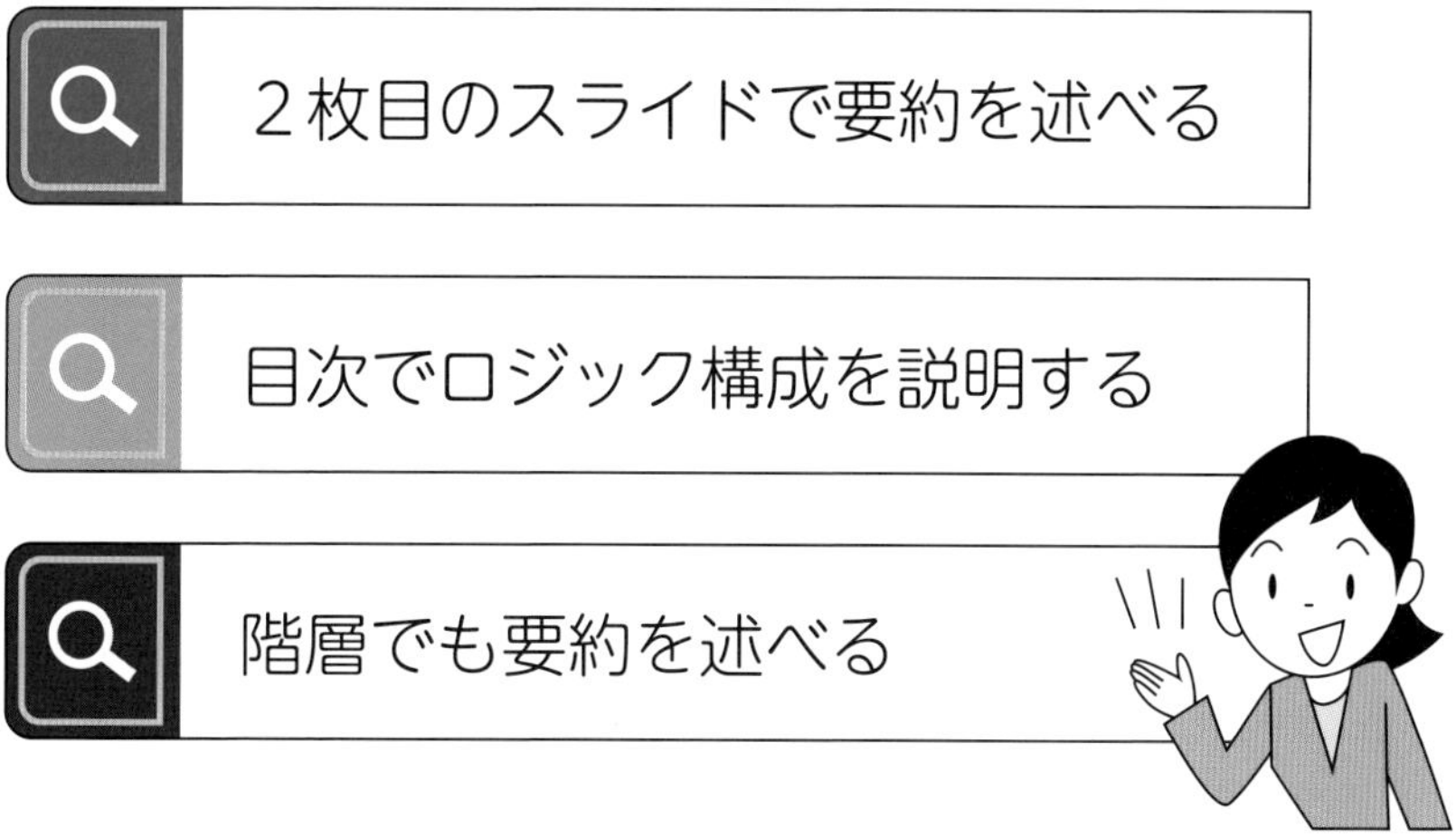
2枚目のスライドで要約を述べる
目次でロジック構成を説明する
階層でも要約を述べる

◆2枚目のスライドで要約を述べる

文章と同じく、プレゼンテーションでも、最初は要約で始めます。いきなり各論から述べてはいけません。要約は簡潔にまとめましょう。要約で述べたことは、結論で繰り返します。

ロジックを正確に伝えるために、プレゼンテーションは表紙の次のスライドで要約を述べます。最初に述べる理由は、文章のケースと同じです。聞き手は、重要な情報を短期メモリで処理（＝理解）できます。あるいは、メンタルモデルが作れるので、後の情報を処理しやすくなります。さらには、先頭の強調のポジションに重要な情報が示されていれば、記憶に残しやすくなります。

プレゼンテーションの要約では、簡潔にまとめることを強く意識しましょう。多くのプレゼンテーションで要約が長すぎます。目安は、30秒から45秒程度の説明です。この要約の説明に2分も3分もかけてはいけません。まして、説明しないことを、スライドに記載してはいけません。情報を増やせば増やすほど、肝心なことは伝わりません。

先頭で述べた要約は、最後でも結論として繰り返します。プレゼンテーションは、最低でも10分程度はあるはずなので、最初に要約を述べただけでは、聴衆は大事な情報を忘れてしまいます。最後でもう一度、重要な情報を繰り返します。結論では、要約のスライドをそのままコピー＆ペーストで活用しましょう。結論のためのスライドを新たに起こすと、要約では述べていない情報まで加えたくなります。

◆目次でロジック構成を説明する

2枚目のスライドで要約を述べたら、次に目次でもロジックの構成を聴衆に伝えましょう。目次は見せるのではなく、説明するのです。

ロジックを正確に伝えるために、目次を使って、ロジック構成を説明しましょう。なぜなら、そのプレゼンテーションの論理立てなのですから。「私は、こういうロジックで説明します」と解説するのです。自分の論理立てを伝えて初めて、その下のロジック単位（＝スライド）の説明に意味が生じてくるのです。

目次を一瞬だけ見せて、「このように説明します」で終わりにしてはいけません。一瞬では、聴衆は理解できません。理解できないスライドを出す必要はありません。目次は、ロジックを構成した証拠ではありません。ロジックの構成を伝える場です。

目次は、縦つながりと横並びを意識しながら、簡潔に説明します。ロジックの構成の説明ですから、目次項目というロジック単位を見せつつ、そのロジック単位を、縦につなぎ、横に並べながら説明します。説明は、1項目で1文を目安とします。短く説明するからロジックの構成が頭に入ります。この目次をダラダラと説明してはいけません。

たとえば、ビジネス戦略の提案をするプレゼンテーションである下図のスライドなら、次のような説明になります。4つの目次項目は縦につながっています。

　我々は、まず、御社のビジネスドメインを分析した結果、クレジットカードビジネスにフォーカスしました。次に、クレジットカードビジネスで重要なポイント活用の現状を分析しました。その分析の結果、獲得したポイントを、お客様がハイリスクな資産運用に投資する戦略をご提案します。最後にこの戦略における予想される効果を紹介しましょう。

要約や目次の説明を飛ばす人は、情報の非対称性にだまされているのです。プレゼンターは、要約する必要性も、目次を説明する必要性も感じません。なぜなら、結果も結論も、ロジック構成も知っているからです。しかし、その情報は聴衆にはないので、最初に伝えておく必要があるのです。まともな聴衆

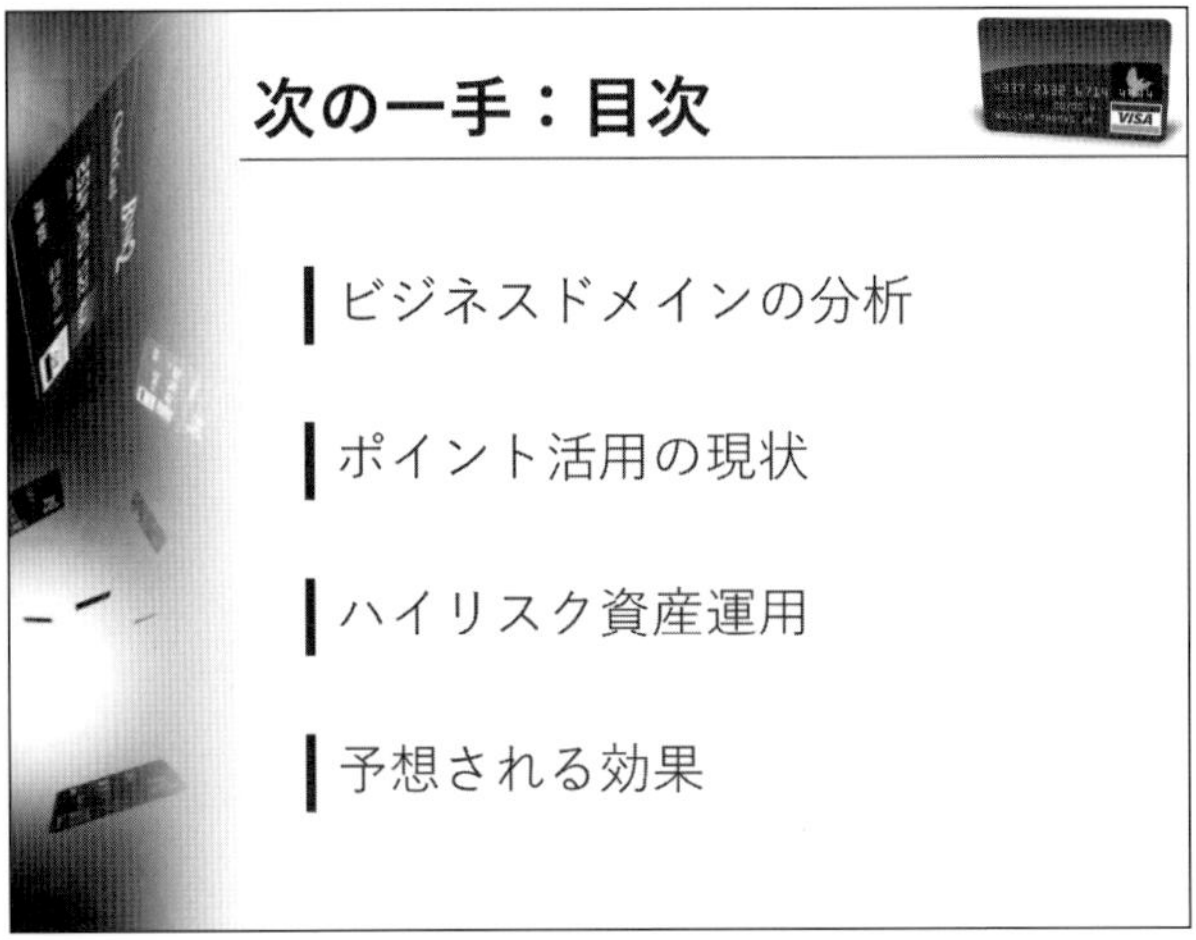

なら要約が不要とは感じないでしょう。一方で、ロジックを重視しない聴衆の場合、目次の説明を不要と思う場合があるかもしれません。しかし、目次の説明はたかだか30秒程度ですから、邪魔にはなりません。

ただし、分かりきったロジック構成のプレゼンテーションなら、目次の説明は不要です。たとえば、何かの発表会で、複数人が似たようなプレゼンテーションをするような場合です。皆が同じロジック構成なら、わざわざ説明する必要はありません。目次を説明するのは、「私はこういうロジック構成をしました」と述べる意味がある場合です。

◆階層でも要約を述べる

文章と同様に、プレゼンテーションでも大きな階層には、階層の要約が必要です。階層の要約は、目次スライドと併せると効果的です。

階層の要約は、目次スライドを再提示したうえで、目次の右側に図解で加えましょう（次ページの図参照）。目次は、箇条書きすれば左側に偏るはずです。そこで、空いている右側のスペースを使って要約を掲載します。このとき、文章ではなく図解しておくとより効果的です。

階層の要約は、2文で簡潔に述べると効果的です。基本は、その階層における遂行した仕事と結論です。ここをダラダラ述べてはいけません。簡潔に述べるから記憶に残るのです。たとえば先のスライドなら、次のような説明になります。

まず、我々は、御社のビジネスドメインを分析しました。その結果、5つのビジネスドメインの中から、次の一手はクレジットサービスにフォーカスすることが最も有効と判断しました。

階層の要約を述べるためにも、目次は、第一階層が1つ動くたびに出し直します。第一階層、つまりロジックの大きな流れを、最初の一回で記憶できる聴衆はいません。全体のロジックの流れを繰り返し見せ、現在位置を示し、この後に述べる階層の要約を伝えるのです。全体像、現在位置、この先の要約を見せることで、メンタルモデルができ、情報の非対称性が解消されます。その結果、ロジックがはっきりと伝わります。

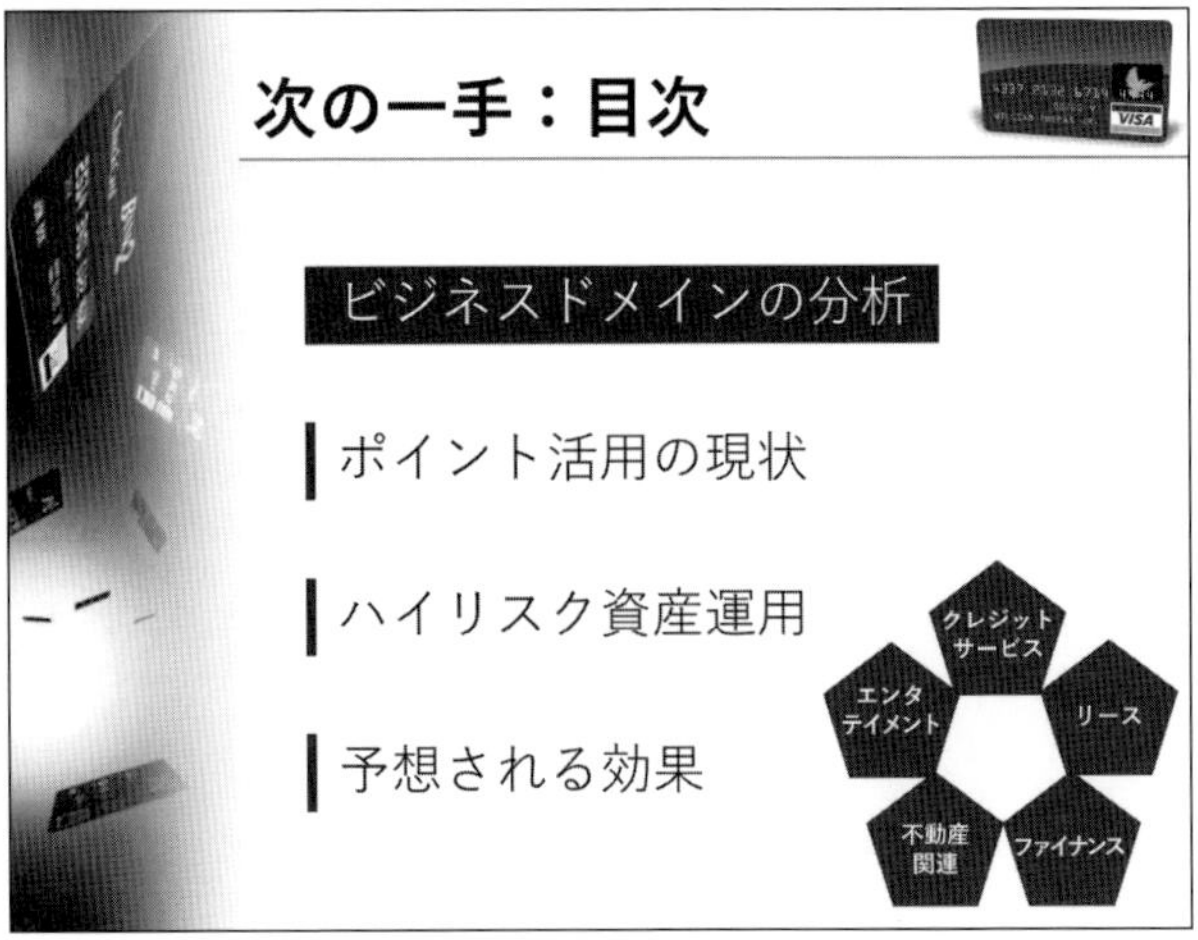

ロジック単位を見せる（分類）

プレゼンテーションでは、目次で最上位のロジック単位だけを見せます。目次を第二階層まで展開してはいけません。第二階層のロジック単位は、第二階層の要約を述べるときに、目次を出し直すことで見せます。プレゼンテーションでは、最も小さなロジック単位がスライドになります。したがって、1スライドは1トピックです。そのトピックは、スライドの先頭でトピックセンテンスとして示します。

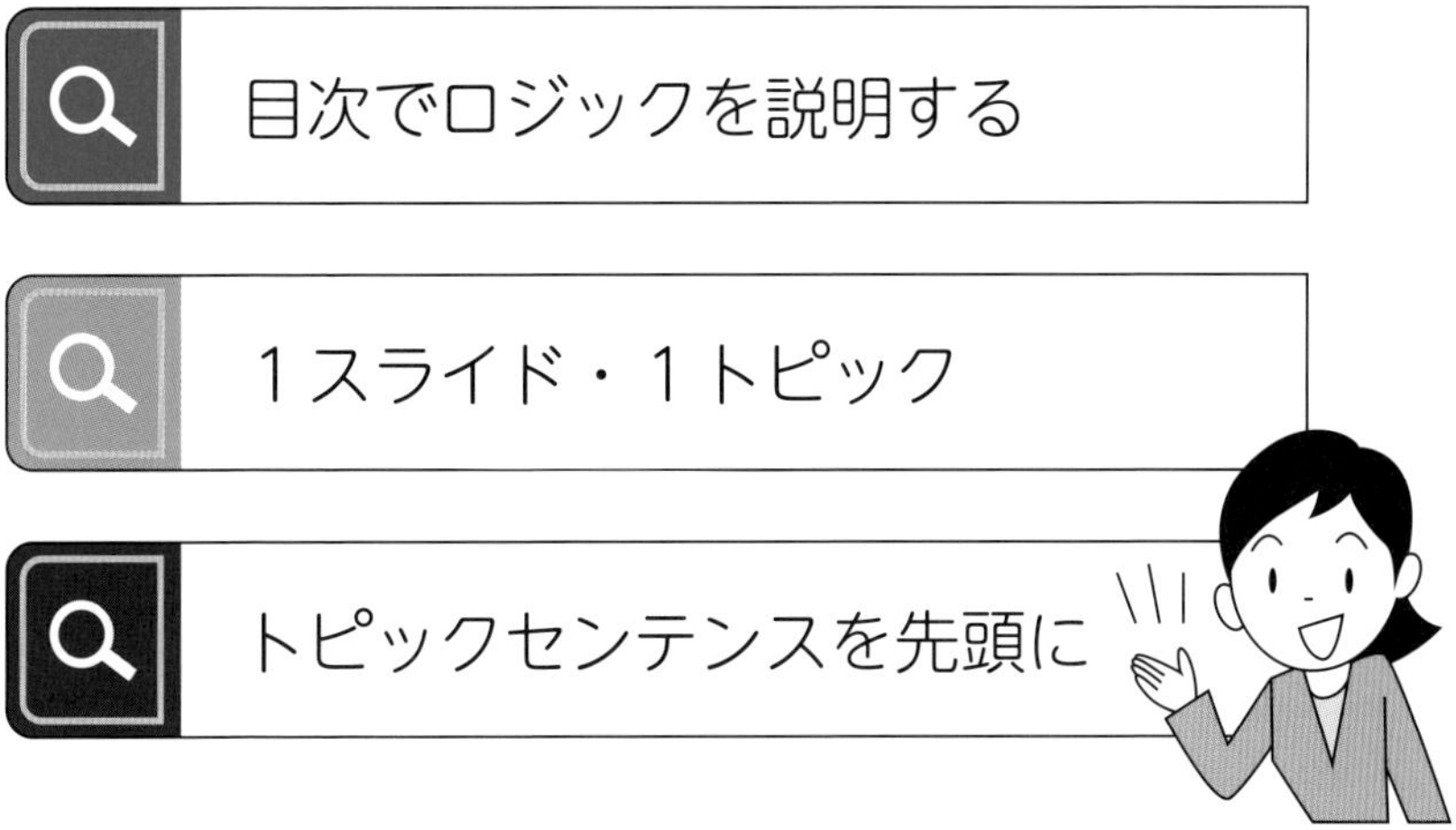
目次でロジックを説明する
1スライド・1トピック
トピックセンテンスを先頭に

◆目次でロジックを説明する

プレゼンテーションでは、大きなロジック単位を目次で示します。目次では、同時に見せるロジック単位を、3～5に絞りましょう。

プレゼンテーションでは、3～5で構成した第一階層を、目次で示します（左上図）。3～

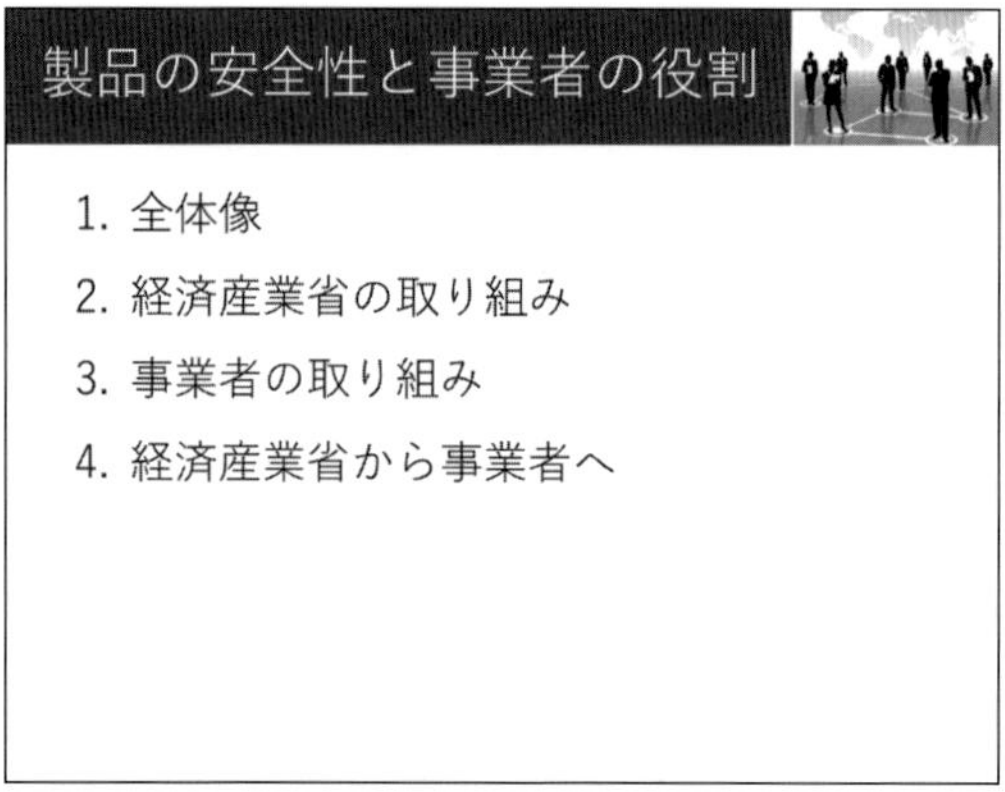

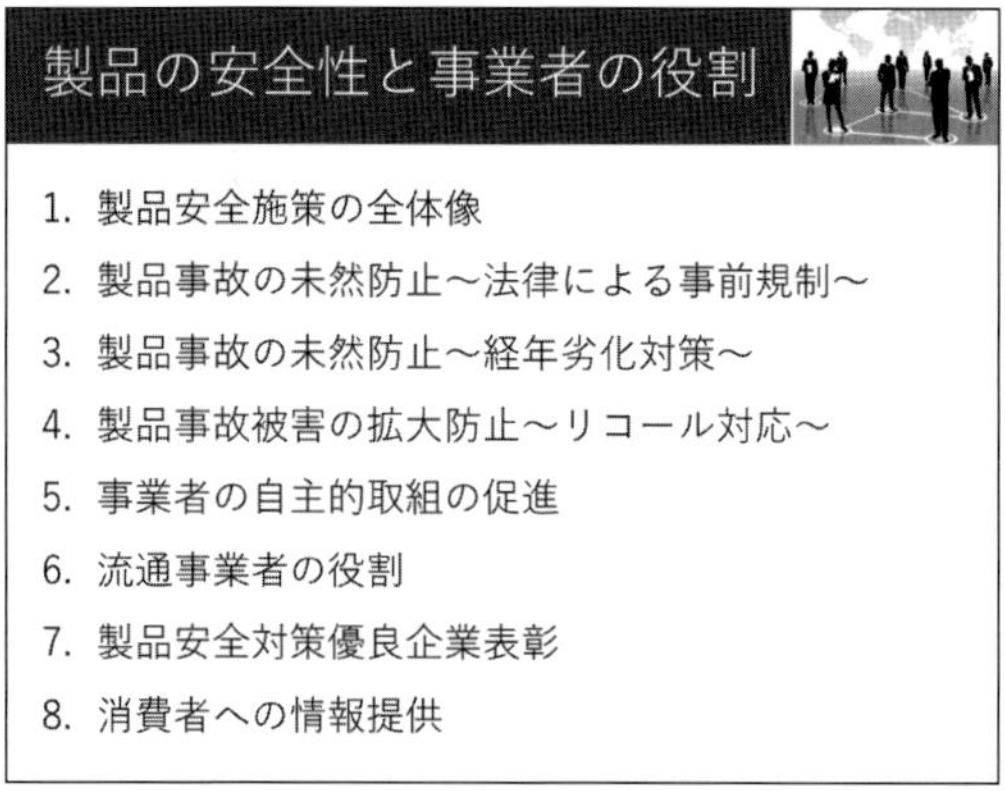

本例は、経済産業省の「製品安全の潮流と流通事業者に求められる役割」を参考に作成しました。（https://www.meti.go.jp/product_safety/producer/26shiryou01.pdf）

5で構成する理由は、情報を減らすことで情報処理がしやすくなる、つまりロジックが伝わりやすくなるからです（「ロジック単位は3、5、7で」93ページ参照）。この第一階層を、5を超えて示すと（前ページ下図）、ロジック単位が認識できても情報処理ができません。同時に多くの情報を見せると聴衆はロジックを把握できません。

目次の第二階層は、その階層に話が進んだときに初めて示します（下図・上）。最初に、第一階層と一緒に第二階層まで示してしまうと、情報量が多すぎて理解できなくなります（下図・下）。このような目次を数秒だけ見せられても、聴衆はロジックを把握できません

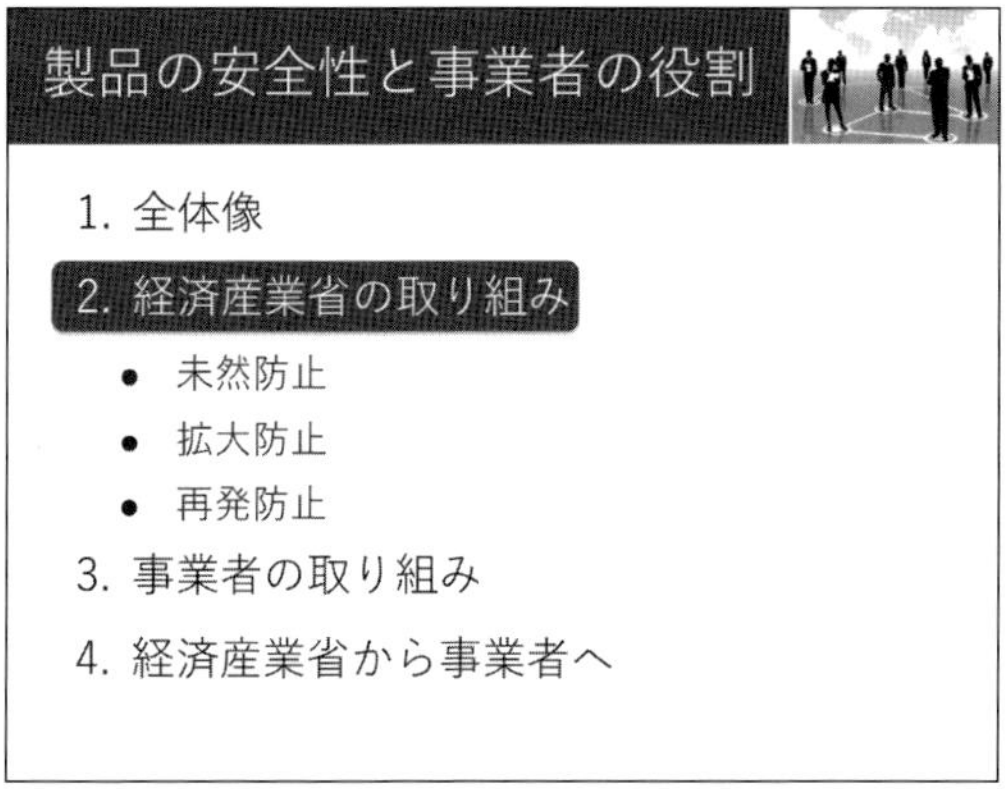

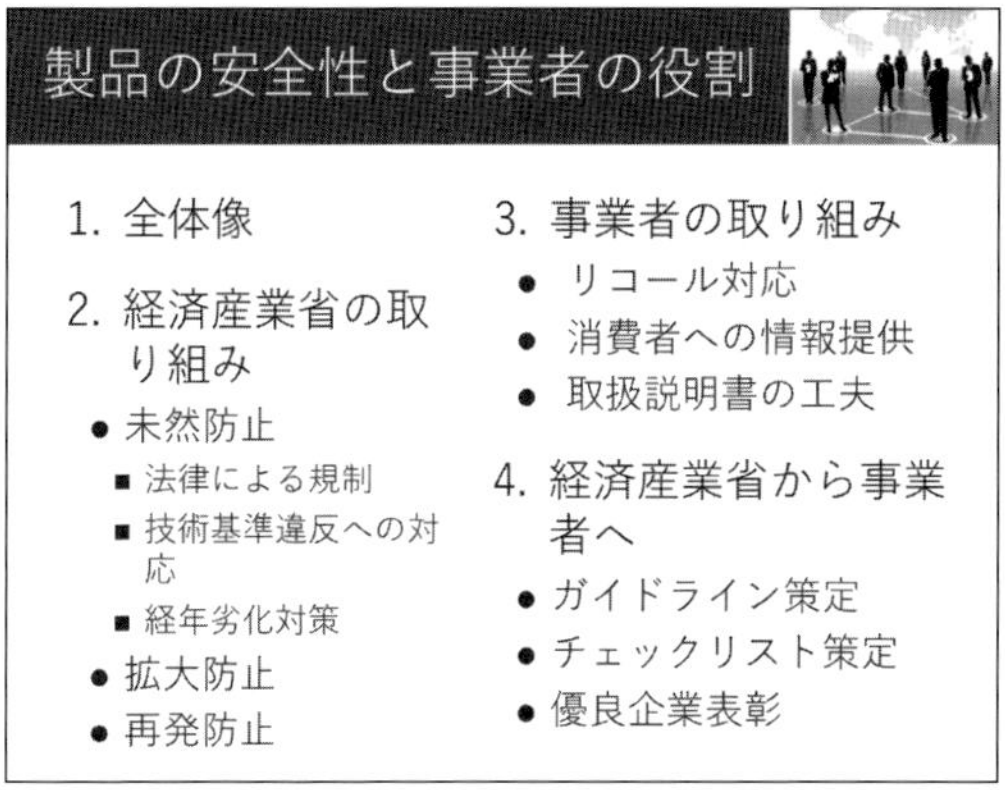

ん。第二階層を目次で伝えるためにも、目次は、第一階層が1つ動くたびに出し直します。

◆1スライド・1トピック

1枚のスライドに1つのトピックは、ロジック単位を明確に見せると共に、ロジック単位を論証するためにも重要です。

1枚のスライドで1つのトピックだけを述べれば、ロジック単位が明確に伝わります。このルールは、文章のパラグラフで1つのトピックを述べるのと同じです。1枚のスライドで複数のトピックを述べると、そのトピックすべてがボケてしまいます。1枚のスライドには1つのトピックなのですから、スライドの見出しやトピックセンテンスが「AとB」のようになってはいけません（下図参照：悪い例）。

また、**1枚のスライドで1つのトピックだけを述べれば、ロジック単位がしっかり論証できます。**スライドに十分なスペースが残りますから、図やグラフのようなE

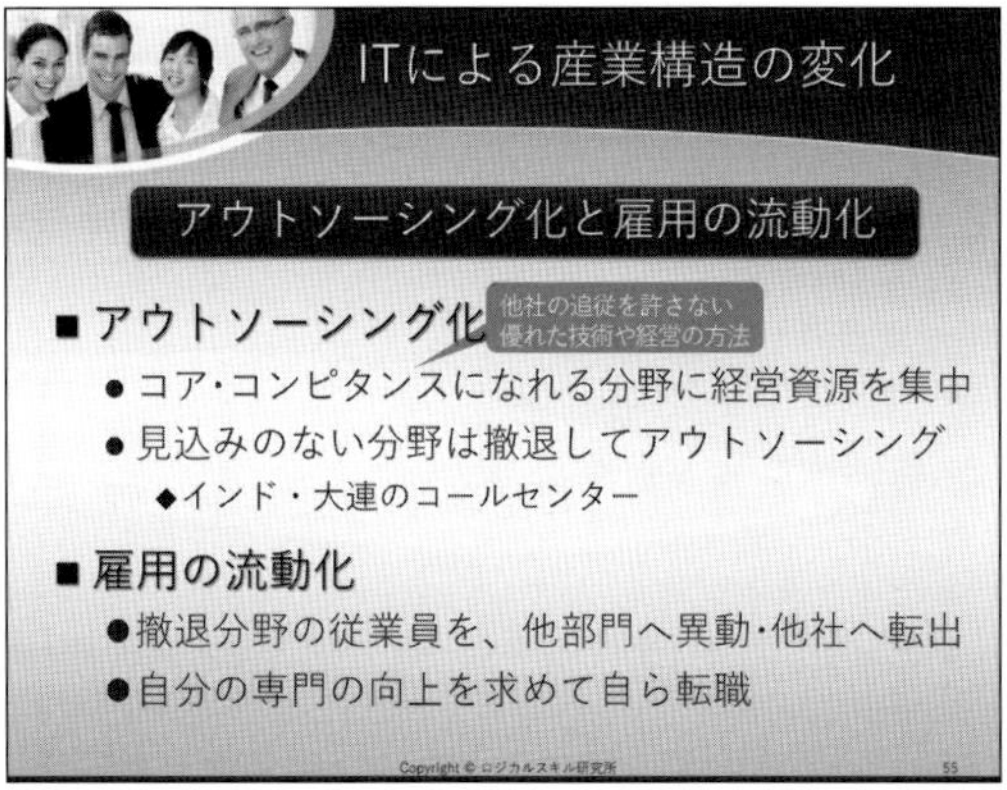

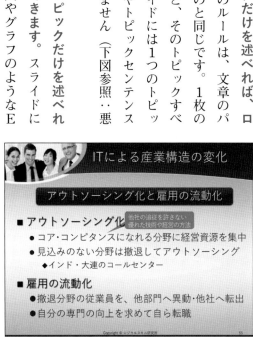

(Evidence) を十分に掲載できます（下図参照）。論証が不十分になれば、スライドがスカスカになってしまうので、必然的に図やグラフを掲載するようになります。逆に、1枚のスライドに複数のトピックを述べてしまうと、スライドのスペースが限られるので、図やグラフのようなE(Evidence) を省略しがちです。

もし、スライドがごちゃごちゃするようなら、1スライド・1トピックができていないサインです。複数のトピックを押し込むから、スライドが情報であふれかえるのです（前ページの図参照）。特に、グラフや表、写真が複数掲載されているスライドは、1トピックかを見直しましょう。

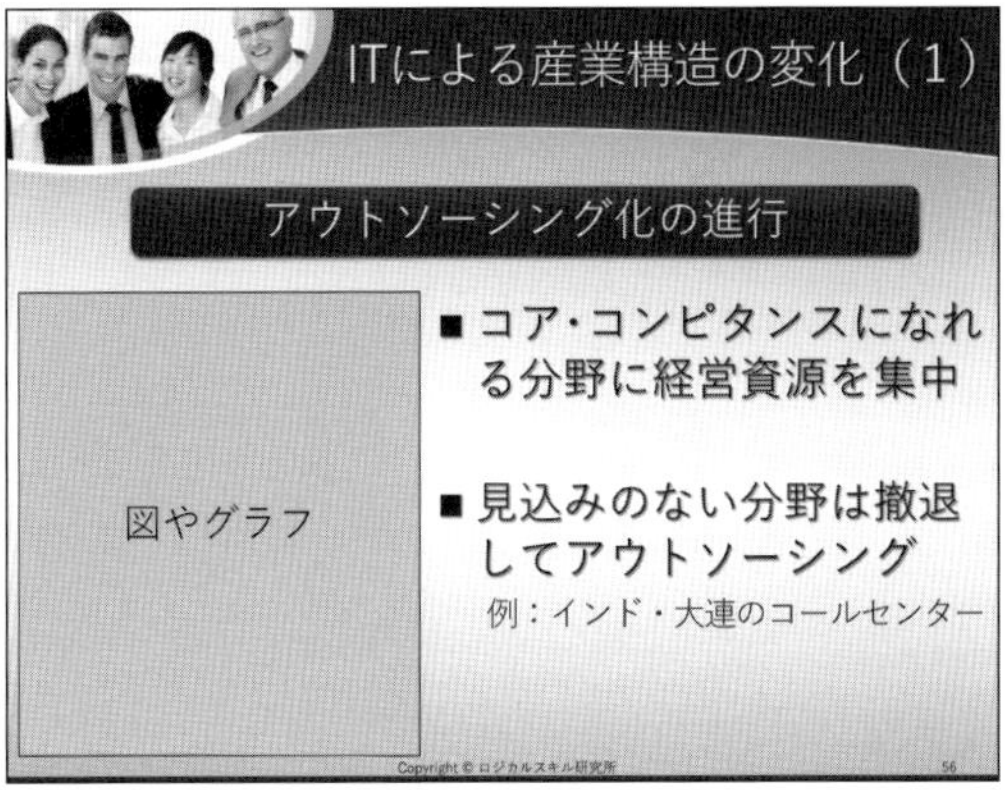

◆トピックセンテンスを先頭に

スライドの先頭では、トピックセンテンスを簡潔に表示します。各論のスライドは、トピックセンテンスを先頭にした統一フォーマットを使います。

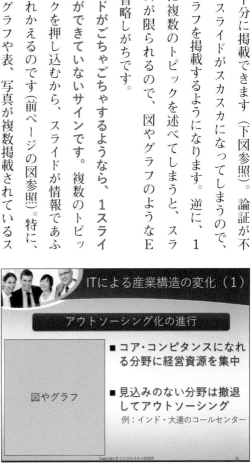

先頭でトピックセンテンスを表示することで、ロジック単位の内容を明確に伝えます。つまり、PREP法の最初のP（Point）を示すのです。先頭という強調のポジションで述べるので、聴衆は記憶しやすくなります。また、先頭で、メンタルモデルができるので、後の情報を理解しやすくなります。よく、ポイントを最後に述べるのを見ますが、ポイントは最初に述べるのです。また、最後にも述べるのです。

このトピックセンテンスは簡潔に表示します。情報に絞ることで、短期メモリで処理（＝理解）できるようにするためです。基本は1行、5単語以下です。最大でも2行までです。しかし、2行になるスライドは、例外なので、全体の10％以下と思ってください。

各論のスライドは、トピックセンテンスを先頭にした統一フォーマットにします。そこで、トピックセンテンスを書き入れるスペースを最初から作っておくのです（前ページの図参照）。同じレイアウトのスライドを、各論では使い続けます。こうすれば、トピックセンテンスを先頭で表示するのを忘れません。また、同じ構成が繰り返されるので、聴衆はメンタルモデルを作りやすくなります。つまり、スライドの情報を予想しやすくなります。

ロジック単位を縦につなぐ（接続）

プレゼンテーションの第一階層である目次は、多くの場合、縦につながっています。そこで、目次を縦につなげて言葉で説明します。言葉でつながることで、ロジックを確認するのです。各論のスライドが前後で縦につながっているなら、図やキーワードで、そのつながりを示します。文章とは違って、つながっている関係を強調しないと、聴衆は意識できません。さらに、前後のスライドのトピックセンテンスが、言葉でつながるかを確認します。

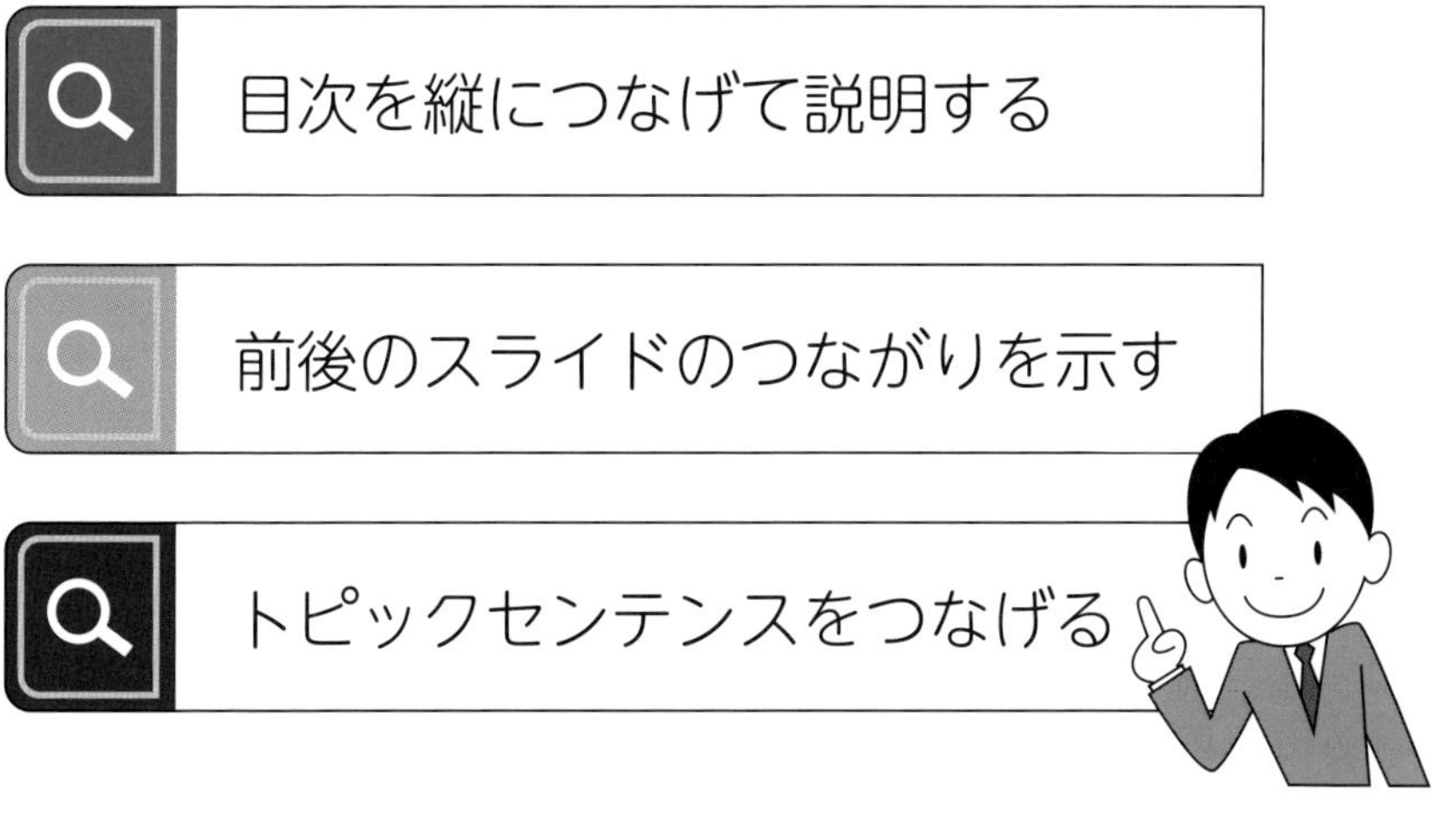
目次を縦につなげて説明する
前後のスライドのつながりを示す
トピックセンテンスをつなげる

◆目次を縦につなげて説明する

目次では項目を縦につなげロジックを伝えましょう。

目次を説明するときは、各項目を言葉で縦につなぐことを意識します。なぜなら、ロジックの大きな流れは縦につながっていることが多いからです（「論理パターンを活用する」115ページ参照）。したがって、下右図のような説明の流れになります。

たとえば、下左図のトラブル解析のプレゼンテーションなら、左記のような説明になります。もし、この説明をくどいと感じるなら、説明時に一部を省略してもかまいません。しかし、説明前に言葉でつながることは確認します。

先月発売したデジタル複合機DMC-3230において、[A]紙詰まりの多発というトラブルが寄せられています。この[A]紙詰まりの原因を分析したところ、[B]ソフトウエアの信号タイミングに問題がありました。そこで、この[B]ソフトウエアに対して[C]修正を加え

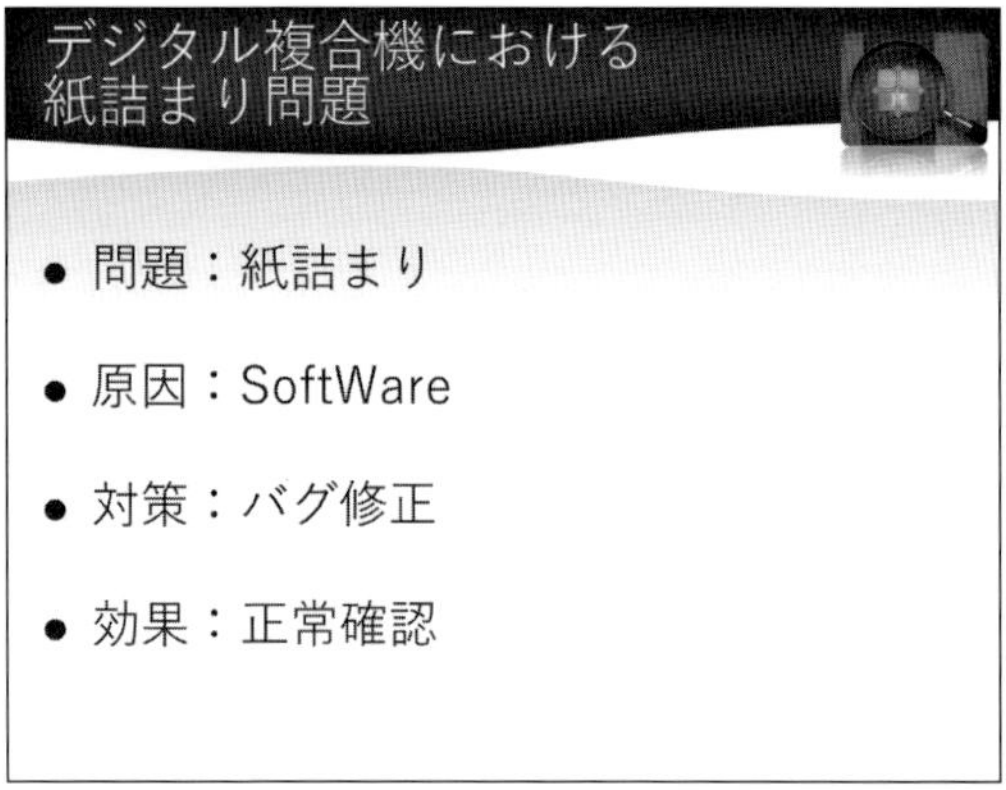

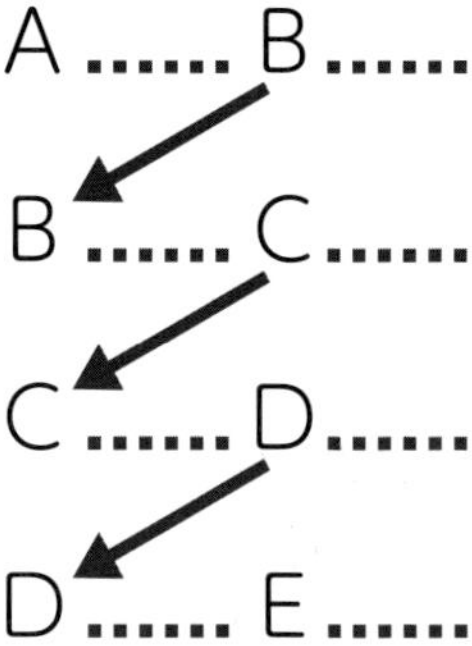

ました。C修正後、紙詰まりの頻度が許容値まで減少するD効果を確認できました。

もし、目次が言葉で縦につながらないようなら、ロジックが不十分なサインです。プレゼンターは、ロジックが不十分でも、その問題に気づきにくいです。なぜなら、目次には表現されていない多くの内容を頭に保持しているからです。この情報の非対称性によって、自分のロジックの不十分さに気がつかないのです。ロジックを言葉でつなげることで、情報の非対称性にだまされることなく、ロジックを確認できます。

◆前後のスライドのつながりを示す

前後のスライドが縦につながっているなら、図やキーワードでその接続関係を示しましょう。

聴衆は、スライド間に接続関係があっても意識できません。接続関係があるとは、たとえば、原因と対策を述べたとき、対策が原因に正しく対応しているかということです。文章なら、前のトピックが直前に書いてありますから、広範囲を見渡すことで、前後が確認できます。しかし、プレゼンテーションでは、聴衆は絶えず1枚のスライドしか見ていません。前のトピックがスライドに映っていないので、今のスライドとの関係を認識できません。プレゼンターは直前のスライドを覚えていますが、聴衆は忘れているのです。この情報の非対称性に気をつけましょう。

たとえば、分析結果から戦略提案という縦のつながり（下図参照）のロジックで、分析と提案がつなげられません。下図のプレゼンテーションでは、ＳＷＯＴ（「既存のフレームワークの活用」１３２ページ参照）でビジネスを分析して、その結果から戦略を提案しています。しかし、聴衆は戦略説明のスライドを見ているときには、前のＳＷＯＴ分析のスライドを忘れています。分析の結果と戦略のつながりを意識はできません。ただ、それぞれのスライドの内容は理解できるので、接続関係が曖昧でも理解した気になっているだけです。

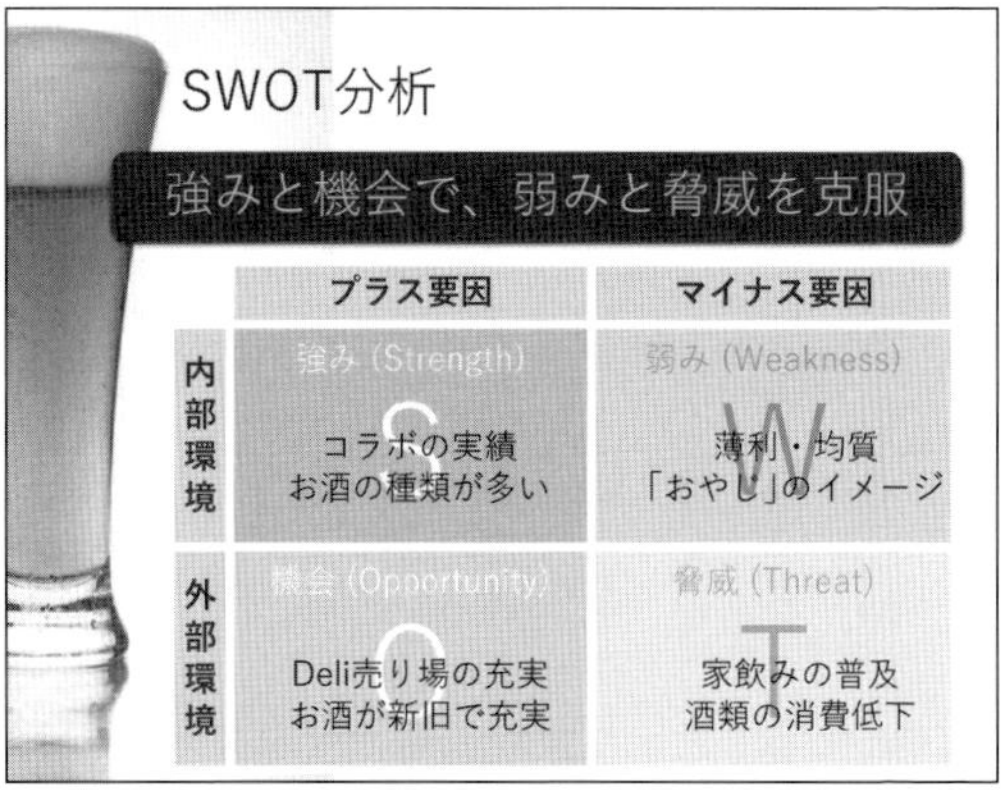

強みと機会で、弱みと脅威を克服

	プラス要因	マイナス要因
内部環境	強み (Strength) コラボの実績 お酒の種類が多い	弱み (Weakness) 薄利・均質 「おやじ」のイメージ
外部環境	機会 (Opportunity) Deli売り場の充実 お酒が新旧で充実	脅威 (Threat) 家飲みの普及 酒類の消費低下

そこで、前後のスライドが縦につながっているときは、前のスライドで登場した図やキーワー

ドを、そのレイアウトのまま、次のスライドに引き継ぐのです。先の例で言えば、ＳＷＯＴ分析の図を小さく、邪魔のならないところに配置するのです(下図参照)。このとき、前のスライドの図をそのまま小さくするのではなく、ポイントを強調しておきます。文字は、必ずしも正確に読めなくてもかまいません。この小さな図の意味は、「前のスライドとこういう意味でつながっています」と伝えるだけです。すべてが正確に見える必要はありません。

この縦のつながりは、ときに離れたスライド間で生じる場合もあります。多くの縦つながりは、前後のスライドです。しかし、数枚前に述べた内容とつながる場合もあります。その場合も、同様に、図やキーワードで接続関係を明示しましょう。プレゼンターは数枚前のスライドを覚えているかもしれませんが、聴衆は忘れているはずです。この情報の非対称性にも注意が必要です。

◆トピックセンテンスをつなげる

トピックセンテンスが、縦につながることを言葉で確認しましょう。

縦につながっているスライドどうしは、トピックセンテンスが下図のようにつながるはずです。縦のつながりを頭ではなく、言葉で確認しましょう。ただし、スライドのトピックセンテンスは、言葉を削っているので、スライドに表示された言葉ではつながりません。言葉を足せばつながることを確認します。

たとえば、先の2枚のスライドでは、次のようにトピックセンテンスをつなげられます。

強みと機会で、弱みと脅威を克服する戦略が必要です。そこで、強みを活かして、食事はDeliの持ち込みとすることで、弱みである薄利・均質を克服します。サービスは、お酒の提供に限定することで、利幅を上げて特徴を出します。

もし、言葉を足してもトピックセンテンスがつながらないなら、ロジックが正しく組めていないサインです。スライド間が、横でもない、縦でもない状態なのです。プレゼンターは、スライドにはない多くの情報を頭に置いています。この情報の非対称性にだまされないように、ロジックを言葉で確認します。

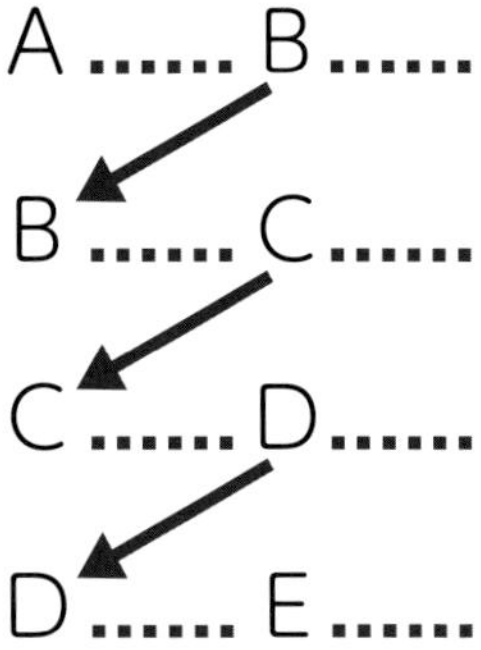

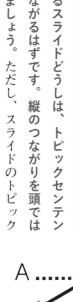

ロジック単位を横に並べる（接続）

ロジック単位を横に並べる場合は、それぞれを説明する前に、すべてを並べて見せます。全体を見せてから、１つずつ説明します。それぞれの説明になったら、全体の中のいくつ目かを示します。なぜなら、聴衆が、全部でいくつあったかを記憶しているとは限らないからです。さらに、それぞれの説明は、構成や表現をそろえます。そろえようとしても、うまくそろわないなら、横に並べてはいけない情報まで並べてしまったかもしれないサインです。

先にすべてを並べて見せる

全体の中のいくつ目かを示す

構成や表現をそろえる

◆先にすべてを並べて見せる

ロジック単位を横に並べる場合は、まずは並んだロジック単位をすべて見せましょう。

横に並んだロジック単位を、いきなり1つずつ説明してはいけません。聴衆には、いくつ並列されるのか予想ができません。しかし、プレゼンターだけはいくつ並列するかを知っているので、違和感なく説明できてしまいます。この情報の非対称性にだまされてはいけません。

まず、ロジック単位をすべて並べましょう。並べるのは、多くの場合、階層の要約です（下図参照）。すべて並べてから、それぞれの説明に入ります。下図のように、「4C分析」だから4つが並列すると分かる場合でも、すべてを見せておきましょう。なぜなら、その後の個別説明で、全体のどの部分を説明しているかが分かりやすくなるからです（次ページの図参照）

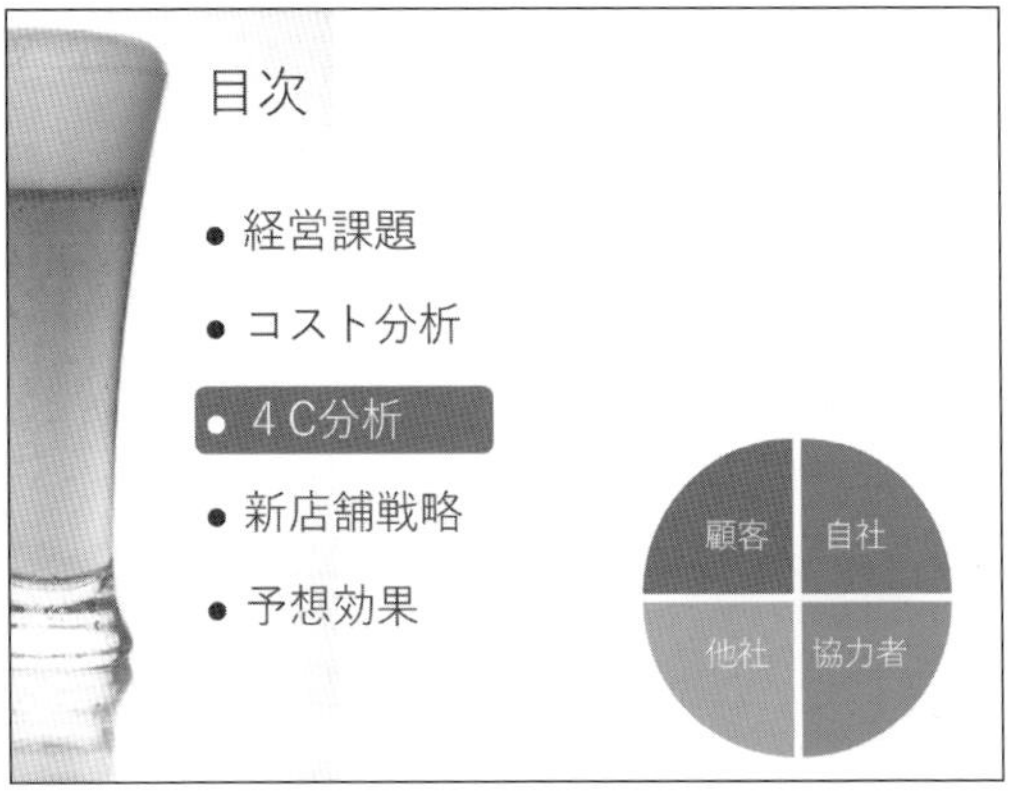

◆全体の中のいくつ目かを示す

横並びのロジック単位を個別に説明するときは、全体のいくつ目かを図で示しましょう。

全体像を述べてから詳細説明に移るとき、聴衆は全体像を忘れがちです。たとえば、「A、B、Cがある」と全体像を述べてからAを説明するときです。「A」の説明を聞いているときには、全体像のスライドは映っていません。その結果、最初に述べた「A、B、Cがある」という全体像を、「B」の説明の頃には忘れてしまうのです。一方で、プレゼンターだけは、全体でいくつかも、何番目を説明しているのかも知っています。この情報の非対称性にだまされてはいけません。

そこで、全体と現在位置を、小さな図で邪魔にならないところに配置しましょう（右図参照）。この図によって、聴衆は絶えず、全体と現在の関係を認識しながら話を聞けます。この右上の図は、明確に見える必要はありません。この図の役割は、「さっきの説明の何番目を詳細説明しています」ということを伝えるだけです。

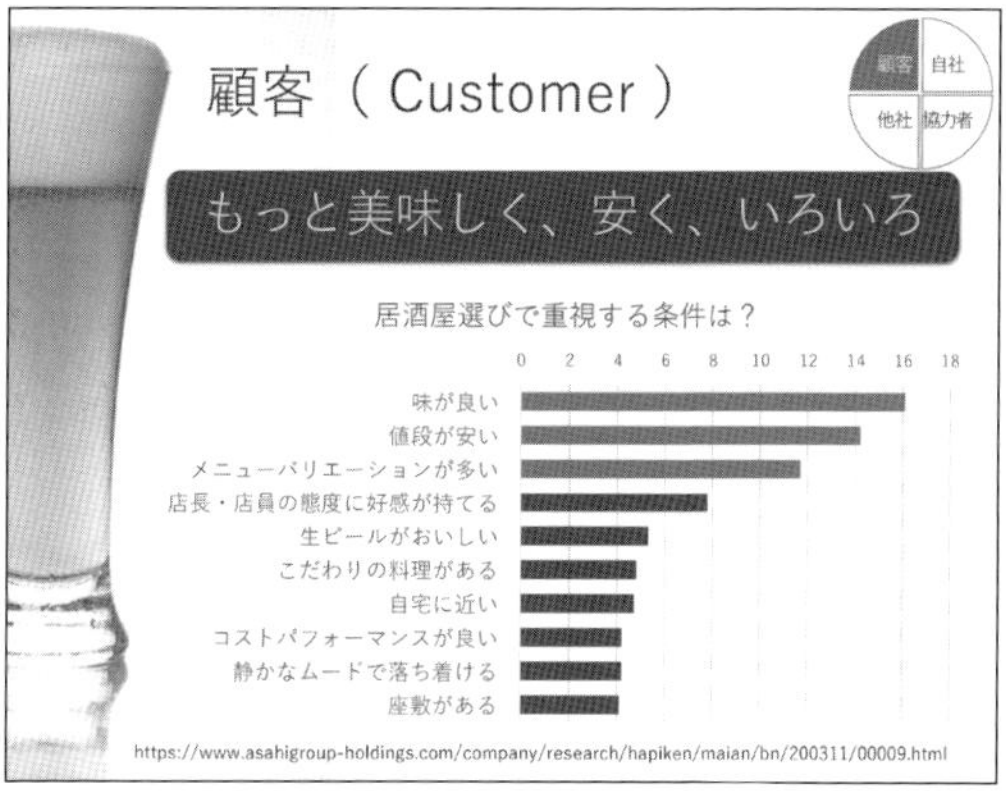

◆構成や表現をそろえる

横並びのロジック単位は、可能な限り構成と表現をそろえましょう。

横並びのロジック単位で構成と表現がそろえてあると、聴衆は情報を認識しやすくなります。なぜなら、「同種の情報が同じ順番で表示される」というメンタルモデルを作ることで、内容を予測できるからです。また、情報の対比が必要な場合（下図参照）は、その対比が簡単だからです。プレゼンテーションは、絶えず1枚のスライドしか表示しないので、文章より情報の対比が難しくなります。聴衆に対応関係を構成や表現によって伝えましょう。

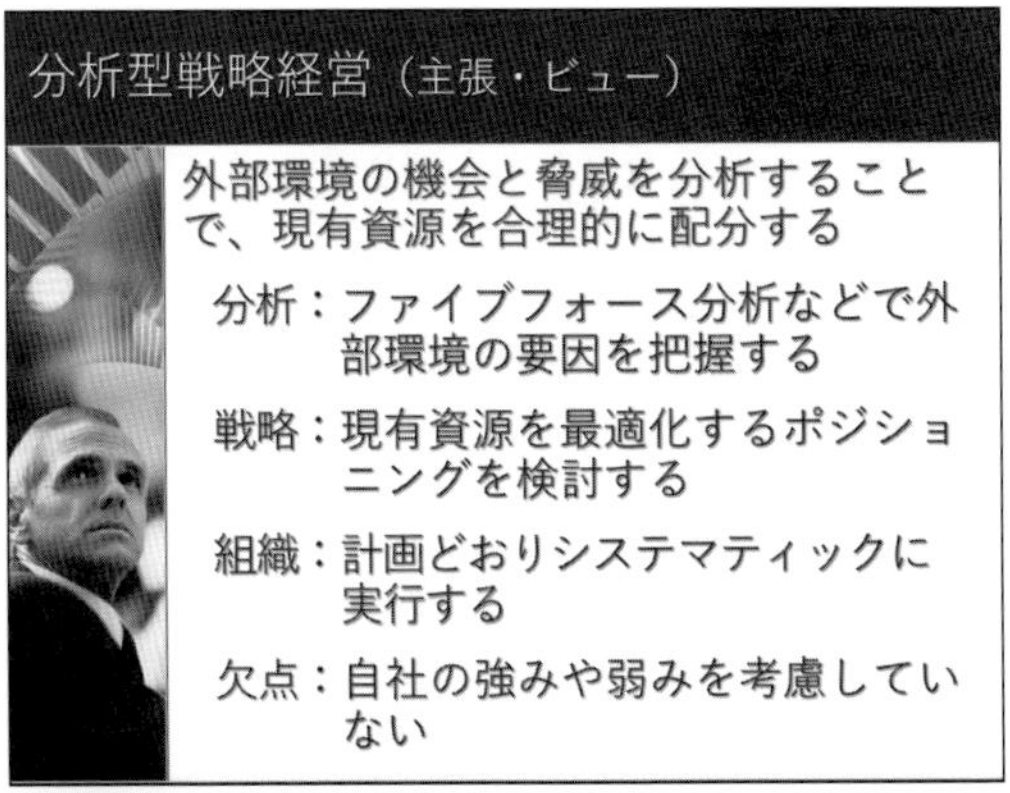
分析型戦略経営（主張・ビュー）
外部環境の機会と脅威を分析することで、現有資源を合理的に配分する
分析：ファイブフォース分析などで外部環境の要因を把握する
戦略：現有資源を最適化するポジショニングを検討する
組織：計画どおりシステマティックに実行する
欠点：自社の強みや弱みを考慮していない

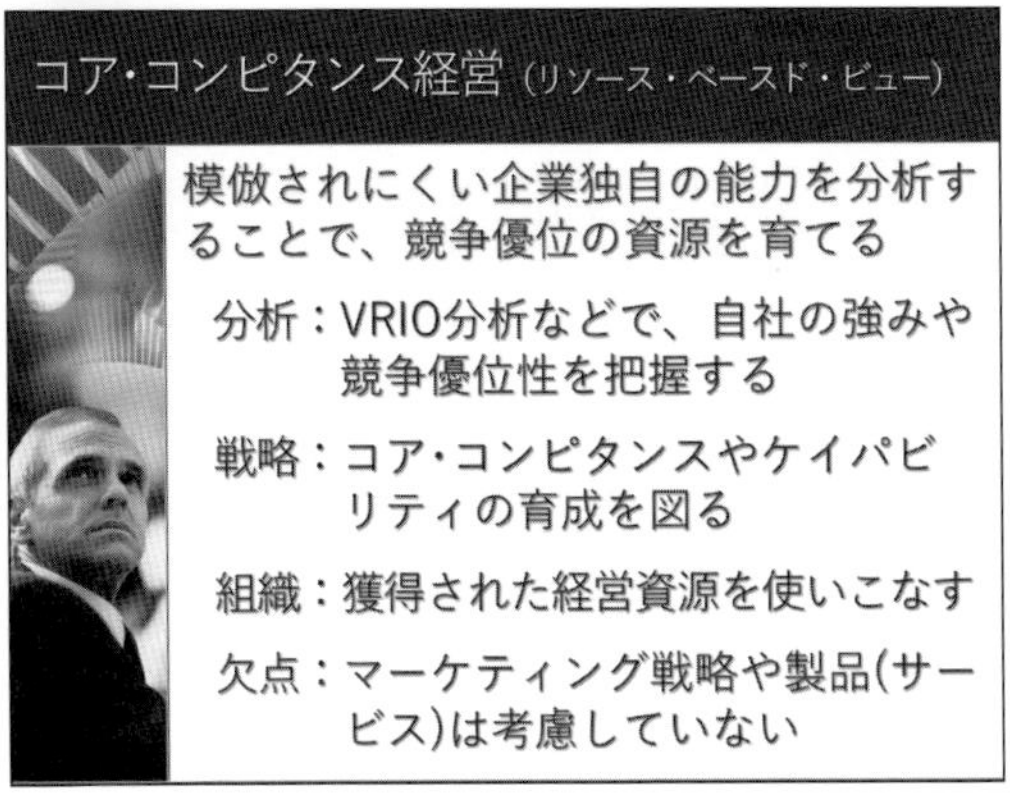
コア・コンピタンス経営（リソース・ベースド・ビュー）
模倣されにくい企業独自の能力を分析することで、競争優位の資源を育てる
分析：VRIO分析などで、自社の強みや競争優位性を把握する
戦略：コア・コンピタンスやケイパビリティの育成を図る
組織：獲得された経営資源を使いこなす
欠点：マーケティング戦略や製品(サービス)は考慮していない

このとき、内容によっては、構成や表現が完全にそろっていなくてもかまいません（左図参照）。おおむねそろえてあるだけでも、聴衆は横並びを意識できます。

もし、スライドの構成をそろえようとしても、うまくそろわないなら、並ばないトピックを並べたサインです。したがって、種類が異なるトピックや、抽象度が異なるトピックではないかを確認しましょう（文章のケースと同じです）。

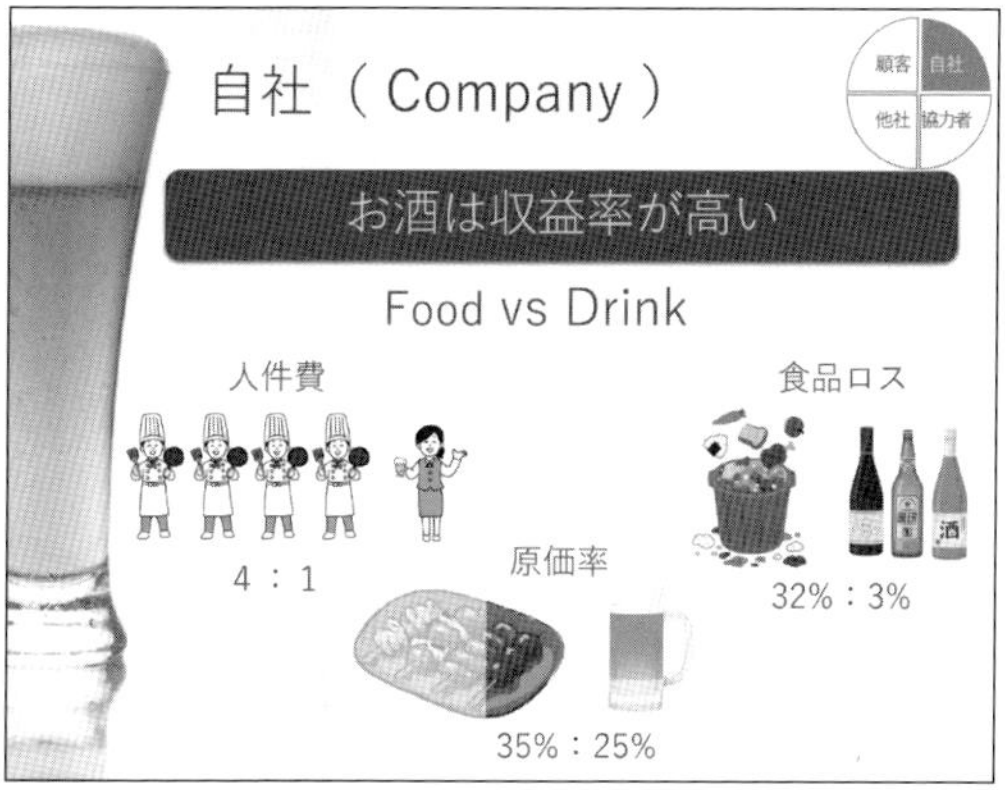

文章とプレゼンの違い（3）

文章とプレゼンテーションの３つ目の違いが、文章は受信者が能動的ですが、プレゼンテーションは受動的だということです。

文章の場合、受信者は情報を手に入れるために能動的に読みます。積極的に理解をしようとします。理解できて初めて先に進みます。理解できない部分は読み戻るでしょう。したがって、姿勢も前かがみになります。

一方プレゼンテーションの場合、受信者はどうしても受動的になります。理解できていようがいまいが、説明はどんどん進みます。聴衆は、説明をボーッと聞くことになります。したがって、姿勢も椅子の背もたれにふんぞり返るようになります。

この違いが、コミュニケーションに差を生みます。聴衆が受動的なプレゼンテーションでは、プレゼンター側が、聴衆に理解してもらう工夫をする必要があります。なにしろ聴衆はボーッと聞いているのです。言いたいことを暗示したのでは、理解してもらえません。言いたいことは、目立つように文字化し、強調しなければなりません。

ロジック単位を論証する（展開）

プレゼンテーションでは、各スライドをPREP法（Point-Reason-Example-Point）で論証します。文章におけるパラグラフと同じです。このとき、R（Reason）やE（Example, Evidence, Explanation）を出しすぎてはいけません。出しすぎれば、認識しきれなくなります。ただし、要約のスライドはPREP法で説明はしません。なぜなら、要約はまとめであって、ロジック単位ではないからです。もし、RやEが全く掲載できないなら、そのスライドは要約かもしれないというサインです。

PREP 法で論証する

R や E は出しすぎない

要約と各論は区別する

◆PREP法で論証する

ロジック単位であるスライドは、PREP法でポイントを論証します。そこで、最初にP(Point)を述べたら、その下にR(Reason)やE(Example, Evidence, Explanation)を配置します(左図参照)。説明するときは、最後にもう一度、最初のP(Point)を繰り返します。

各論のスライドは、すべてPREP法で構成します。このルールに例外はありません。文章において、パラグラフをPREP法で構成するのと同じです。

スライドをPREP法で構成しないと、論証が甘い、論理性の低い説明になります。たとえば、次ページの図

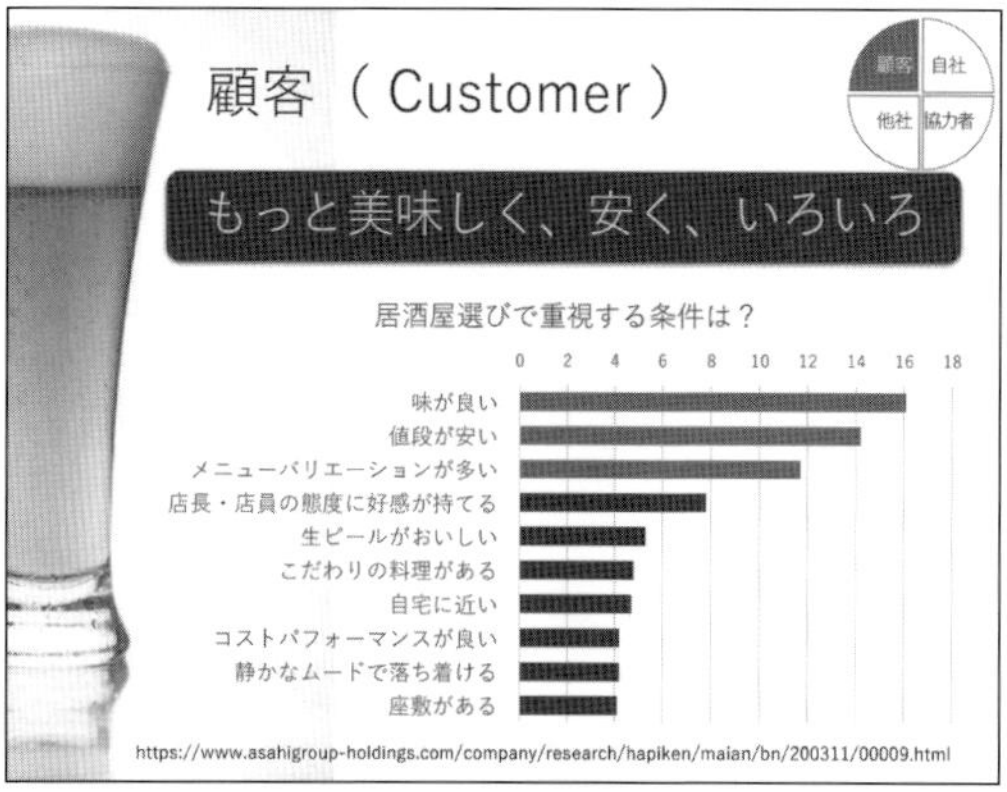
顧客(Customer)
顧客
自社
他社
協力者
もっと美味しく、安く、いろいろ
居酒屋選びで重視する条件は?
0 2 4 6 8 10 12 14 16 18
味が良い
値段が安い
メニューバリエーションが多い
店長・店員の態度に好感が持てる
生ビールがおいしい
こだわりの料理がある
自宅に近い
コストパフォーマンスが良い
静かなムードで落ち着ける
座敷がある
https://www.asahigroup-holdings.com/company/research/hapiken/maian/bn/200311/00009.html

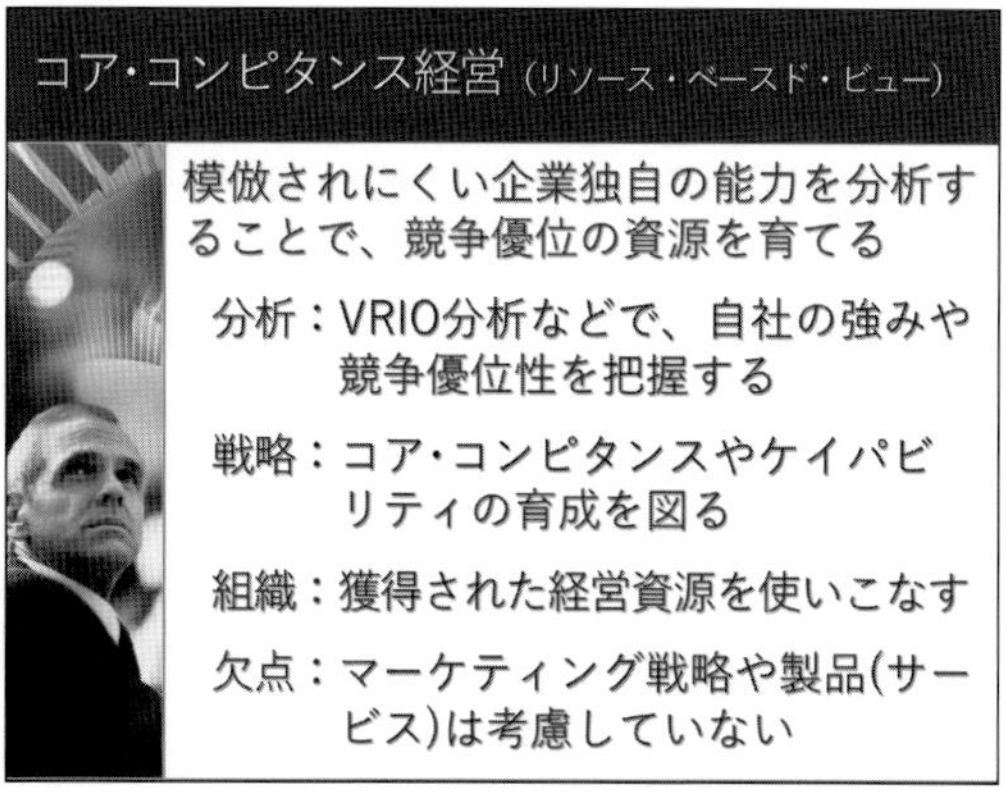
コア・コンピタンス経営(リソース・ベースド・ビュー)
模倣されにくい企業独自の能力を分析することで、競争優位の資源を育てる
分析:VRIO分析などで、自社の強みや競争優位性を把握する
戦略:コア・コンピタンスやケイパビリティの育成を図る
組織:獲得された経営資源を使いこなす
欠点:マーケティング戦略や製品(サービス)は考慮していない

では、「空前の第3次クラフトビールブーム」と述べていますが、E（Example, Evidence, Explanation）がありません。その結果、「本当に、空前の第3次クラフトビールブームが到来しているのか？」という疑問がわきます。

◆RやEは出しすぎない

R（Reason）やE（Example, Evidence, Explanation）を1枚のスライドに詰め込んではいけません。多くを述べると、短期メモリがパンクするので理解できなくなります。Evidenceなら1つ、多くて2つまでとしましょう。Explanationなら、短めの文やフレーズにします。文章で説明した結果、スライドが文字で埋まるということがないようにしましょう。短めの文やフレーズなので、フォントサイズは28ポイントを最小の目安とします（前ページの下図参照）。

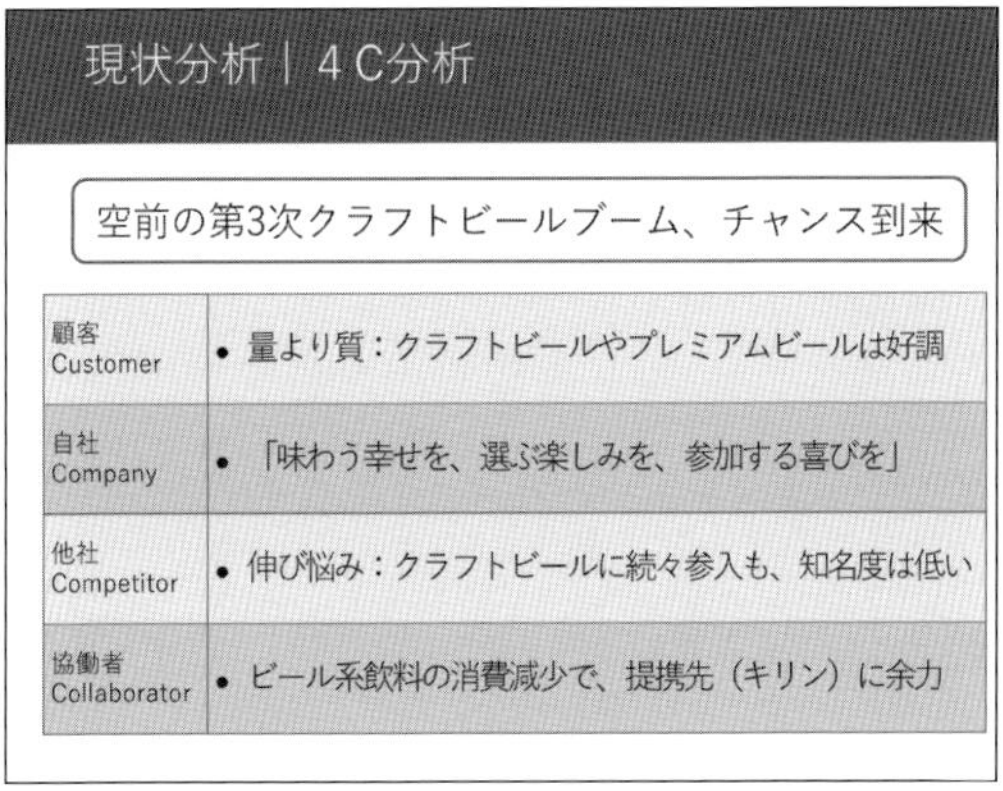

現状分析｜４C分析	
空前の第3次クラフトビールブーム、チャンス到来	

顧客 Customer	● 量より質：クラフトビールやプレミアムビールは好調
自社 Company	● 「味わう幸せを、選ぶ楽しみを、参加する喜びを」
他社 Competitor	● 伸び悩み：クラフトビールに続々参入も、知名度は低い
協働者 Collaborator	● ビール系飲料の消費減少で、提携先（キリン）に余力

もし、**スライドが文字や図であふれかえるなら、複数のトピックを述べたサインです。スライドの分割を考えましょう。**特にトピックセンテンスに「Aと

B」と書かれていたら要注意です。たとえば、「経営資源を引き継ぐことは、旧経営者・起業家の双方に有益」（中小企業の廃業対策のプレゼンテーション）というトピックセンテンスです。この内容なら、旧経営者と起業家のそれぞれにどう有益かをEvidenceで説明しなければならなくなります。Exampleも加えたら、とても1枚のスライドでは説明できないほどの情報になります。スライドを分割しましょう。

◆要約と各論は区別する

ただし、**要約にはR（Reason）やE（Example, Evidence, Explanation）も不要です**。なぜなら、要約はP（Point）を集めたパートだからです。論証が必要なのは、各論のスライドです。要約なのか各論なのかの区別を明確にできないと、論証の足りない各論を作ってしまいます。

もし、R（Reason）やE（Example, Evidence, Explanation）を十分掲載できないなら、そのスライドは各論ではなく、要約であるサインです。 たとえば、前のページの4C分析には、4つのCに対するP（Point）だけが書かれています。4つのCそれぞれに、RもEもありません。RもEもないということは、このスライドは要約なのです。したがって、4つのCそれぞれをPREP法で説明する各論のスライドが4枚必要になります。

まとめ

文章でもプレゼンテーションでも、ロジックを分かりやすく伝える基本は同じです。最初に要約を述べ、ロジック単位を明確に見せ、縦につなぎ、横に並べたうえで、各ロジック単位を論証することが大事です。特に接続を強調する必要があります。なぜなら、プレゼンテーションでは、聴衆が絶えず１枚のスライドしか見ていないので、接続が意識しにくいからです。

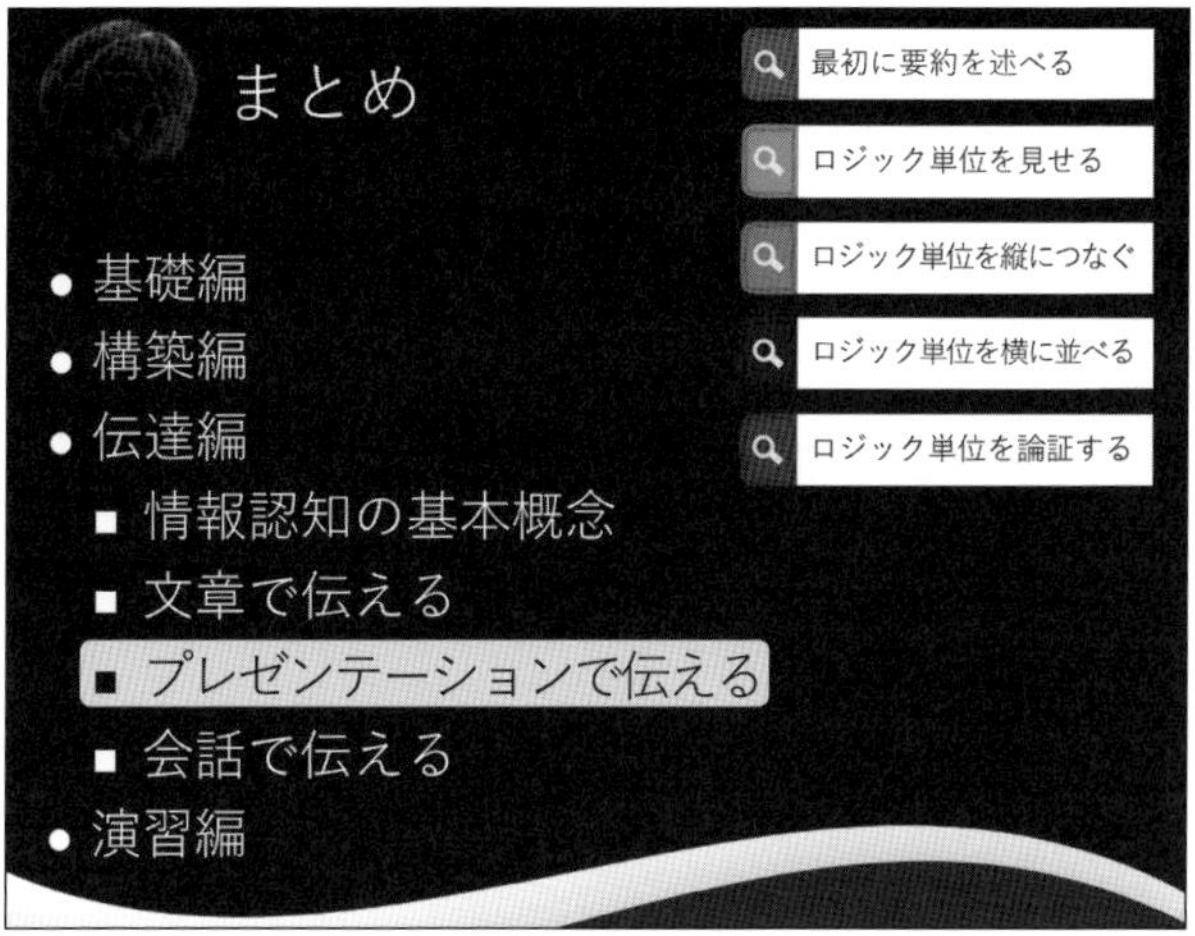

4

会話で伝える

大事なポイントは、基本的に会話でも、文章やプレゼンテーションと同じです。しかし、会話では特有の注意点があります。その注意点とは、資料なしで手短に説明しなければならないことです。そこで、最初に要約を述べます。各論のロジック単位は3つまでとします。そのロジック単位は、ナンバリングやラベリングで明確に伝えます。各ロジック単位はＰＲＥＰ法(Point-Reason-Example-Point)で説明しましょう。

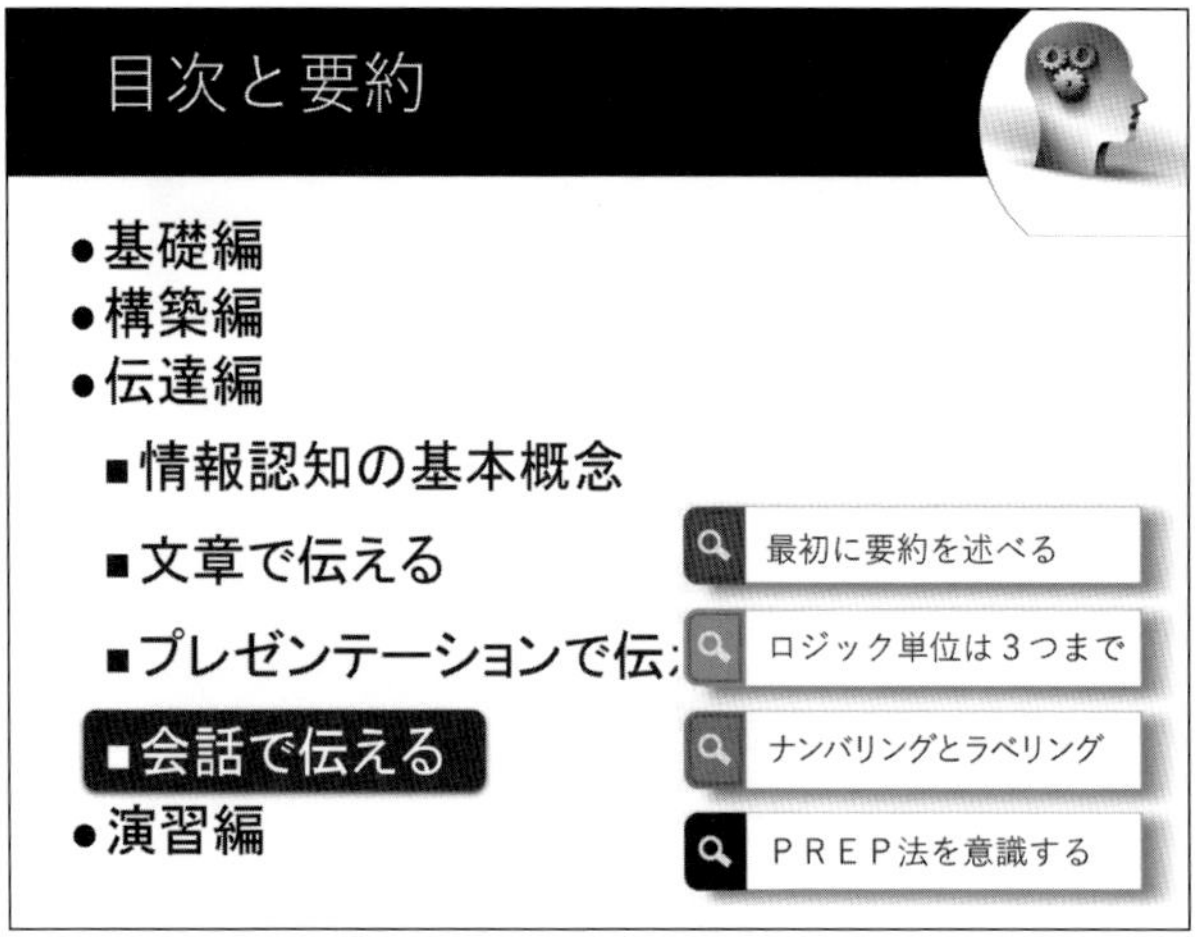

最初に要約を述べる

会話で伝える場合でも、最初に要約を述べましょう。最初に要約を述べるのは、聞き手にメンタルモデルを作らせるのと、強調のポジションを活用するためです。詳細説明をいきなり始めると、気の利いた上司なら、「いいから結論から言え」と注意されかねません。しかし、説明する側は、結論は知っているので、各論から話したくなるのです。この情報の非対称性には気をつけなければなりません。

上司：「例のサンプル分析の件、どうなっている？」
自分：「10個中、入手した7個には問題はありませんでした。残りの3個の入手には2週間かかる予定です。なぜなら…」

上司：「君は、この件についてどう考えている？」
自分：「この件については検討すべき課題が3つあると思います。1つ目に…」

上司：「例のトラブルはどうなった？」
自分：「原因を分析して、対策を採り、効果の確認中です。原因は…」

ロジック単位は3つまで（分類）

ロジック単位は3つまでとしましょう。3つと数を減らす理由は、記憶しやすいからです（「3はまとめるときの王道」95ページ参照）。同じ説明でも、資料があるので、短期メモリの限界である7ぐらいまで理解できます。なぜなら、資料を見ながらだと、記憶する必要がないからです。しかし、会話の場合は、先に述べたことも覚えておかなければ、次の説明が分かりません。情報を出しすぎると理解できなくなります。

次のロジック単位に移るときは、その境を明確に伝えましょう。たとえば、「次に」のような接続語句を使ったり、ナンバリングやラベリング（次ページ参照）を使ったりしましょう（左記の例を参照）。なぜなら、会話での説明では、ロジック単位の境が曖昧になりやすいからです。文章なら、ロジック単位は階層やパラグラフとして、プレゼンテーションならスライドとして、見た目ではっきり認識できます。しかし、会話ではその境が分かりにくくなりやすいのです。

例：まず、原因は…
　次に、対策として…
　最後に、効果を…

ナンバリングとラベリング（接続）

横に並んだロジック単位を伝える場合は、ナンバリングとラベリングを活用します。

ナンバリングとは、ロジック単位に番号を振りながら説明することです（左記の例を参照）。

例：この方法を採用したのには３つの理由があります。

　１つ目に、

　２つ目に、

　３つ目に、

ラベリングとは、横に並んだロジック単位に見出しを付けながら説明することです（左記の例を参照）。このラベリングをナンバリングと併用するとより効果的です。

例：この方法を採用した理由は、経済性、安全性、汎用性の３つです。

　１つ目が経済性です。この方法は、……

　２つ目が安全性です。この方法は、……

　３つ目が汎用性です。この方法は、……

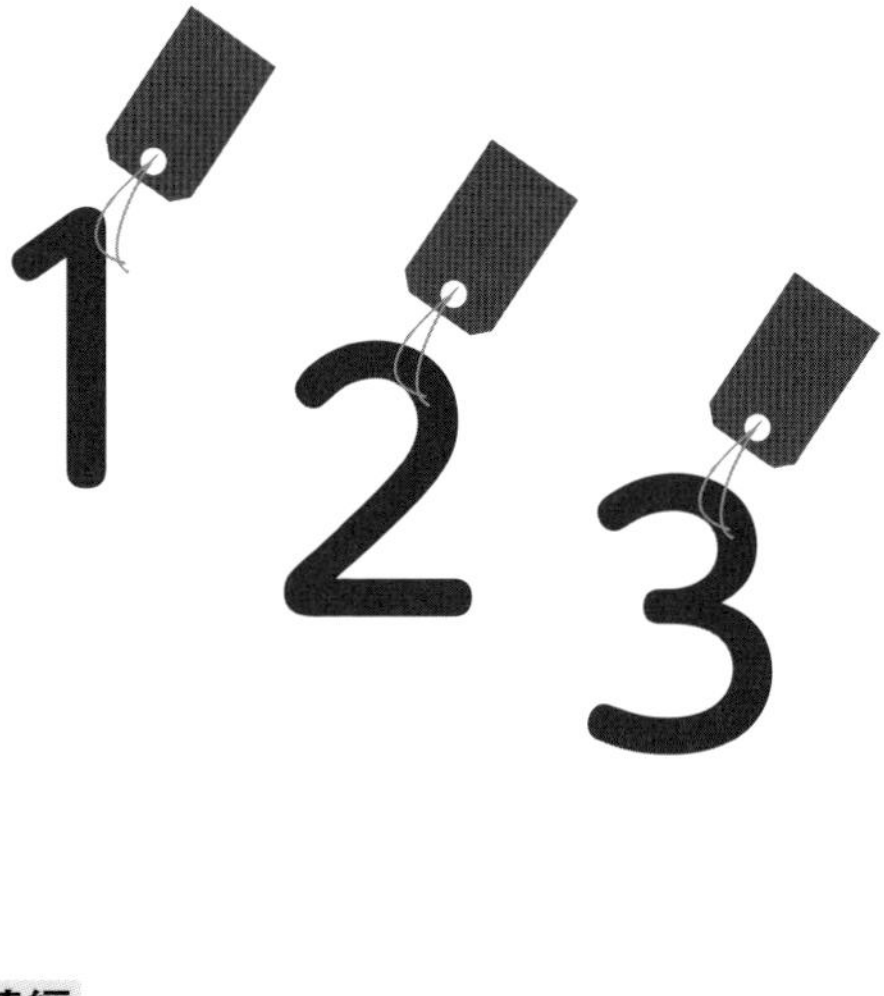

ＰＲＥＰ法を意識する（展開）

会話での説明でもＰＲＥＰ法を意識しましょう。なぜなら、主張であるＰ(Point)を述べたら、必ず論証が必要だからです（「主張には根拠が必要」１４５ページ参照）。そこで、Ｐ（Point）を述べたら、すぐさま「なぜなら」とか「たとえば」と言う習慣を身に付けましょう。たとえば、次のような説明です。

上司：「君は、どんな対策を考えている？」

自分：「私は、仕様作成、施工、確認で担当者を分けるべきと考えています。なぜなら、担当者が同じなら、思い込みによるミスが防げないからです。たとえば、……」

逆に、ＰＲＥＰ法になっていない説明には、質問する習慣を身に付けましょう。この習慣が身に付けば、自らもＰＲＥＰ法で説明するのが習慣化します。

上司：「その対策では不十分ではないか？」

自分：「なぜ、不十分とお考えですか？　不十分な部分について具体的なアドバイスをいただけないでしょうか？」

まとめ

大事なポイントは、基本的に会話でも、文章やプレゼンテーションと同じです。しかし、会話では、資料なしで手短に説明しなければならないことに注意が必要です。そこで、最初に要約を述べます。各論のロジック単位は3つまでとし、ナンバリングやラベリングで明確に伝えます。各ロジック単位はPREP法(Point-Reason-Example-Point)で説明しましょう。

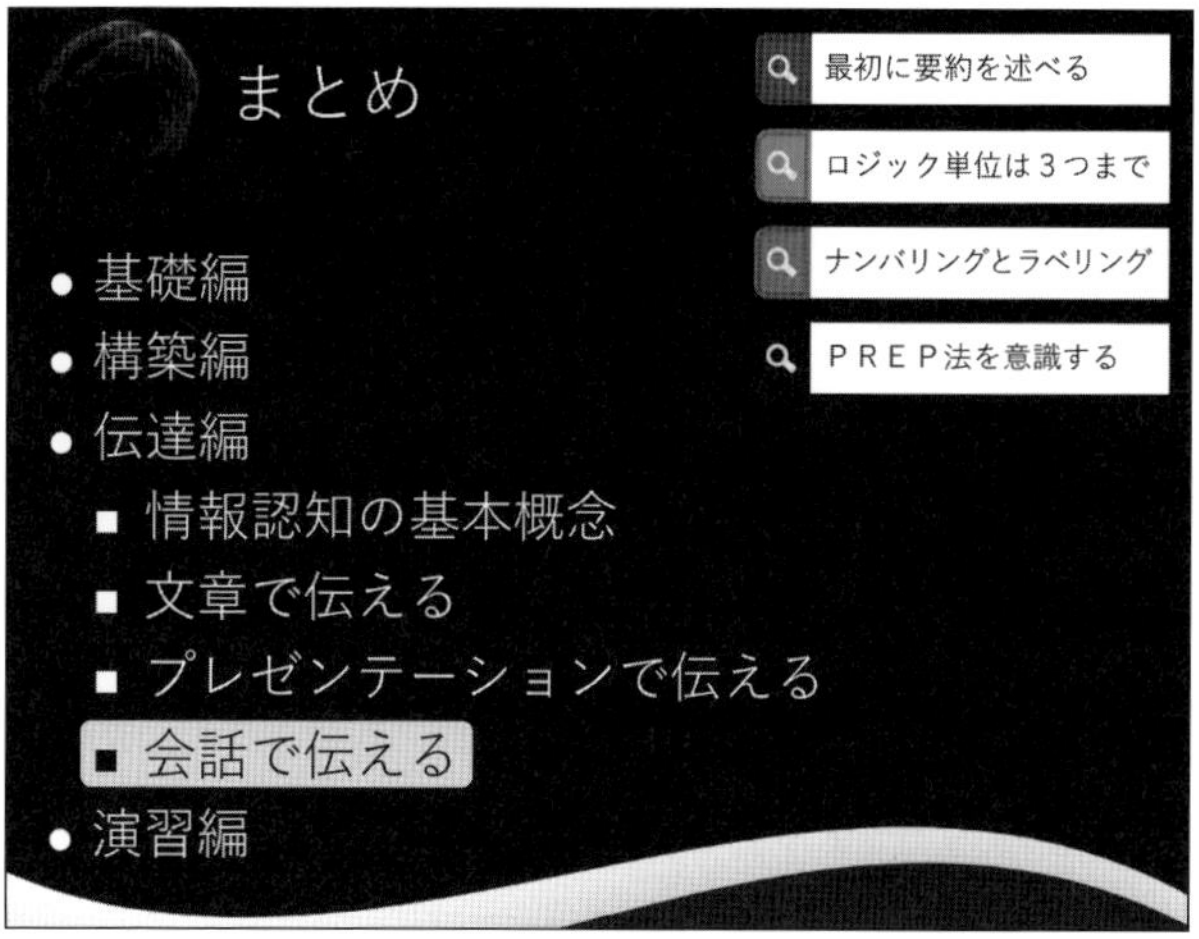

演習編

ロジックを
実際に
組んでみよう

基礎編 → 構築編 → 伝達編 → 演習編

目次

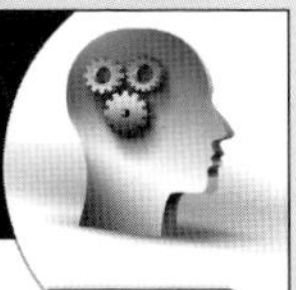

基礎編 → 構築編 → 伝達編 → 演習編

- 基礎編
- 構築編
- 伝達編
- 演習編
  - 新しいビジネスを提案する(文章)
  - 成功要因を分析する(プレゼン)
  - 新商品のマーケティング戦略を練る(文章)
  - 業界の課題と戦略を考察する(プレゼン)
  - 失われた20年を考察する(文章)

「知っている」や「理解できている」を、「できる」にするには、フィードバックが必要です。そこで、演習問題を解き、解説や解答を読んで確認するのです。この作業によって、自分の理解が正しいことや、自分ができることを確認するのです。

その演習では、文章やプレゼンテーション資料をゼロから作らなければなりません。書き直しではありません。なぜなら、ビジネスでは、整理できていない資料をもとにゼロから起こしているはずだからです。またときには、資料を自ら探してこなければならない場合もあるはずです。実践力を身に付けるには、ゼロから文章やプレゼンテーション資料を起こす演習が必要なのです。

演習のテーマが、自分のビジネスと関連する必要はありません。なぜなら、ロジック構築の基本はすべてのビジネスで共通だからです。あるビジネス特有のロジックなどはありません。

1

新しいビジネスを提案する

出題

あなたは、居酒屋をチェーン展開する企業の企画室に勤めています。自社では、絶えず新しい形態の店舗を出店すべく企画を練っています。そこであなたは、デパートや駅ナカの食品売り場で、アルコール飲料だけを提供する店舗を考えました。店舗は飲料だけを提供して、食品売り場の食品を購入して召し上がっていただくという形態です。次の資料をもとに、この新しい店舗戦略を説明する提案書（文書）を作成してください。本課題は、ロジック構築の演習なので、内容の妥当性は対象外です。また、資料の表現が、日本語として正しいとは限りません。

資料

あなたが勤める企業が展開している居酒屋チェーンは、業界第四位と、それなりの存在感は示しています。しかし、競争の激しい業界なので、顧客のニーズをうまくつかめば、数年で順位が大きく変動します。そこで、焼き鳥にこだわったり、七輪で焼いて楽しんだり、内装にこだわったりとかの工夫が見られます。

一方で、居酒屋だけに低価格が大前提です。したがって、基本的には薄利多売のビジネスモデルとなります。いかにコストを抑えるかは、最重要課題です。

どの居酒屋チェーンでも、食事は、焼き鳥と海鮮を中心に、お酒は定番をそろえるというメニューです。総合メニューを見比べれば、大差はありません。低コストが前提なだけに、差別化が難しい業界です。だからこそ、差別化に成功すると人気が出ます。

新たに料理メニューを加えるには、低コストで美味しい料理を考え出せばいいのではありません。安くて良質な食材の手配、料理器具や器の用意、店舗での料理に関するトレーニング、メニューの改版などもしなければなりません。多くの手間とコストがかかります。

居酒屋選びで重視することをアンケートで調査すると、次のような結果になります。

1. 味がよい　16・1%
2. 値段が安い　14・2%
3. メニューバリエーションが多い　11・7%
4. 店長・店員の態度に好感が持てる　7・8%
5. 生ビールがおいしい　5・3%
6. こだわりの料理がある　4・8%
7. 自宅に近い（自宅へ帰りやすい）　4・7%

8．コストパフォーマンスがよい　4・2％
9．静かなムードで落ち着ける　4・2％
10．座敷がある　4・1％

一方で、デパートの地下や駅ナカのように、お惣菜コーナーが集まっている場所があります。この料理をそのまま使えば、豊富な種類で美味しい食事が提供できます。自社の店舗では、飲料だけを提供すれば、キッチンシステムが不要になりますから、コストもスペースも節約できます。飲料だけの提供なので、店舗は一人でも回せます。

原価率は、料理の35％に比べて、飲料は25％程度です。提供するのに必要な人も飲料は料理の1／4です。さらに、食品ロスは、料理が32％に対して、飲料は3％です。

デパートの地下や駅ナカで惣菜を提供する店舗は、高いテナント料の回収に苦しんでいます。しかも、食品はその日に売り切らねばならないので、食品ロスの分も考慮しなければなりません。したがって、惣菜販売店の惣菜は比較的高額です。しかし、高額に感じるのは、自宅の夕飯と比較するからであって、居酒屋の料理と考えれば、決して高くはありません。自店舗がマージンさえ取らなければ、むしろ、安価と言えます。

料理を惣菜店から調達できれば、自社の店舗では飲料だけを提供すればよくなります。しかも、同じフロアに複数の惣菜販売店が集まっていますから、種類も豊富です。家庭向けと考えれば高額な惣菜も、居酒屋メニューならリーズナブルです。自社店舗は、飲料に特化できるので、こだわりの飲料を提供することで、さらに特色も出せます。

最近、クラフトビールがブームになっています。大手キリンも、スプリングバレーブルワリーというブランドで本格参入しています。一方で、日本のウィスキーは世界的に評価が高く、一部のブランドは手に入れにくい状況です。また、日本酒や焼酎には、こだわりの蔵元が多く存在します。

リカーショップのあるデパートや駅ナカなら、その店舗で販売している銘酒を提供することも考えられます。有料試飲のようなスタイルです。自社店舗で飲んで気に入っていただけたら、リカーショップでボトル買いしていただくような関係です。

料理は、直接、顧客が惣菜店で買って自社店舗に持ち込む方法が考えられます。スマートフォンアプリで、惣菜店に注文して、飲食を楽しんでいる顧客に運んでもらうこともできるでしょう。事前に予約して、来店と共に提供することもできます。

店舗の形態は、キッチンが不要なことと、高いテナント料を考えて、極めて狭いスペースがいいでしょう。カウンターに椅子が10席程度。スタッフは、飲料を提供する一人。顧客の滞在時間も1時間程度。アルコール飲料だけではなく、ソフトドリンクも充実させて、日中からの開店も考えられます。

解答例

序

居酒屋業界の厳しい競争の中、新しい形態の店舗を展開することが求められています。そこで、料理を提供しない新店舗を考案しました。

概要

デパ地下や駅ナカで、料理は惣菜をアウトソーシングすることで、飲料だけを提供する新店舗を提案します。この店舗には以下のような特徴があります。

- 設備や材料費のかかる料理の提供をやめるので、大幅なコストカットができる
- 特徴の出しにくい居酒屋業界で、料理と飲料の両方で特徴が出せる
- 有料試飲・試食会場の役割によって、パートナーとの相乗効果を期待できる

註：ここまでが要約です。「序」で背景や遂行業務を紹介します。背景は、不要なら省略してもかまいません。「概要」では、結論の文を述べた後、重要な情報を、3つを基本に紹介します。ですから、「概要」は4文を目安とします。

現状

お客様は、居酒屋に味と低価格と豊富なメニューを求めています（次のアンケート結果を参照：図表は省略）。

註：各論のロジック構成では縦と横を意識します。このケースでは、現状―問題―提案―効果―収益予想という縦の流れを作っています。

註：各論のパラグラフはすべて、PREP法で説明します。最初にP（Point）であるトピックセンテンスを述べ、その後、R（Reason）やE（Example, Evidence, Explanation）を述べます。Evidenceを図表で示すなら、このパラグラフのように、文はトピックセンテンスだけでもかまいません。

問題

しかし、自社だけでこのニーズに応えようとすれば、どの居酒屋もおおむね同じサービスとなります。なぜなら、低価格という制限で、味と豊富なメニューを実現するには限界があるからです。たとえば、どの居酒屋チェーンでも、食事は焼き鳥と海鮮を中心に、お酒は定番を各種そろえることになります。総合メニューを見比べれば、どの居酒屋チェーンも大差はありません。

註：前のパラグラフ同様、PREP法で説明します。最初にP（Point）であるトピックセンテンスを述べ、その後、R（Reason）やE（Example, Evidence, Explanation）を述べます。これ以降も同様に各論のパラグラフは、PREP法で展開します。

提案

そこで、デパ地下や駅ナカで、飲料だけを提供する新店舗を提案します。料理は、デパ地下や駅ナカの惣菜店からの持ち込みとします。あるいは、その場で惣菜店にスマホアプリでオーダーします。店舗は、キッチンが不要なことと、テナント料が高いことを考えて、極めて狭いスペースとします。たとえば、カウンターに椅子が10席程度です。壁のない開放的なスペースとします。さらに、女性が一人でも気軽に楽しめるよう、居酒屋というよりバーのような内装とします。スタッフは、飲料を提供する一人です。お客様の滞在時間は、1時間程度を想定しています。デパ地下や駅ナカの営業時間も考慮して、日中からの開店も視野に入れます。

効果

この新店舗には以下の3つの効果が期待できます。

● 大幅なコストカット
● 特徴のある料理と飲料の提供
● デパ地下や駅ナカ店舗との相乗効果

註：この「効果」は階層なので、階層の要約から始めます。

効果1：コスト

コストのかかる料理の提供をやめるので、大幅なコストカットが期待できます。料理と飲料を比べると、原価率、提供するのに必要な工数、食品ロスのいずれも飲料が少なくて済みます（次表参照：表は省略）。さらに、料理を提供する場合、キッチンの設備はもちろん、キッチンスペースにもコストはかかります。メニューの開発にもコストがかかります。これらのコストすべてを考慮すると、利益率は料理が5%なのに対して、飲料は35%と大きな差となります（次表参照：表は省略）。

効果2：特徴

料理をアウトソーシングするので、料理と飲料の両方で特徴が出せます。

註：この「効果2」も階層なので、階層の要約から始めます。

デパ地下や駅ナカの惣菜店の料理なら、豊富で美味しい料理が比較的安価に楽しめます。デパ地下や駅ナカには惣菜店が複数あるのでメニューが豊富に用意できます。さらに惣菜店は、高いテナント料を回収するために、高額でも売れる、美味しく、オシャレで、家庭では作りにくい料理を提供してくれます。さらに、家庭用惣菜としては高額でも、アルコールをたしなむ飲食店の料理としてはリーズナブルです。

自店舗は飲料に特化できるので、豊富な種類を用意できます。従来店舗では、料理の提供にスタッフの手が取られていました。しかし、新店舗なら、スタッフは飲料をつぐだけになるので、多くの種類の飲料を用意できます。たとえば、クラフトビールや評判の高い高価なウィスキー、手に入れにくい日本酒などです。さらには、飲み比べなどのメニューも提供できやすくなります。

効果3：相乗効果

新店舗が、有料の試飲・試食会場になるので、協力店舗との相乗効果も期待できます。新店舗で、惣菜店の料理を食べて気に入れば、帰りに惣菜店でその料理を買って帰るお客様も出てきます。同様に、初めて飲んだ飲料が気に入れば、帰りにデパ地下や駅ナカのリカーショップでボトル買いをするお客様もいるでしょう。逆に、気になっていた惣菜店の料理やリカーショップの飲料を、新店舗で試してみるお客様も出てくるでしょう。このように、新店舗と、デパ地下や駅ナカの惣菜店やリカーショップで相乗効果が期待できます。

収益予想

新店舗の収益を、八王子駅の駅ナカに出店したと想定して予想したところ、○○円／月の利益となりました（次表参照：表は省略）。

まとめ

以上のように、デパ地下や駅ナカで、惣菜店の料理を活用した、飲料だけを提供する新店舗を提案します。この新店舗には以下の3つの効果が期待できます。

- 大幅なコストカット
- 特徴のある料理と飲料の提供
- デパ地下や駅ナカ店舗との相乗効果

注：最後に、まとめ（＝結論）を述べます。これまで述べてきた内容をまとめます。したがって、まとめの内容は、要約と同じです。重要な情報が最初と最後で変わることはありません。

2

成功要因を分析する

出題

あなたは、地方のある県の自治体で、地元の中小企業活性化の仕事をしています。その仕事をしている中で、岩手県の「南部美人」という日本酒が、アメリカで成功していることを知りました。そこで、地元の中小企業が海外進出する参考のために、「南部美人」の成功要因を分析しようと考えました。次の資料から、「南部美人」の成功要因を説明するプレゼンテーション資料を作成してください。本課題は、ロジック構築の演習なので、内容の妥当性は対象外です。

資料

会社の概要

会社名：株式会社 南部美人
所在地：岩手県二戸市福岡上町13
代表者：代表取締役社長　久慈浩介
事業内容：清酒・リキュールの製造・販売

創業：1902年（明治35年）
資本金：2000万円
従業員：43人（2021年4月時点）

中小企業が海外進出するにあたって、最大の問題は、経営資源もなく販売チャネルもないことです。しかし、資本金が2000万円、従業員が50人にも満たない中小企業でありながら、「南部美人」は、世界53の国や地域に輸出されています（2021年3月時点）。

日本一の市販酒を決める「サケコンペティション」にて、発泡清酒部門で2017年と2018年に「南部美人　あわさけ　スパークリング」が1位を、純米大吟醸部門でも2017年と2018年に「南部美人　結の香」「南部美人　純米大吟醸」が1位を獲得しました。

世界的なワインの品評会IWC（インターナショナル・ワイン・チャレンジ）2017のSAKE部門で、「南部美人　特別純米酒」が世界一の「チャンピオン・サケ」を獲得しました。

米国にある日本食レストラン数は、2010年の1万4129店から、2018年には1万8600店と31・6％も増加しました（「平成30年度米国における日本食レストラン動向調査」　日本貿易振興機構）。

清酒の製造免許場数は、ピークである1970年の3533から減り続け、2018年には

1378と1／3近くまで減ってしまいました。多くの蔵元が廃業の危機にあります。一方で、2020年度の清酒輸出総額は、約241億円で、昨対比103・1％と、11年連続過去最高記録を達成しました。（日本酒造組合中央会の発表）

また、清酒だけではなく、日本のウィスキーも世界的に高い評価を受けています。たとえば、World Whiskies Awards 2021では、ワールドベスト・ブレンデッドウイスキー・リミテッドリリース部門で、日本の「イチローズモルト」が最高賞を受賞しています。日本ウィスキーの多くの高級ブランドが品薄状態になっています。

従来、小さな蔵元が、日本酒を海外に売り込むには、商社の協力を得ていました。商社は、日本人がよく行くような店に、日本人駐在員を対象に販売しました。しかし、これだと、知名度のある大手清酒メーカーの清酒ばかりが売れて、無名の蔵元の商品は売れませんでした。

一方で、米国人向けの日本食レストランなら、日本における知名度は関係ありません。清酒の味や香りで勝負ができます。米国では日本と違い、問屋（商社）の先は、酒販店より飲食店が多いので、商社を介さずに、自らレストランと取り引きし始めたのでした。

ワインがブドウの種類や産地、ワイナリーで香りや味が違うように、高品質な特別純米酒は、米の種類や産地、酒蔵、製法で香りや味が違います。しかも、その違いがワイン以上にはっきりと分かります。その結果、米と麹、水だけが原料なのに、「なぜフルーツの香りがするのか」

という感想を生みます。日本酒はグルテンフリーなうえ、日本食と合わせるので健康的です。ワイン通がワインの話をしたがるのと同じように、そのお酒にストーリーがあれば、知識層の意識をくすぐります。日本酒は、ワインと同様に知的な飲み物というイメージです。日本なら、2000円前後で販売されている720㎖のボトルが、米国では30～35ドル程度で小売りされています。この値段なら、レストランで60～70ドル程度です。中クラスのワインとほぼ同等であるので、富裕層から見ればリーズナブルと言えます。

提供先の日本食レストランは、商社任せではなく、南部美人が1軒1軒開拓しています。ワインや和食を好むような富裕層や知識層に合わせて、ニューヨークやロサンゼルスの日本食レストランが中心です。都市部に居住している確率の高い富裕層にとって、大都市にあるレストランは手軽に通えます。一方で、駐在日本人、観光客はターゲットとして考えていません。

「南部」は固有名詞なので、本来なら英語でNanbu Beautyです。そこを、あえて直訳調の名前にしました。Southern Beautyは、同名の小説や映画があります。また、化粧品のブランドもあります。日本酒の気品のある味や芳醇な味を連想させるのにぴったりのネーミングです。

Southern Beautyを提供するレストランなら、店員に日本酒の知識があり、相性のいい料理を推奨してくれます。このレストランに行けば、美味しい日本酒が楽しめるという信頼が、Southern Beautyというブランドを高めています。

解答例

表紙の次、つまり2枚目のスライドは要約です。要約は、基本として、結論の文（1つの文）と重要な情報を3つ（3つの文）で構成します。いずれも、可能な限り短くまとめます。話したときに30秒程度で終われることを意識しましょう。ここで、ダラダラ話してはいけません。ダラダラ長くなると、「いいから本題に入れ」と言われかねません。

また、話さないことをスライドに書き加えてもいけません。

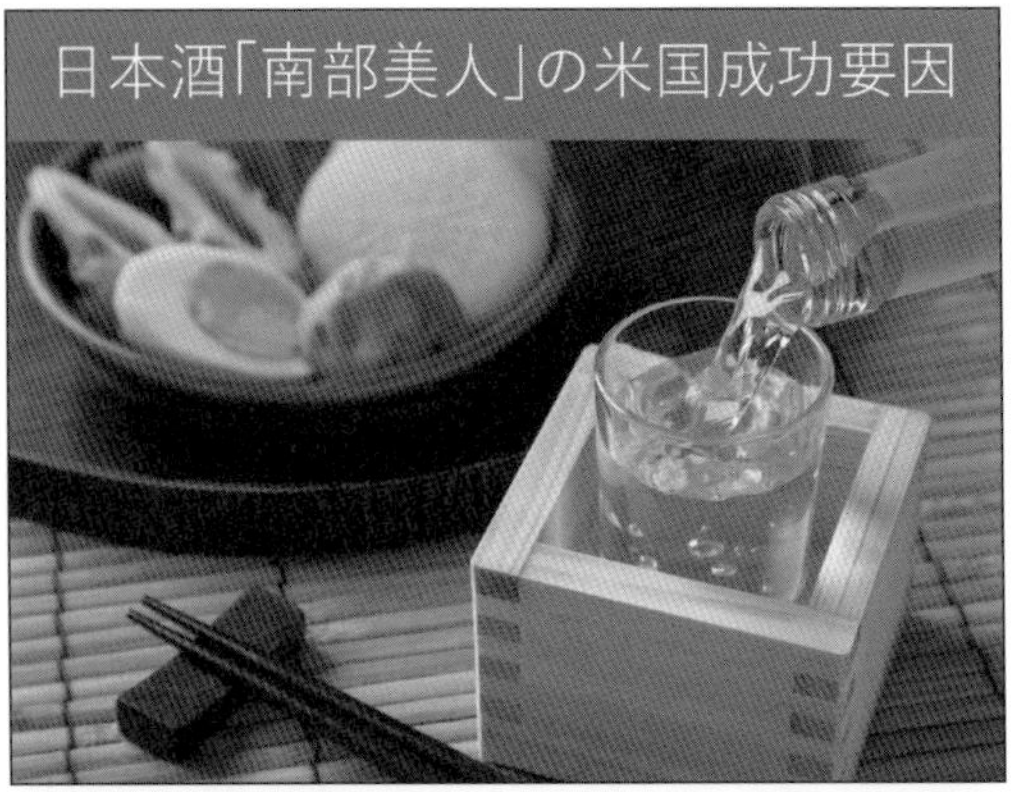
日本酒「南部美人」の米国成功要因

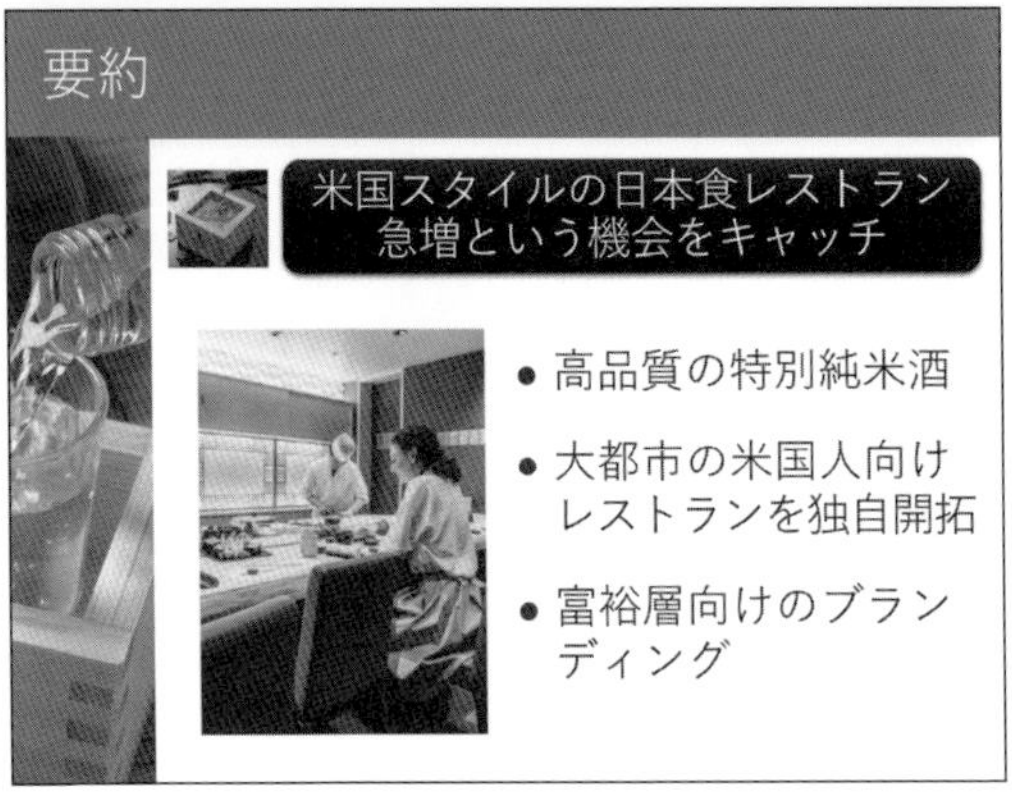
要約
米国スタイルの日本食レストラン
急増という機会をキャッチ
● 高品質の特別純米酒
● 大都市の米国人向け
レストランを独自開拓
● 富裕層向けのブラン
ディング

３枚目のスライドが目次です。目次は、３～５項目で組みます（「ロジック単位は３、５、７で」93ページ参照）。見せるのは、第一階層だけです。第二階層まで見せると情報が多すぎてロジックが把握できません。

目次は見せるだけではなく、簡単でいいので説明しなければなりません。どんなロジック構成で説明するのかを聴衆に伝えましょう。説明は短く、１項目１文を目安とします。長々説明すると、「いいから本題に入れ」と言われかねません。

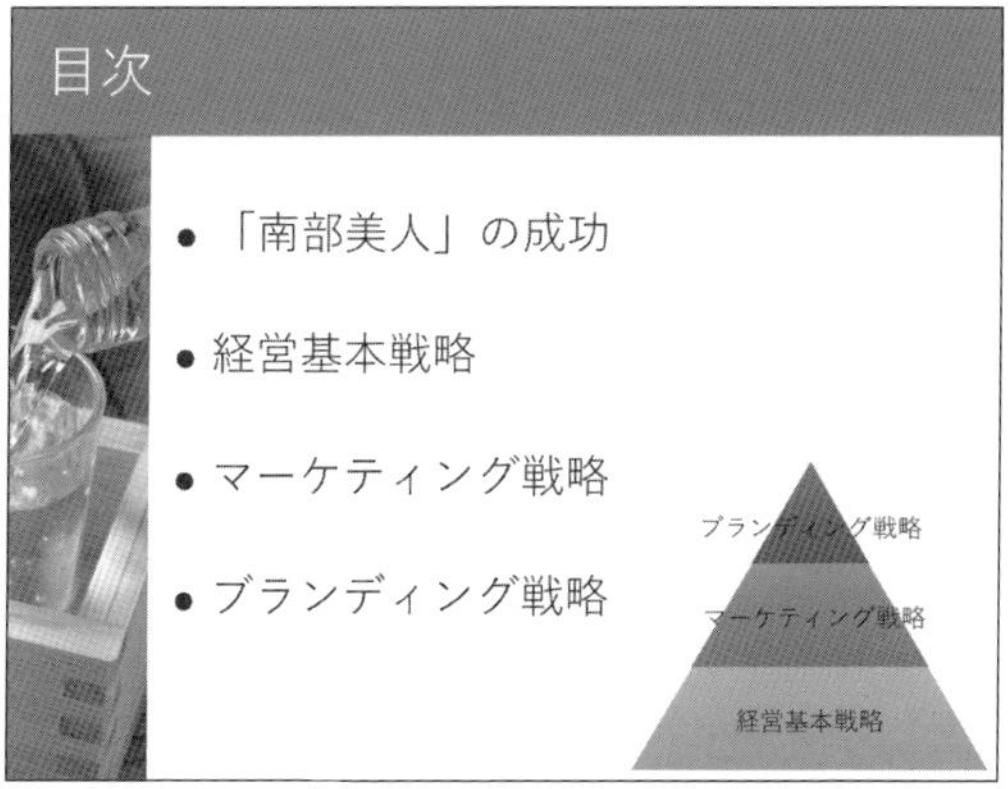

目次は、必ず目次項目が縦つながりか横並びかを言葉で伝えましょう。たとえば、このロジックは縦につなげて組んだので、次のような説明となります。

まず、南部美人のアメリカにおける成功を紹介します。次に、その成功のベースとなっている経営基本戦略を分析します。さらに、その基本戦略に基づいたマーケティング戦略を分析します。最後に、マーケティング戦略から実現されているブランディング戦略について分析します。

各論では、目次項目が動くたびに目次を出し直します（左上と左下のスライドを参照）。このとき、この後に説明する項目をハイライトしておきます。こうすることで、聴衆にロジックを再確認させつつ、現在位置を知らせます（「階層でも要約を述べる」213ページ参照）。

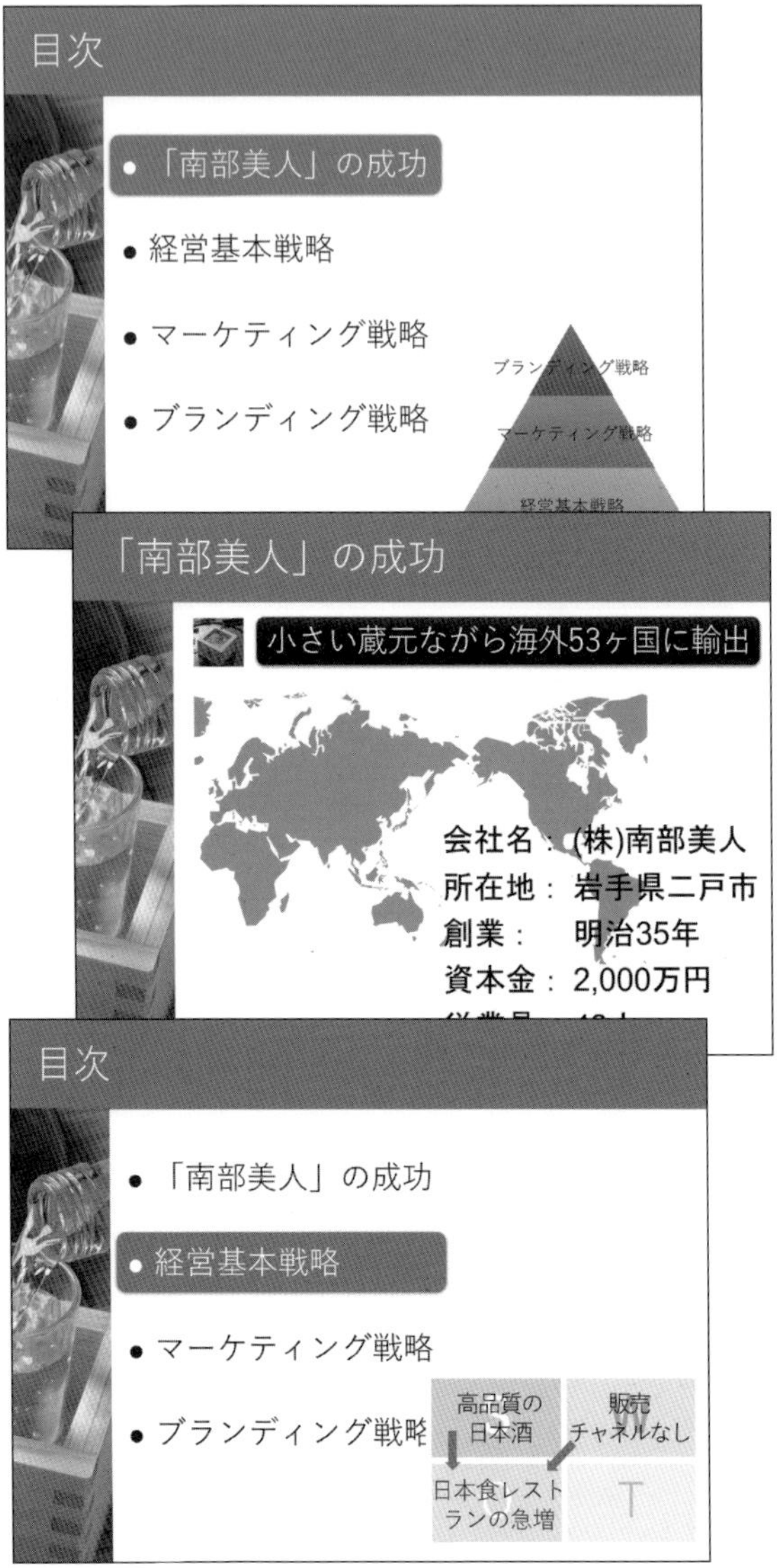

目次を出し直すとき、必要に応じてその階層の要約を述べます。要約は、目次スライドの右側に図解（前ページの下のスライドを参照）しておきます。言葉による説明は、２文を目安にしましょう。たとえば、前ページの下のスライドなら、次のようになります。

次に「南部美人」を成功に導いた経営基本戦略を分析しました。その結果、高品質の日本酒という強みを活かし、販売チャネルがないという弱みを克服することで、アメリカにおける日本食レストラン急増という機会を捉えていることが分かりました。

各論のスライドは、PREP法で構成します。そこで、詳細説明のスライドでは、先頭でP（Point）を表記して（前ページの中央のスライドを参照）、まずこのポイントを述べます。このポイントの文は、１行を目安に短く表記します。次に、R（Reason）か、E（Example, Evidence, Explanation）を表記します。前ページの中央のスライドでは、世界地図だけが掲載されていますが、実際には、輸出している国をハイライトしたEvidenceにします。また、「小さい蔵元」もEvidenceで証明しています。これらのEvidenceを説明した後、最後にポイントの文を繰り返して次のスライドへ移ります。

各論のスライドは、シンプルに作ります。本当に必要なR（Reason）か、E（Example, Evidence, Explanation）だけを掲載しましょう。多く載せれば載せるほど、理解できなくなります。ReasonやExplanationも、可能な限り短い文かフレーズにします。

目次で階層の要約を述べた後は、その要約にしたがって詳細説明します。先のスライドの例なら、アメリカにおける日本食レストラン急増、高品質の日本酒という強み、販売チャネルがないという弱みの克服を中心に説明します。いずれもＰＲＥＰ法を意識します。

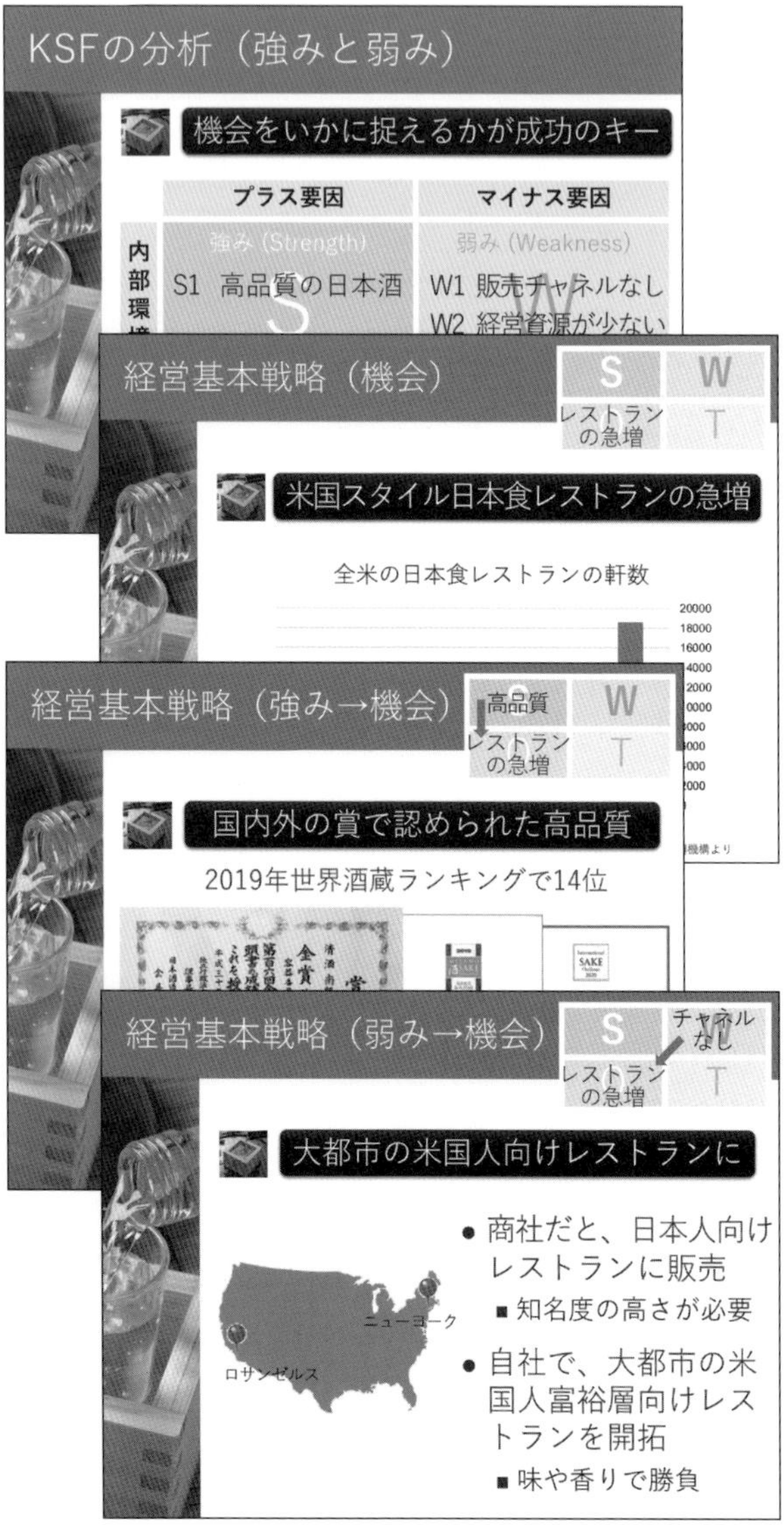

階層の中でも、縦つながりと横並びは意識します。このケースでは、マーケティング戦略を、既存のフレームワークである4Pという横並びで説明しています。4Pとは、Product（商品）、Place（流通）、Price（価格）、Promotion（販促）です。

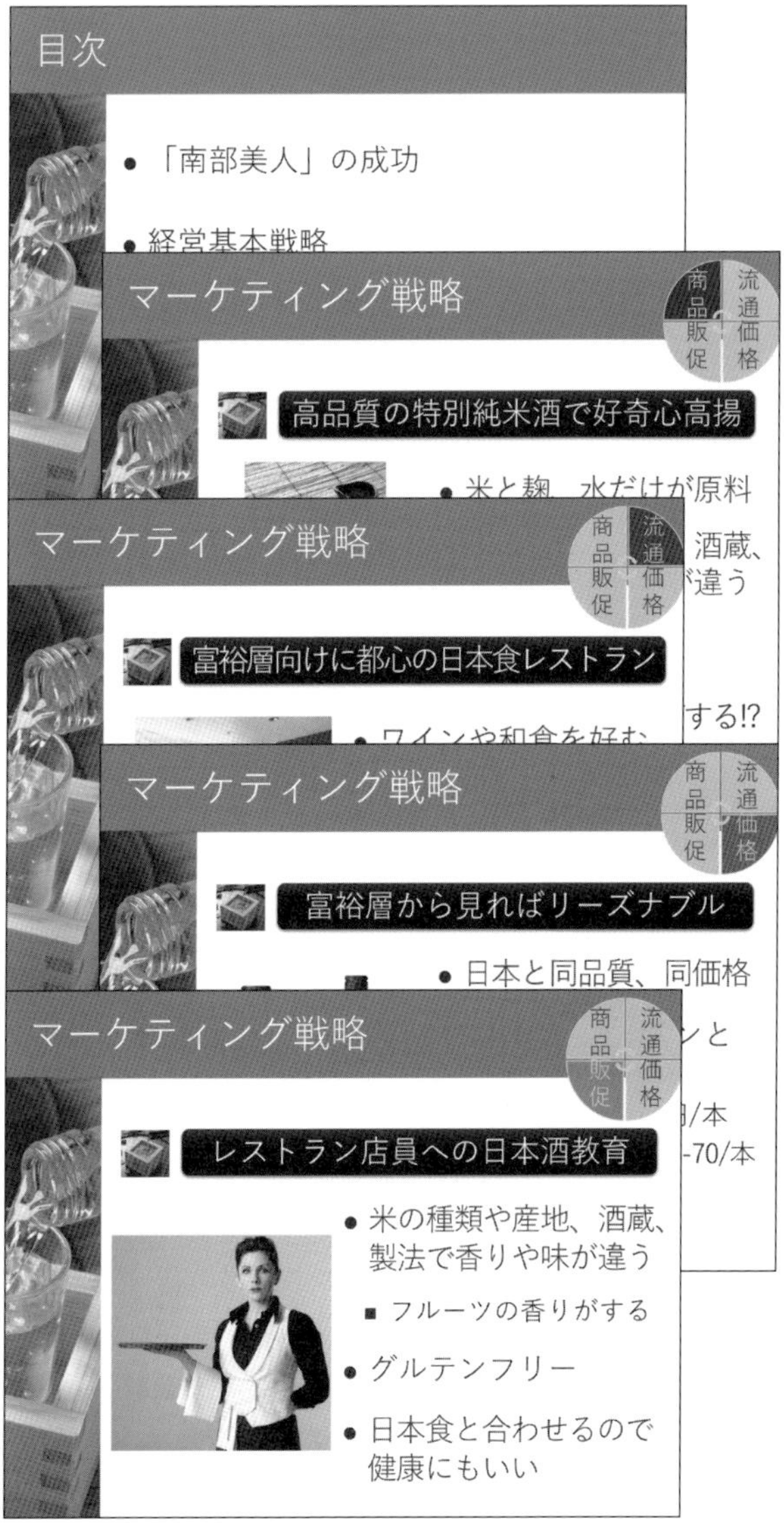
目次
「南部美人」の成功
マーケティング戦略
商品
流通
価格
販促
高品質の特別純米酒で好奇心高揚
マーケティング戦略
富裕層向けに都心の日本食レストラン
マーケティング戦略
富裕層から見ればリーズナブル
日本と同品質、同価格
マーケティング戦略
レストラン店員への日本酒教育
米の種類や産地、酒蔵、製法で香りや味が違う
フルーツの香りがする
グルテンフリー
日本食と合わせるので健康にもいい

同様に、ブランディング戦略も、横に並べてフレームワークで説明しています。このケースでは、有名な経営学者であるコトラーの説「マーケティング4.0」を簡略化して、ブランドの主張、イメージ、信頼というフレームワークを使っています。

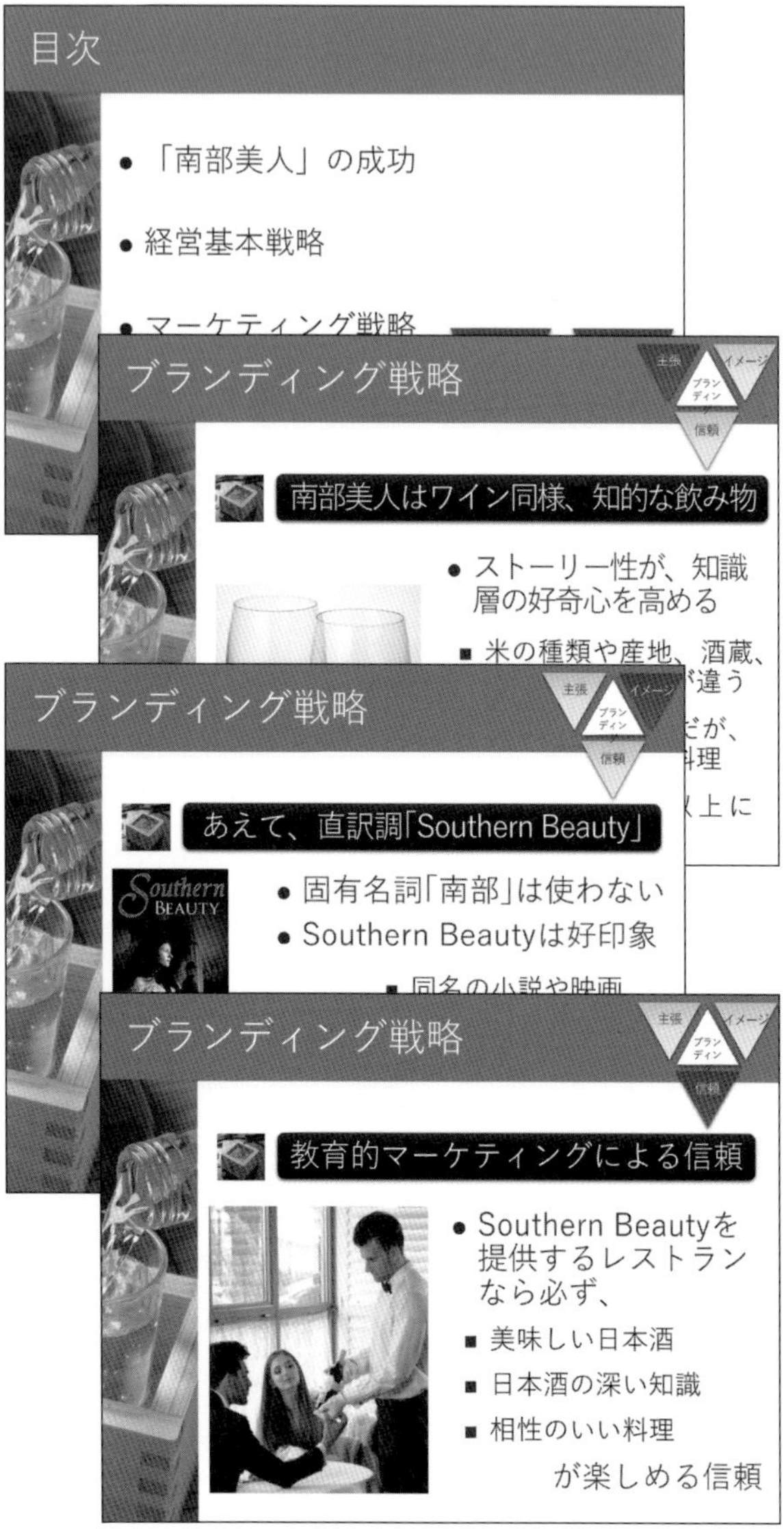
目次
「南部美人」の成功
経営基本戦略
ブランディング戦略
主張
イメージ
ブランディン
信頼
南部美人はワイン同様、知的な飲み物
ストーリー性が、知識層の好奇心を高める
米の種類や産地、酒蔵、
ブランディング戦略
あえて、直訳調「Southern Beauty」
Southern BEAUTY
固有名詞「南部」は使わない
Southern Beautyは好印象
ブランディング戦略
教育的マーケティングによる信頼
Southern Beautyを提供するレストランなら必ず、
美味しい日本酒
日本酒の深い知識
相性のいい料理
が楽しめる信頼

階層の中での説明では、階層の先頭で述べた要約のどの部分を説明しているかをスライドに明示します（「全体の中のいくつ目かを示す」２２９ページ参照）。具体的には、要約で使った絵を、詳細説明のスライドの右上になど、邪魔にならない部分に再掲示したうえで、説明している部分だけをハイライトしましょう。この工夫によって、聴衆は「４つあるうちの２つ目の説明だ」と理解できます。聴衆は、要約で述べたことを忘れてしまうものです。プレゼンターが明示しましょう。

最後に、まとめである結論を述べます。まとめは、２枚目の要約のスライドをそのまま活用します。最も伝えたいことは、プレゼンテーションの最初と最後で変わるはずがありません。同じ内容を述べるのです。結論のスライドを別に作ろうとすると、２枚目の要約のスライドと内容の不一致が生じることがあります。

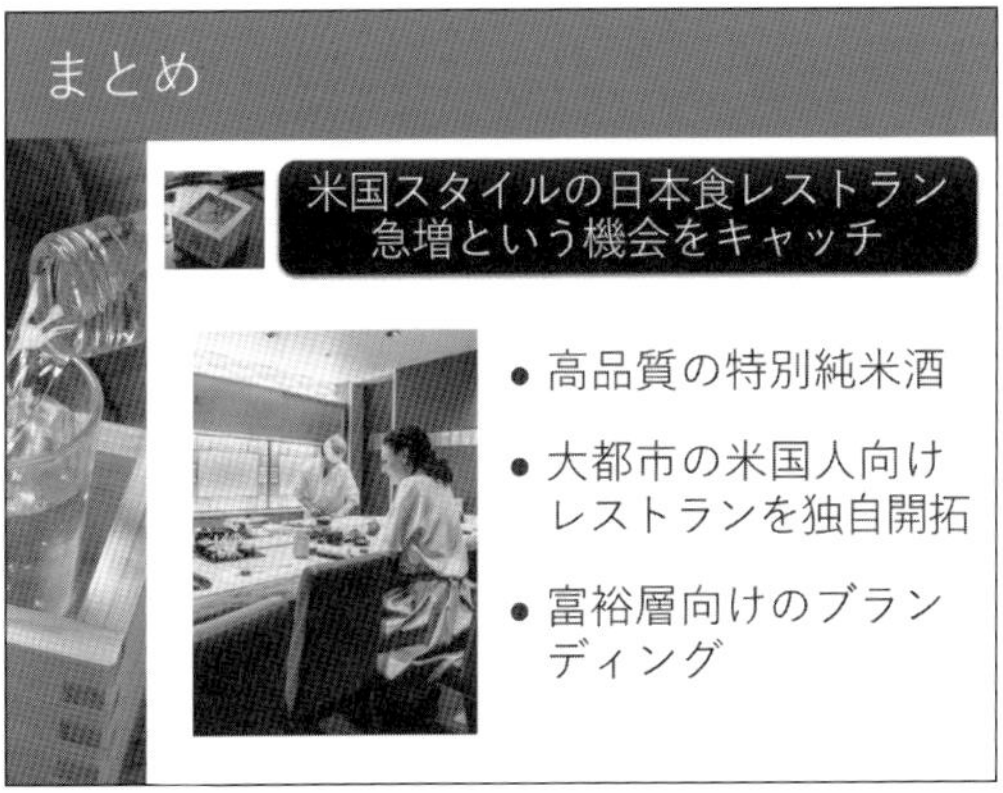
まとめ
米国スタイルの日本食レストラン
急増という機会をキャッチ
高品質の特別純米酒
大都市の米国人向け
レストランを独自開拓
富裕層向けのブラン
ディング

3 新商品のマーケティング戦略を練る

出題

あなたは、緑茶の栽培から商品開発までを手がける静岡県の会社に勤めています。会社では、新たに考案した緑茶製品を、海外で販売しようと検討しています。あなたは、その製品をフランスで売り出すことを考えました。そこで、関係各部門の意見を伺いたいと思っています。次の資料から、新商品を紹介し、フランスで売り出すマーケティング戦略を説明する社内文章を作成してください。本課題は、ロジック構築の演習なので、内容の妥当性は対象外です。また、資料の表現が、日本語として正しいとは限りません。

資料

新たに考案した緑茶製品4種類です（次ページ下の図参照）。いずれも、富士山に模した器に入れた緑茶です。日本の四季を強調するために、内容もネーミングも四季に合わせます。

花見：抹茶を桜の容器に

月見：玉露を月見草の容器に

千代見：煎茶を菊の容器に

富士見：かぶせ茶を茶の花の容器に

駿河漆器に、この緑茶と緑茶関連製品を一緒に入れます。緑茶関連製品とは、茶筅と茶杓、小型石臼などです。この駿河漆器の上蓋には、富士山をモチーフにした葛飾北斎の浮世絵（左図）を描きます。さらに全体を、同じ浮世絵を描いた風呂敷で包みます。このパーケージを販売単位とします。

パッケージは複数を作ります。1つは、「赤富士」（Rouge Fuji）とし、使用後にコーヒーカップになる茶筒（下図の小型版）と茶筅、茶杓のセットです。茶筅と茶杓の美しい造形を、美術好きのフランス人にアピールします。もう1つは、「浪裏」（Vague & Fuji）とし、使用後にキャニスターになる茶筒（右図の大型版）と抹茶もコーヒーも挽ける石臼のセットです。コーヒーにも使えるので、末永く愛用できます。

緑茶、富士山、駿河漆器を合わせたこの商品をフランス

で売り出します。漆器に表現された四季のパッケージデザインで知覚にアピールします。また、日本茶&富士山&漆器という競合品にない特徴で関与を高めます。「Thé japonais sur le mont Fuji」（富士山で日本茶）と名付けました。

フランスでは、2018年に、パリを中心に「ジャポニスム2018」が開催されました。「ジャポニスム2018」では、公式企画、特別企画、参加企画を合わせた総動員数が300万人を超えました。展覧会のみの動員数も100万人を突破しました。大成功を収めたのです。

2012年7月4日に発表された「海外16地域で日本のイメージや興味・関心を調査」（株式会社電通）では、「伝統文化」を1位に挙げたのは、16地域中、フランスとドイツだけでした。また、「旅行年報2017」（公益財団法人日本交通公社）によると、フランス人の好きな日本産食材・日本料理は、1位がお米で、2位が緑茶でした。文化庁の委託調査「日本のアート産業に関する市場レポート2017」によると、フランスは、中国に次いで、日本の美術品を多く輸入しています。

Googleで"japonais""mont Fuji"と検索すると、ヒット数は6720件のみです。その画像を調べると、ほとんどが湯飲みと富士山の組み合わせです。フランスでは、緑茶と富士山の組み合わせ商品がほぼないことが分かります。

モネ、ティソ、ゴッホ、ルノアールといった画家たちは、日本をモチーフにした絵画を描いています。そこで、フランスに売り込むにあたり、Japonismeの印象派絵画と一緒に商品を提示します。フランス人にとってなじみ深い伝統的文化という快い刺激と商品を結びつけることにより好意的な態度の形成を狙います。

たとえば、フランスの美術雑誌（〝ART & Design〟など）に、日本をモチーフにした印象派絵画と一緒に、広告を出します。「日本文化は、ルノアールの時代から「Cool」だから、「Cool Japonを生活に取り込む自分もCool」という誘導です。同様に、Japonismeの印象派絵画・画家を扱ったネットサイトにも広告を出します。あるいは、日本のインバウンド向けホームページ（仏語版）でも広告します。

展示販売では、ルーブル美術館地下にあるショッピングモール（Carrousel du Louvre）の雑貨ショップでの販売を働きかけます。もちろん、ネットでも販売します。

文化に対して敬意を払い、お金を惜しまない人間だと示したいと考える富裕層をターゲットにしています。フランス人は、文化や芸術にお金を惜しまない傾向が高いことは、データでも示されているのです。

したがって、本製品は、日常的に使うというよりは、ホームパーティなどで招待者を驚かせたい、自慢したいというニーズを考えています。価格はやや高めに設定しました。€８００／セットです。

解答例

序

当社では、緑茶製品を海外で販売しようと検討してきました。そこで、新たに考案した製品とマーケティング戦略について、各担当部門のご意見を賜りたく存じます。つきましては、考案した緑茶製品を紹介し、ターゲットであるフランスでのマーケティング戦略を説明します。

概要

新製品は、緑茶を富士山に模した器に入れ、他の緑茶製品と一緒に、浮世絵をデザインした駿河漆器に収めたセットです。この商品を次の戦略で売り出すことを考えています。

Product：日本茶&富士山&漆器という日本文化をアピールできる組み合わせを
Place：日本文化に興味が高いフランスで
Promotion：印象派画家の描いた日本をモチーフにした絵画と並べて
Price：€800／セット（やや高め）

註：ここまでが要約です。「序」で背景や必要性、遂行業務を紹介します。背景は、不要なら省略してもかまいません。「概要」では、結論の文を述べた後、重要な情報を、3つを基本に紹介します。今回は4つとしました。

註：重要な情報を4つにした理由は、マーケティングの4Pという有名なフレームワークを使っているからです。この4つは重要な順に横に並んでいます。各論は、この4つを詳しく説明します。

Product（何を）

本製品のベースは、富士山に模した器に入れた緑茶です。この緑茶を、他の緑茶製品と一緒に、浮世絵をデザインした駿河漆器に入れてセットにします。このセットを、2つのバリエーションで用意します。

註：このパラグラフは、「Product」という階層の要約です。

註：階層の中のパラグラフは多くても5つとします。思考単位を同時に多く見せるとロジックがつかめません。ここでは、器—緑茶—駿河漆器—セット内容と、4つを縦につなげています。パラグラフを縦につなぐときは、各パラグラフのトピックセンテンスが、A—B、B—C、C—Dとつながるかを意識します。

富士山を模した器は、日本の四季に応じて4種類（下図参照：図は省略）、大きさを大小の2種類で用意します。大きな器は、金属製とすることで、緑茶を飲みきった後、コーヒー豆などのキャニスターに使えるようにします。一方、小さな器は、陶器製とすることで、緑茶はもちろん、他の飲料にも活用できるようにします。

註：各論のパラグラフはすべて、PREP法で説明します。最初にP（Point）であるトピックセンテンスを述べ、その後、R（Reason）やE（Example, Evidence, Explanation）を述べます。特に、Evidenceとして図やグラフなどを引用すると論理性が高まります。

この器に入れる緑茶も、日本の四季と器に合わせて4種類で1組とします。4種類それぞれ、内容もネーミングも、次のように四季に合わせます。

花見：抹茶を桜の容器に
月見：玉露を月見草の容器に
千代見：煎茶を菊の容器に
富士見：かぶせ茶を茶の花の容器に

この緑茶製品を、上蓋に富士山をモチーフにした葛飾北斎の浮世絵を描いた駿河漆器でパッケージングします。具体的には、有名な「赤富士」と「浪裏」です。日本を代表する絵画で、顧客の視線を奪います。さらに、この駿河漆器を、同じ柄の風呂敷で包んで提供します。

このパッケージセットは、「赤富士」と「浪裏」の2つのセットを用意します。「赤富士」(Rouge Fuji）は、使用後にコーヒーカップになる茶筒（小型の器）と茶筅、茶杓のセットです。茶筅と茶杓の美しい造形を、美術好きのフランス人にアピールします。「浪裏」（Vague & Fuji）は、使用後にキャニスターになる茶筒（大型の器）と抹茶もコーヒーも挽ける石臼のセットです。コーヒーにも使えるので、末永く愛用できます。

Place（どこで）

顧客ターゲットは、日本文化に興味があり、しかも緑茶好きであるフランスとしました。また、フランスでは、緑茶と富士山を組み合わせた製品がほとんどないため、他社に先駆けた製品ともなります。

註：このパラグラフは、「Place」という階層の要約です。

註：階層では、3つのパラグラフが横に並んでいます。

フランス人は、世界でも最も日本文化に興味が高い国の1つです。たとえば、2018年に、パリを中心に開催された「ジャポニスム2018」では、公式企画、特別企画、参加企画を合わせた総動員数が300万人を超えました。あるいは、「海外16地域で日本のイメージや興味・関心を調査」（株式会社電通）によると、「伝統文化」を1位に挙げたのは、16地域中、フランスとドイツだけでした。文化庁の委託調査「日本のアート産業に関する市場レポート2017」によると、フランスは、中国に次いで、日本の美術品を多く輸入しています。

註：各論のパラグラフはすべて、ＰＲＥＰ法で説明します。最初にＰ（Point）であるトピックセンテンスを述べ、その後、Ｒ（Reason）やＥ（Example, Evidence, Explanation）を述べます。ここでは、Evidenceを付録として添付すると、説得力が上がります。

さらに、**フランス人は緑茶好きでもあります**。たとえば、「旅行年報２０１７」（公益財団法人日本交通公社）によると、フランス人の好きな日本産食材・日本料理は、緑茶が、62・７％でお米に次ぐ2位でした。緑茶にこれほど高い関心を持つのは、欧米ではフランスだけです（別紙の資料参照：資料は省略）。

フランスでは、緑茶と富士山の組み合わせ商品は斬新で特徴的です。Googleで"japonais" "mont Fuji" と検索すると、ヒット数は６７２０件のみです。その画像を調べると、ほとんどが湯飲みと富士山の組み合わせです。紹介した商品であれば、フランス人の目を引きやすいと考えられます。

Promotion（どうやって）

本商品を、日本をモチーフにした印象派絵画と一緒に提示することで、美術に関心のある知識層や富裕層に宣伝します。

註：このパラグラフは、「Promotion」という階層の要約です。

註：階層では、２つのパラグラフが縦につながっています。パラグラフを縦につなぐときは、各パラグラフのトピックセンテンスが、A—B、B—C、C—Dとつながるかを意識します。

フランス人の知識層は、印象派の絵画によって、古くから日本文化に親しんでいます。印象派の画家たち（モネ、ティソ、ゴッホ、ルノアール）は、Japonismeとして、日本をモチーフにした絵画を多く描いています（資料参照：資料は省略）。フランス人にとってなじみ深い伝統的文化という快い刺激と結びつけることにより好意的な態度の形成を狙います。

註：各論のパラグラフはすべて、PREP法で説明します。最初にP（Point）であるトピックセンテンスを述べ、その後、R（Reason）やE（Example, Evidence, Explanation）を述べます。特に、Evidenceとして図やグラフなどを引用すると論理性が高まります。

そこで、印象派絵画が好きそうな知識人が訪れそうな場所で、日本文化を描いた印象派絵画と一緒に提示することで宣伝します。フランスの美術雑誌〝ART & Design〟や印象派絵画・画家を扱ったサイトに、Japonisme絵画を背景に広告を出します（広告例参照：例は省略）。一方、対面販売であれば、美術館に併設されているショップでの販売を働きかけます。たとえば、ルーブル美術館地下にあるショッピングモール（Carrousel du Louvre）の雑貨ショップなどです。この宣伝は、「日本文化は、ルノアールの時代からCool」だから、「Cool Japonを生活に取り込む自分もCool」という誘導です。

Price（いくらで）

価格は、€800／セットとやや高めに設定しました。なぜなら、ターゲットである知識層・富裕層は、文化に対して敬意を払い、お金を惜しまないからです。あるいは、そうありたいと考えているからです（下図参照：図は省略）。したがって、用途も日常的に使うというよりは、ホームパーティなどで招待者を驚かせたい、自慢したいというニーズを考えています。

まとめ

以上のように、新製品は、緑茶&富士山&駿河漆器＋浮世絵という日本文化をアピールするセットになります。

Product：　日本茶&富士山&漆器という日本文化をアピールできる組み合わせを

Place：　日本文化に興味が高いフランスで

Promotion：印象派画家の描いた日本をモチーフにした絵画と並べて

Price：　€800／セット（やや高め）

註：最後に、まとめ（＝結論）を述べます。これまで述べてきた内容をまとめます。したがって、まとめの内容は、要約と同じです。重要な情報が最初と最後で変わることはありません。要約と結論が同じ表現になってしまっても、気にする必要はありません。なぜなら、読み手は最初の要約を覚えてはいないからです。

4

業界の課題と戦略を考察する

出題

あなたは日本のエレクトロニクスメーカーの企画室に勤めています。会社は、1990年代は世界のトップクラスでしたが、この20年以上、海外との競争で苦戦を強いられています。次の資料をもとに、製造業における課題を分析して、技術力を高め、維持する戦略を説明するプレゼンテーション資料を作成してください。本課題は、ロジック構築の演習なので、内容の妥当性は対象外です。また、資料の表現が、日本語として正しいとは限りません。

資料

ＩＭＤ「世界競争力年鑑」によると、日本の国際競争力は、1992年まで1位を維持し、1996年までは5位以内の高い順位でした。しかし、その後は徐々に順位を落とし、2020年には34位まで落ちてしまいました。また、国連の専門機関の1つである世界知的所有権機関（ＷＩＰＯ）が米コーネル大学とフランスの経営大学院インシアード（ＩＮＳＥＡＤ）と共同で2007年から発表している、イノベーション能力や成果を評価する指数であるグローバル・イノベーション・インデックスでは、2007年には4位でしたが、2020年には16位まで下落しました。

日本のエレクトロニクスメーカーは、1980年代後半から2000年代にかけて隆盛を誇っていました。特に、半導体や液晶テレビは世界を席巻していました。

当時、半導体の設計・開発・生産の技術は、韓国や中国に対して、10~15年以上の開きがあると言われていました。しかし、技術の流出によって、半導体産業は10年もかからず台湾や韓国に抜かれてしまったのです。元半導体技術者の湯之上隆さんは、「サムスンは次の技術開発に何が必要かを検討し、あらかじめリストアップした日本人技術者の中から適任者を探し、高額な年俸で引き抜いていた」と述べています（https://www.sankeibiz.jp/compliance/news/140327/cpb1403272036002-n3.htm）。

2018年、中国の通信機器大手のファーウェイが、日本の大卒者を、初任給「40万円」で募集しました。中国では、業績好調により、給与は毎年平均10%程度上昇しています。マレーシア、タイでも、毎年5%程度、インドネシアやインドも毎年10%も上がっています。

シリコンバレーでは、AI分野である自動運転の技術者などの年収は、平均3000万円にもなります。新卒者に、2000万円を超える年収を提示している企業もあるそうです。

ソニーは、大学院修了など一部の新入社員の年収を能力に応じて最高で730万円に引き上げることにしました。NECは、新入社員でも1000万円以上の年収を得られるよう人事制度を改定しました。

従来日本の企業はメンバーシップ型の雇用形態でした。メンバーシップ型とは、従来型の、俗に言う「就社」です。会社は雇用を保証する一方で、仕事も会社が決めていました。人事異動も会社の意向だけで頻繁に行われていました。メンバーシップ型に対して、ジョブ型と言われる雇用形態は、まさに「就職」です。職種を限定して会社と契約を結びます。したがって、その会社においてその職種が不要になれば、雇用は保証されません。社員の年収を劇的に上げるには、このジョブ型の雇用制度が必要です。

厚生労働省による「平成30年版労働経済の分析」によれば、国内総生産（GDP）に占める企業の能力開発費はわずか0・1％。米企業の20分の1の水準しかありません。日本企業は人材育成が盛んと言われますが、その多くは、日常業務を通じて経験を積ませる職場内訓練（OJT）が主体です。職場が頻繁に変わるメンバーシップ型の雇用形態でのOJTでは、世界レベルのスキル習得は難しいです。

しかも、OJTの実施率ですら、男性が50・7％、女性が45・5％です。この値は、OECD平均と比較すると、男性が4・4％、女性が11・5％、低くなっています。特に、女性においてOECD平均との乖離幅が大きいことは大きな問題です。

世界レベルの設計力や開発力は、ゼロから始めれば、「真似したくとも、真似できない」スキルです。しかし、技術流出が起これば、簡単に真似できます。属人的な技術は、その人を買ってしまえば、比較的簡単に真似できます。世界のグローバル化が進むと、技術流出は簡単に起こるのです。待遇だけで引き留めるには限界があります。

属人的な技術に対して、組織体制や文化なら、「真似したくとも、真似できない」です。なぜなら、真似するには時間がかかりすぎますし、お金で買えないからです。一歩先の設計能力や開発能力を育む組織体制や文化があれば、「真似したくとも、真似できない」ことになります。

日本のトヨタは、世界のリーディングカンパニーです。もちろん、属人的な設計能力や開発能力が高いのは事実でしょう。では、なぜ能力が高いかというと、組織体制や文化の力に根ざしているからです。したがって、トヨタから他社に転職してしまうと、設計能力や開発能力は高まらなくなります。他社が真似し終えた頃に、トヨタはさらに先に行っているのです。

トヨタでは、工場で、他の企業なら立ち入れないところまで見学できるそうです。トヨタから見れば、「目で見えることを真似したければ真似して結構です。あなた方が真似し終えたときに、我々はもっと先に進んでいますから」というわけでしょう。そう言えるだけの組織体制や文化を持っているので、他社から見れば企業秘密レベルのことを平気で公開できるのです。

解答例

表紙の次、つまり2枚目のスライドは要約です。要約は、基本として、結論の文（1つの文）と重要な情報を3つ（3つの文）で構成します。いずれも、可能な限り短くまとめます。話したときに30秒程度で終われることを意識しましょう。ここで、ダラダラ話してはいけません。ダラダラ長くなると、「いいから本題に入れ」と言われかねません。また、話さないことをスライドに書き加えてもいけません。

技術力向上のためには？
日本の製造業の進むべき道

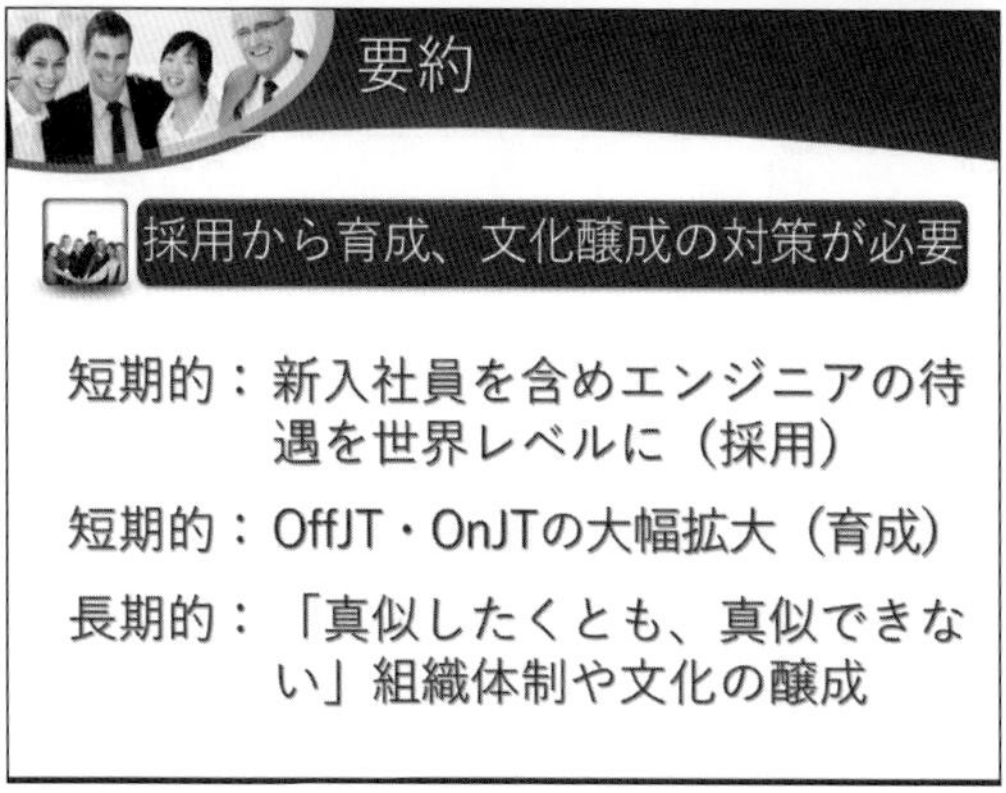

要約
採用から育成、文化醸成の対策が必要
短期的：新入社員を含めエンジニアの待遇を世界レベルに（採用）
短期的：OffJT・OnJTの大幅拡大（育成）
長期的：「真似したくとも、真似できない」組織体制や文化の醸成

3枚目のスライドが目次です。目次は、3～5項目で組みます（「ロジック単位は3、5、7で」93ページ参照）。見せるのは、第一階層だけです。第二階層まで見せると情報が多すぎてロジックが把握できません。

目次は見せるだけではなく、簡単でいいので説明しなければなりません。どんなロジック構成で説明するのかを聴衆に伝えましょう。説明は短く、1項目1文を目安とします。長々説明すると、「いいから本題に入れ」と言われかねません。

目次は、必ず目次項目が縦つながりか横並びかを言葉で伝えましょう。たとえば、このロジックは、次のような説明となります。ここでは、技術力低下—原因—対策と縦につなぎ、対策を短期と長期で横に並べています。

まず、製造業において技術力が低下している現状を紹介します。次に、技術力低下の原因を分析します。その分析を踏まえて、短期的な対策と長期的な対策を分析します。

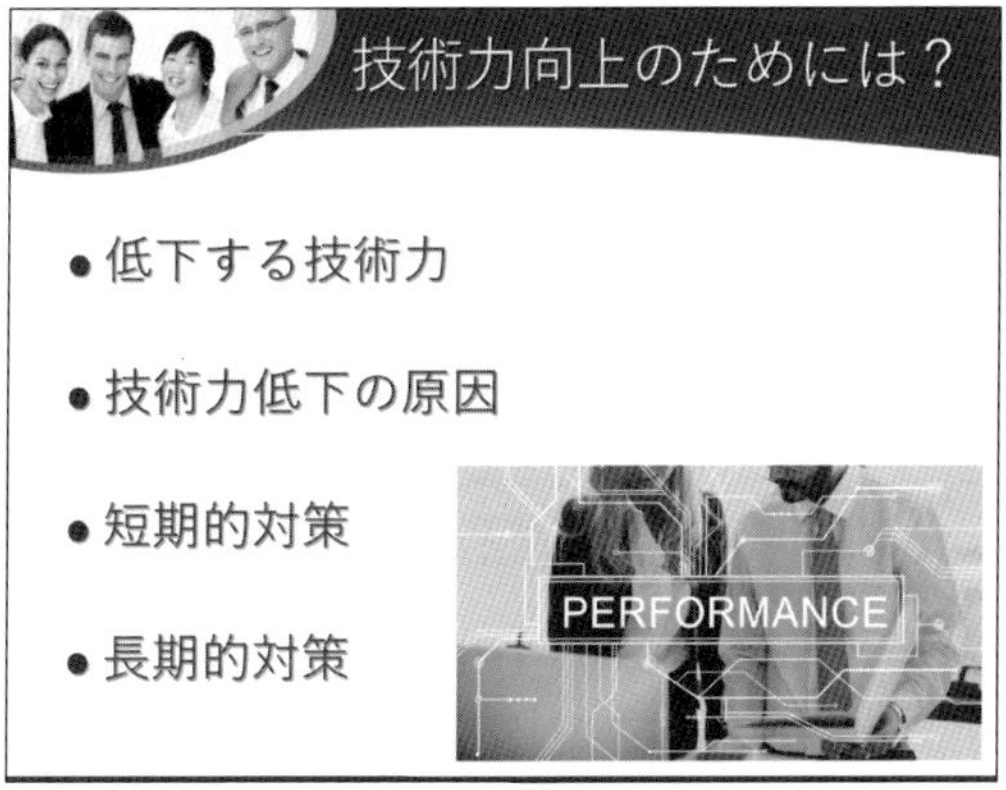

各論では、目次項目が動くたびに目次を出し直します（左上のスライドを参照）。このとき、この後に説明する項目をハイライトしておきます。こうすることで、聴衆にロジックを再確認させつつ、現在位置を知らせます（「階層でも要約を述べる」２１３ページ参照）。

目次を出し直すとき、必要に応じてその階層の要約を述べます。スライドが１枚で終わる階層（下図参照）に要約は不要ですが、複数枚あるなら要約が必要です。要約は、目次スライドの右側に図解（次ページの上のスライドを参照）しておきます。説明は、２文を目安にしましょう。たとえば、次ページの上のスライドなら、次のようになります。

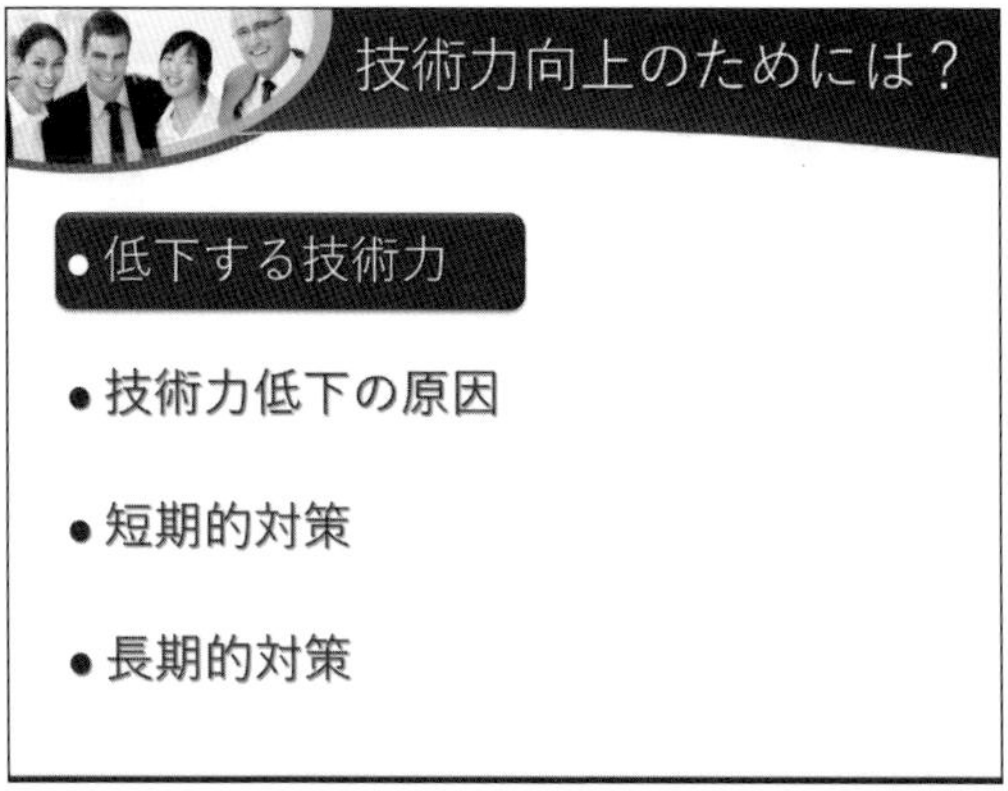

技術力向上のためには？
• 低下する技術力
• 技術力低下の原因
• 短期的対策
• 長期的対策

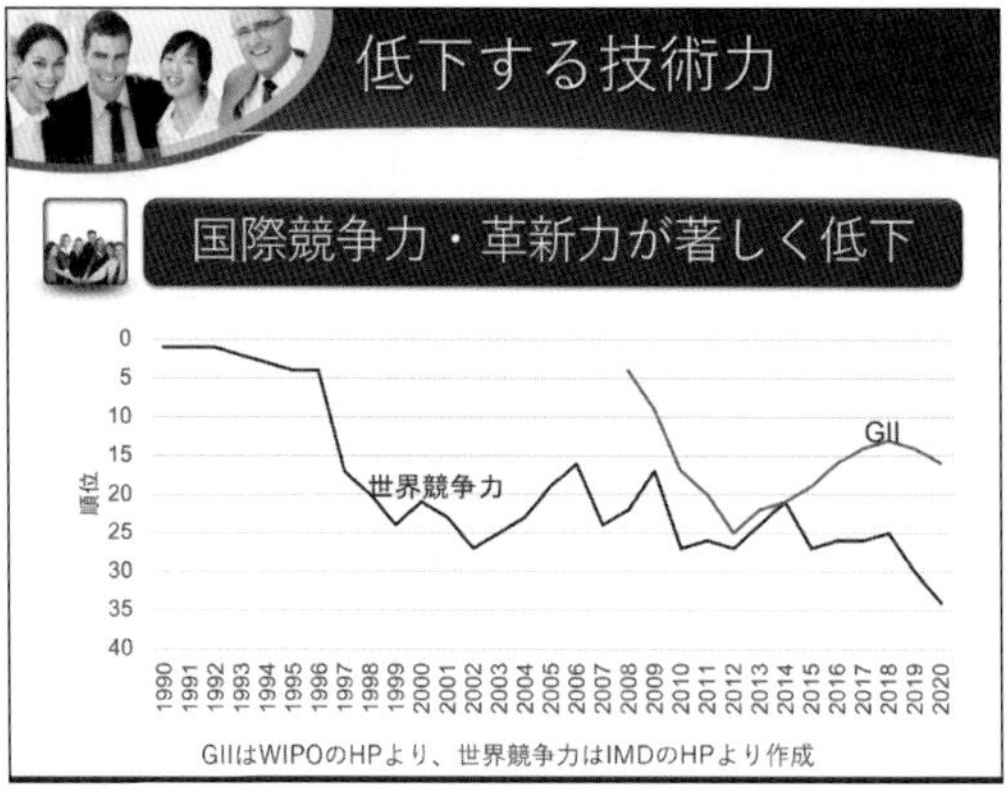

低下する技術力
国際競争力・革新力が著しく低下
順位
GII
世界競争力
GIIはWIPOのHPより、世界競争力はIMDのHPより作成

次に技術力が低下している原因を分析しました。その結果、技術者の採用と育成に原因があり、さらには育成できた技術者が退職するということも原因と分かりました。

階層での詳細説明でも、縦つながりと横並びは意識します。このケースでは、原因を時系列に並べ、採用、育成、退職防止というMECEなフレームワークを組んでいます。このようにその場に応じたフレームワークを作成できることもロジック構築では重要です。

各論のスライドは、PREPで構成します。そこで、詳細説明のスライドでは、先頭でP（Point）を表記して（左下のスライドや次ページのスライドを参照）、まずこのポイントを述べます。

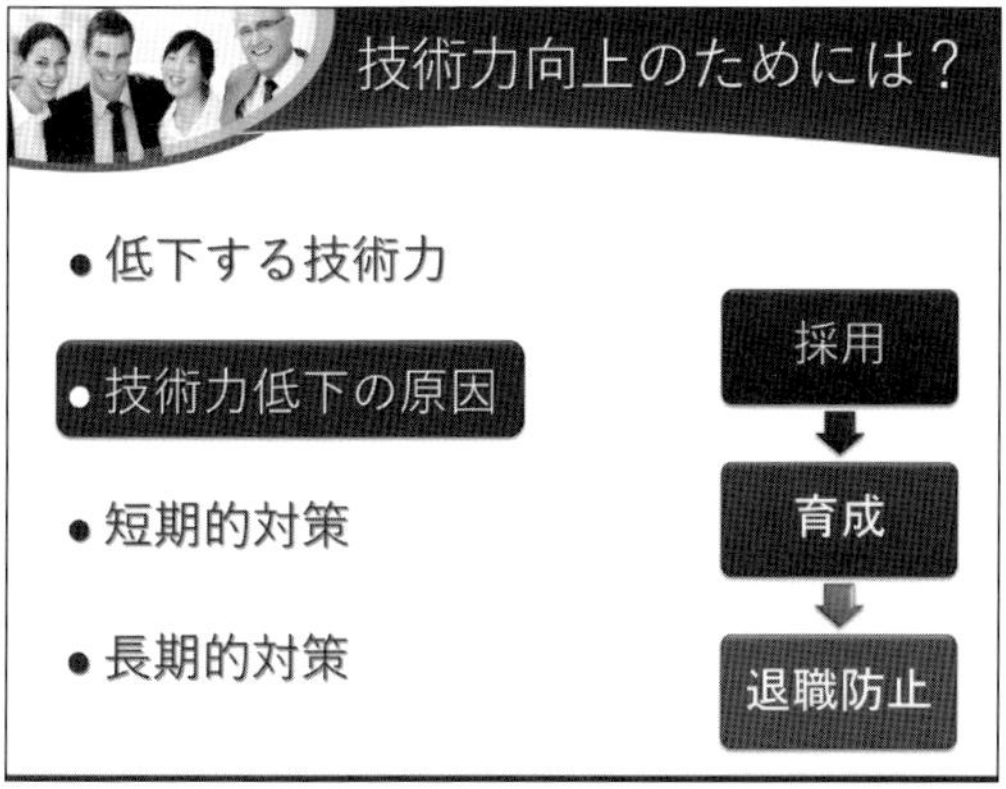

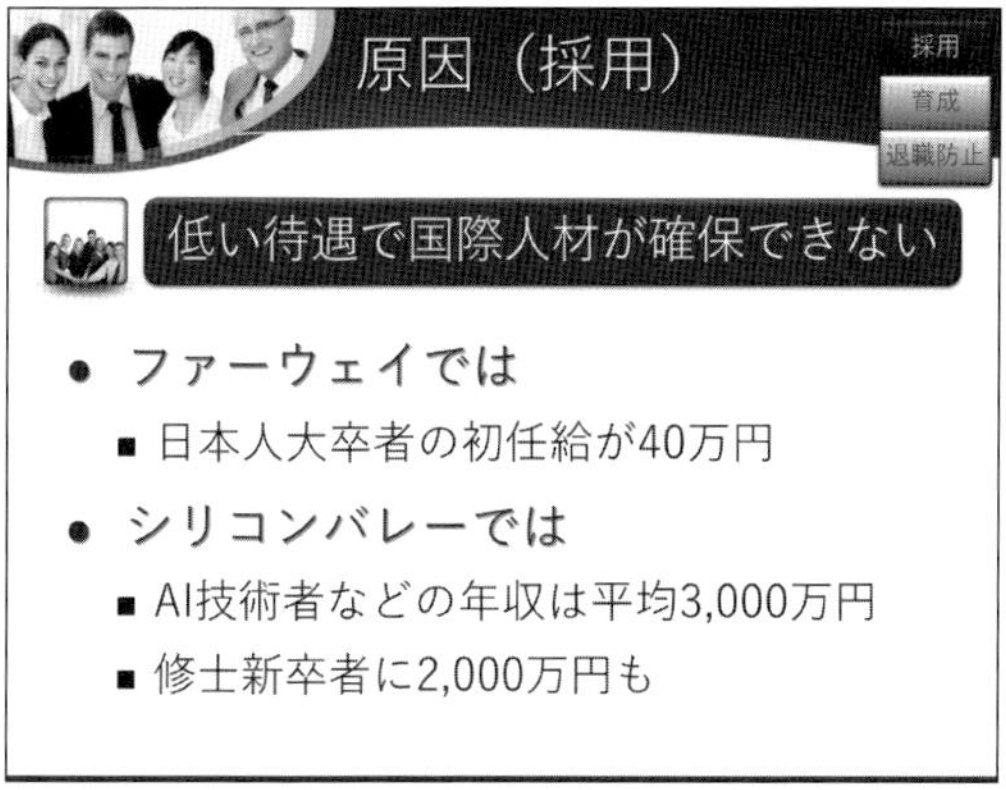

このポイントの文は、1行を目安に短く表記します。次に、R（Reason）か、E（Example, Evidence, Explanation）を表記します。特にExampleやEvidenceは、説得するうえで重要です。最後にポイントの文を繰り返して次のスライドへ移ります。

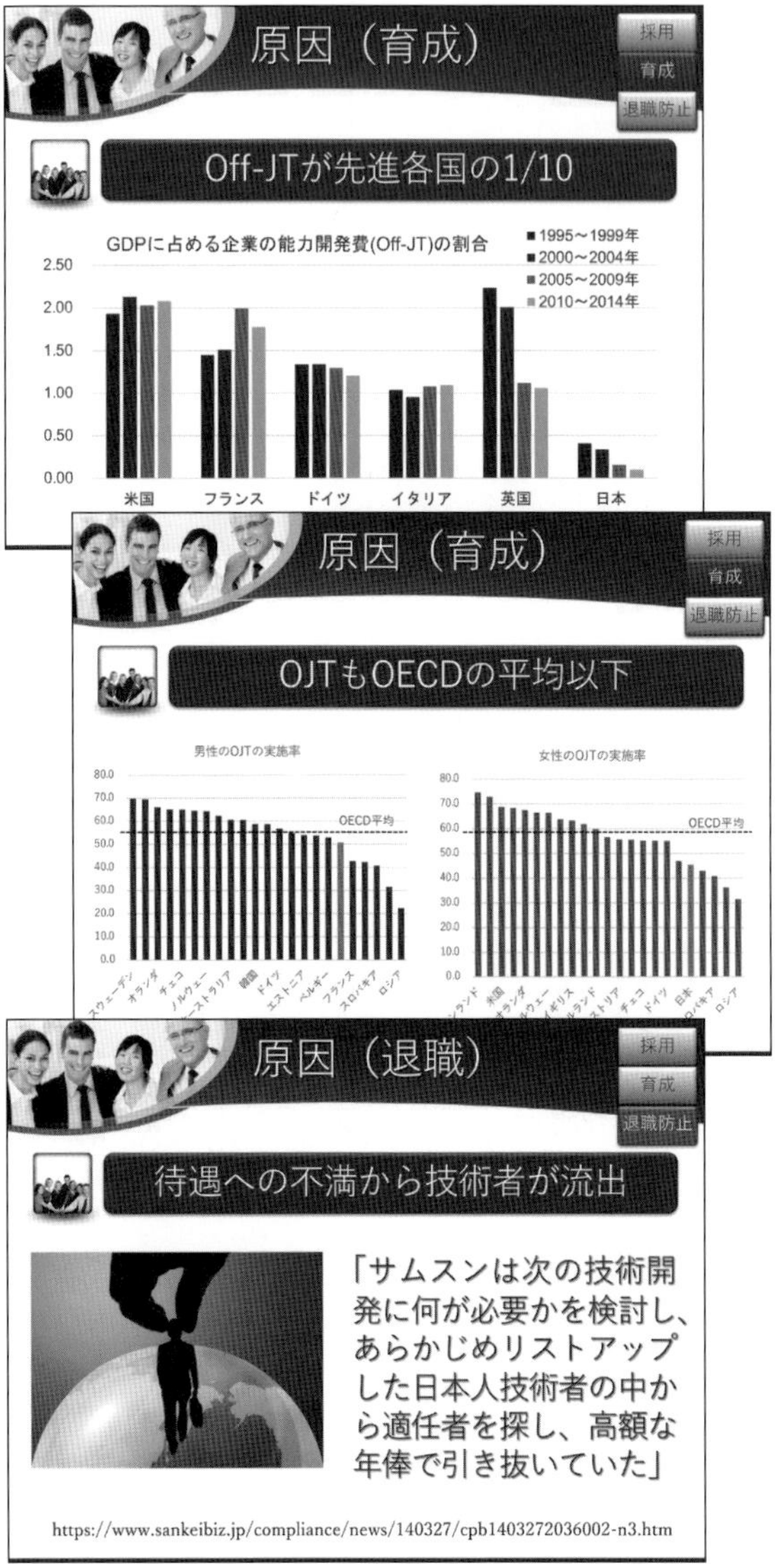

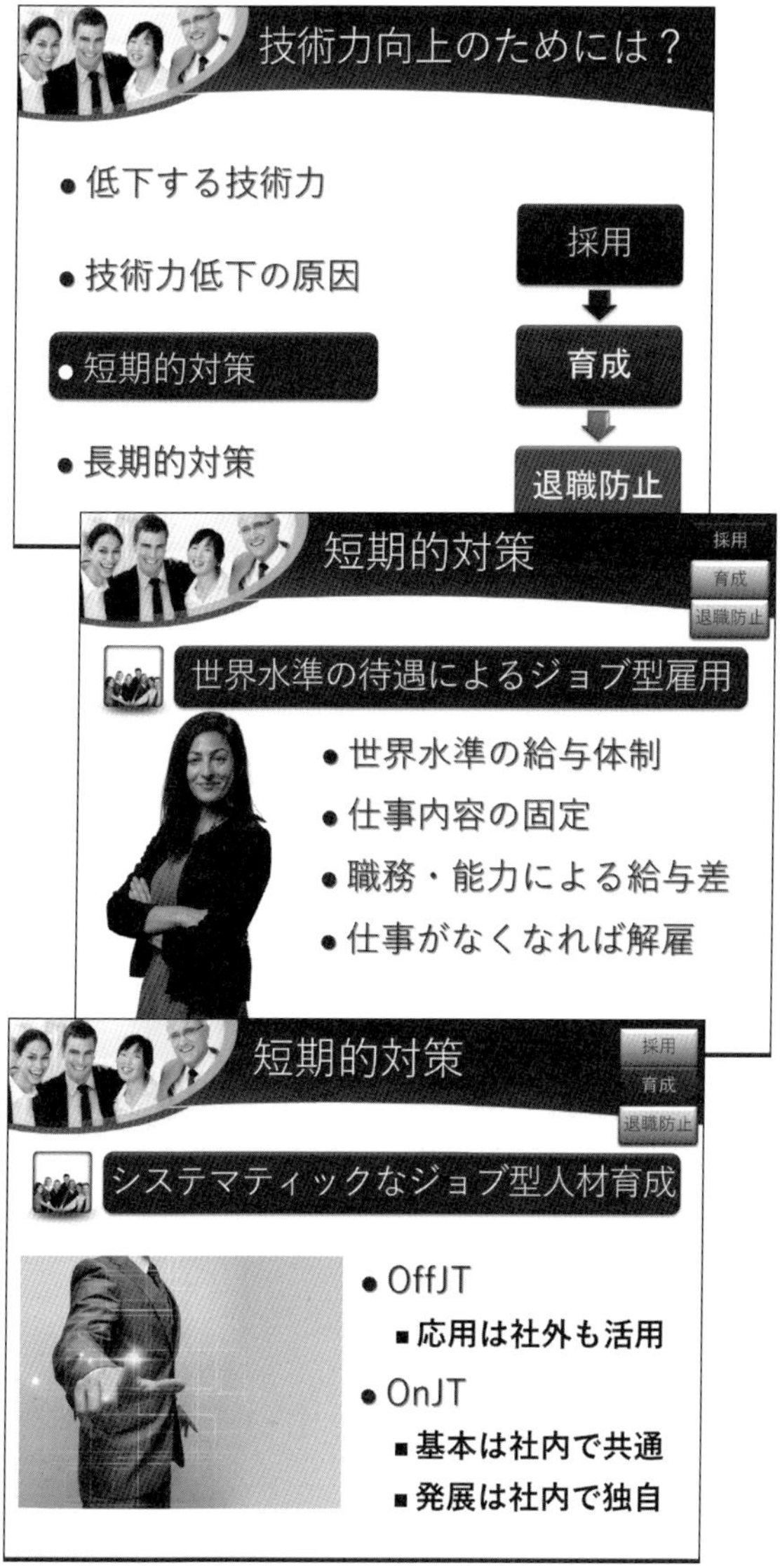

各論のスライドは、シンプルに作ります。本当に必要なR（Reason）か、E（Example, Evidence, Explanation）だけを掲載しましょう。多く載せれば載せるほど、理解できなくなります。ですから、グラフや表は多くて2つまでです。文章となるReasonやExplanationも、可

能な限り短く表記しましょう。文でなくてもフレーズでも問題ありません。

階層での詳細説明では、階層の要約で述べたどの部分を説明しているかをスライドに明示します（「全体の中のいくつ目かを示す」229ページ参照）。具体的には、要約で使った絵を、詳細説明のスライドの右上になど、邪魔にならない部分に再掲示したうえで、説明している部分だけをハイライトしましょう。この工夫によって、聴衆は「3つあるうちの2つ目の説明だ」と理解できます。聴衆は、要約で述べたことを忘れてしまうものです。プレゼンターが明示しましょう。

また、この説明のように原因と対策を述べる場合は、情報の対応

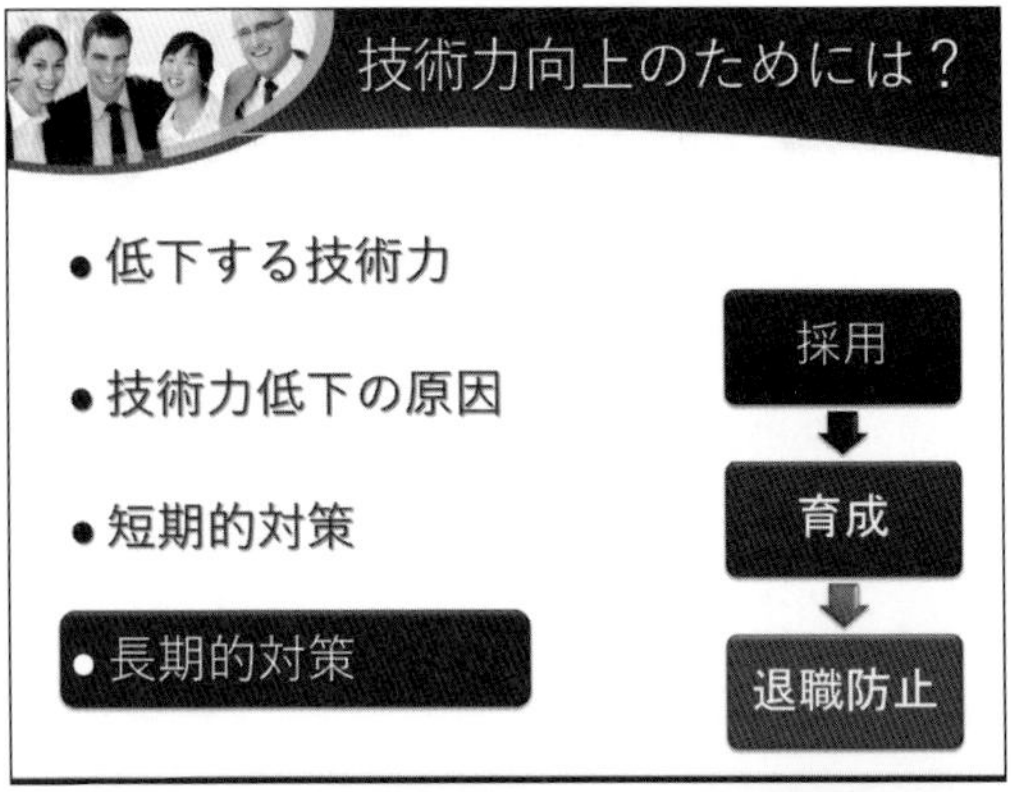

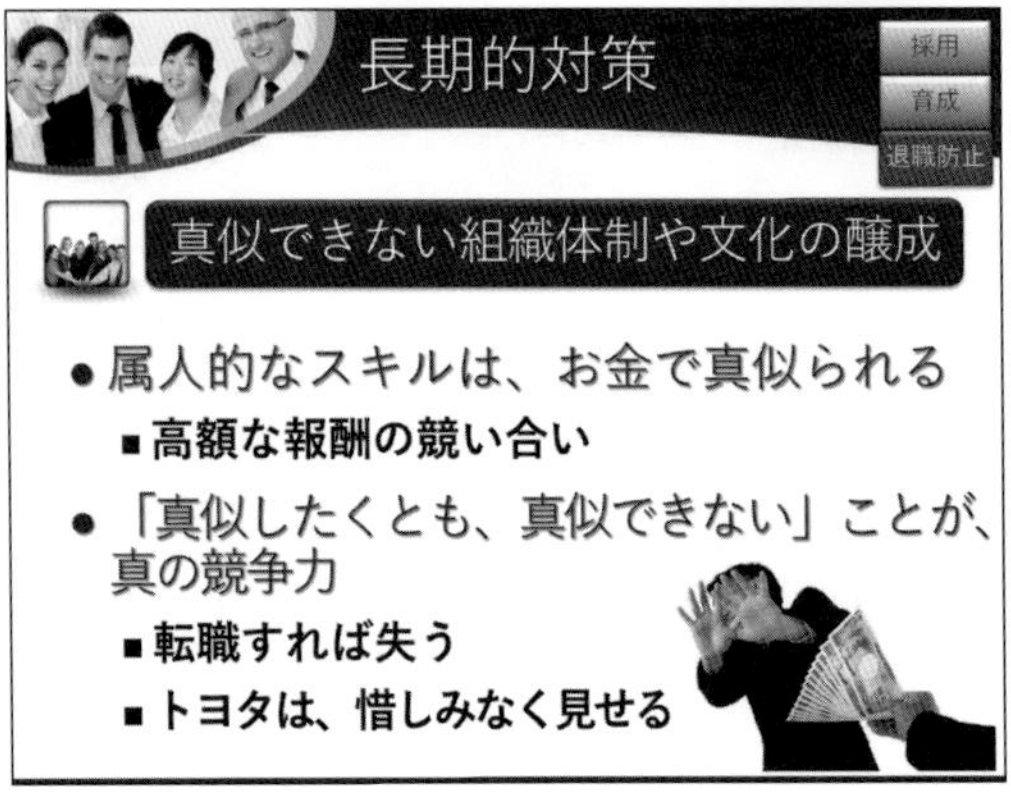

にも気をつけましょう（「離れていてもつなぐ」111ページ参照）。このケースでは、採用、育成、退職防止のいずれにも原因があると述べています。したがって、対策は、この3つに対して同じ順番で説明しなければなりません。プレゼンターは、資料作成するときには、絶えず1枚のスライドだけを見ているために、離れたスライドでの対応を忘れがちです。

最後に、まとめである結論を述べます。まとめは、2枚目の要約のスライドをそのまま活用します。最も伝えたいことは、プレゼンテーションの最初と最後で変わるはずがありません。同じ内容を述べるのです。下手に結論のスライドを別に作ろうとすると、2枚目の要約のスライドと内容の不一致が生じることがあります。

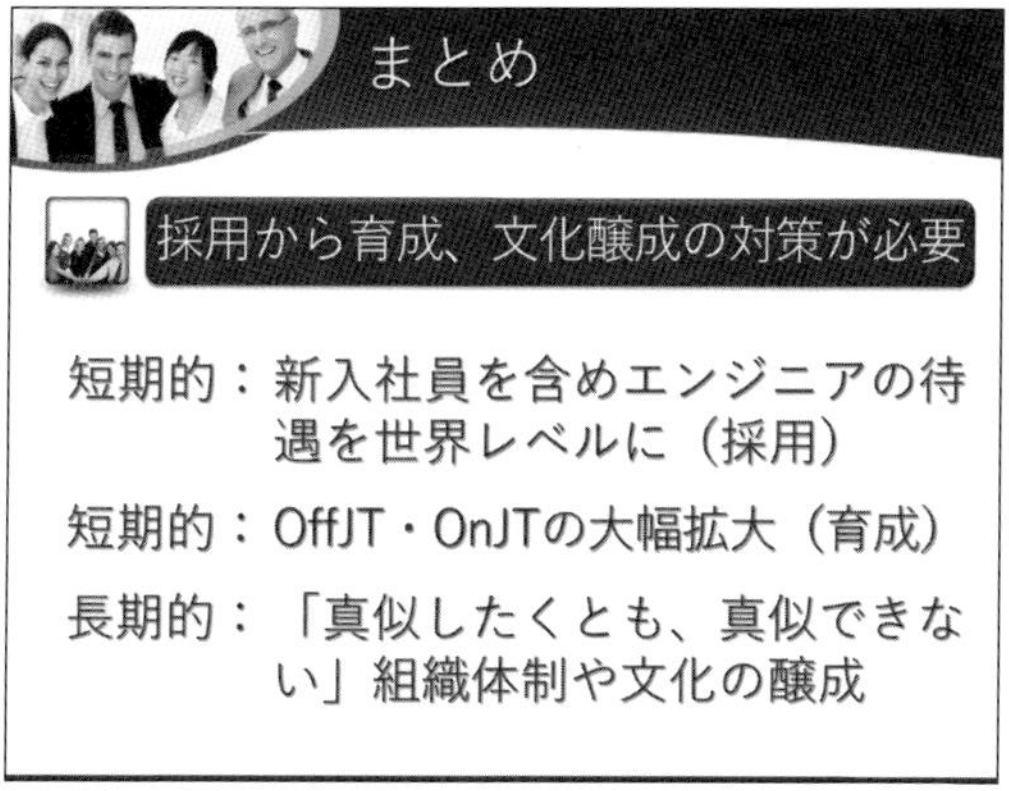
まとめ
採用から育成、文化醸成の対策が必要
短期的：新入社員を含めエンジニアの待遇を世界レベルに（採用）
短期的：OffJT・OnJTの大幅拡大（育成）
長期的：「真似したくとも、真似できない」組織体制や文化の醸成

5

失われた20年を考察する

出題

次の資料から、日本企業の地位が低下した原因を分析して、日本再生のためには誰がどうすべきかを小論文で論じてください。与えられた資料のすべてを使う必要はありません。逆に、必要に応じて自分が調査した情報を加えてもかまいません。本課題は、ロジック構築の演習なので、内容の妥当性は対象外です。

資料

次ページ以降参照

表１　世界の時価総額トップ企業を1992年と2019年で比較

1992 会社名	時価総額（億）	2019 会社名	時価総額（億）
1 エクソンモービル	$759	1 サウジアラムコ	$18,791
2 ウォルマート・ストアーズ	$736	2 アップル	$13,048
3 GE	$730	3 マイクロソフト	$12,031
4 NTT	$713	4 アルファベット（グーグル）	$9,229
5 アルトリア・グループ	$693	5 アマゾン	$9,162
6 AT&T	$680	6 フェイスブック	$5,853
7 コカコーラ	$549	7 アリババ	$5,690
8 パリバ銀行	$545	8 バークシャーハサウェイ	$5,537
9 三菱銀行	$534	9 テンセント	$4,606
10 メルク	$499	10 JP モルガン・チェース	$4,372
11 日本興業銀行	$465	11 ジョンソン＆ジョンソン	$3,839
12 住友銀行	$455	12 VISA	$3,699
13 トヨタ自動車	$441	13 ウォルマート・ストアーズ	$3,372
14 ロイヤルダッチ石油	$436	14 ネスレ	$3,227
15 富士銀行	$417	15 バンク・オブ・アメリカ	$3,168
16 第一勧業銀行	$417	16 P&G	$3,115
17 三和銀行	$379	17 マスターカード	$3,012
18 BT グループ	$375	18 エクソンモービル	$2,952
19 P&G	$364	19 中国工商銀行	$2,945
20 グラクソ・スミスクライン	$361	20 サムスン電子	$2,884

「時価総額ランキング上位企業（1992年と2019年）／世界は大きく変化・日本の地位は低下」（https://finance-gfp.com/?p=10552）より作成

表2　日本の時価総額トップ企業を1992年と2019年で比較

1992			2019		
	会社名	時価総額（億）		会社名	時価総額（億）
1	NTT	$713	1	トヨタ自動車	$2,330
2	三菱銀行	$534	2	NTT	$995
3	日本興業銀行	$465	3	NTT ドコモ	$938
4	住友銀行	$455	4	ソフトバンク・グループ	$920
5	トヨタ自動車	$441	5	ソニー	$872
6	富士銀行	$417	6	キーエンス	$866
7	第一勧業銀行	$417	7	三菱 UFJFG	$750
8	三和銀行	$379	8	KDDI	$709
9	さくら銀行	$318	9	ソフトバンク	$647
10	野村証券	$234	10	リクルート	$643
11	パナソニック	$195	11	ファーストリテイリング	$638
12	東海銀行	$164	12	武田薬品工業	$632
13	東芝	$163	13	任天堂	$536
14	新日鉄	$161	14	中外製薬	$522
15	セブンイレブン	$156	15	本田技研工業	$520
16	あさひ銀行	$153	16	三井住友 FG	$513
17	三菱重工業	$143	17	オリエンタルランド	$501
18	ソニー	$127	18	第一三共	$474
19	イトーヨーカドー	$122	19	信越化学工業	$465
20	任天堂	$121	20	JT	$450

「時価総額ランキング上位企業（1992年と2019年）／世界は大きく変化・日本の地位は低下」（https://finance-gfp.com/?p=10552）より作成

表3　国民一人あたりのGDP推移

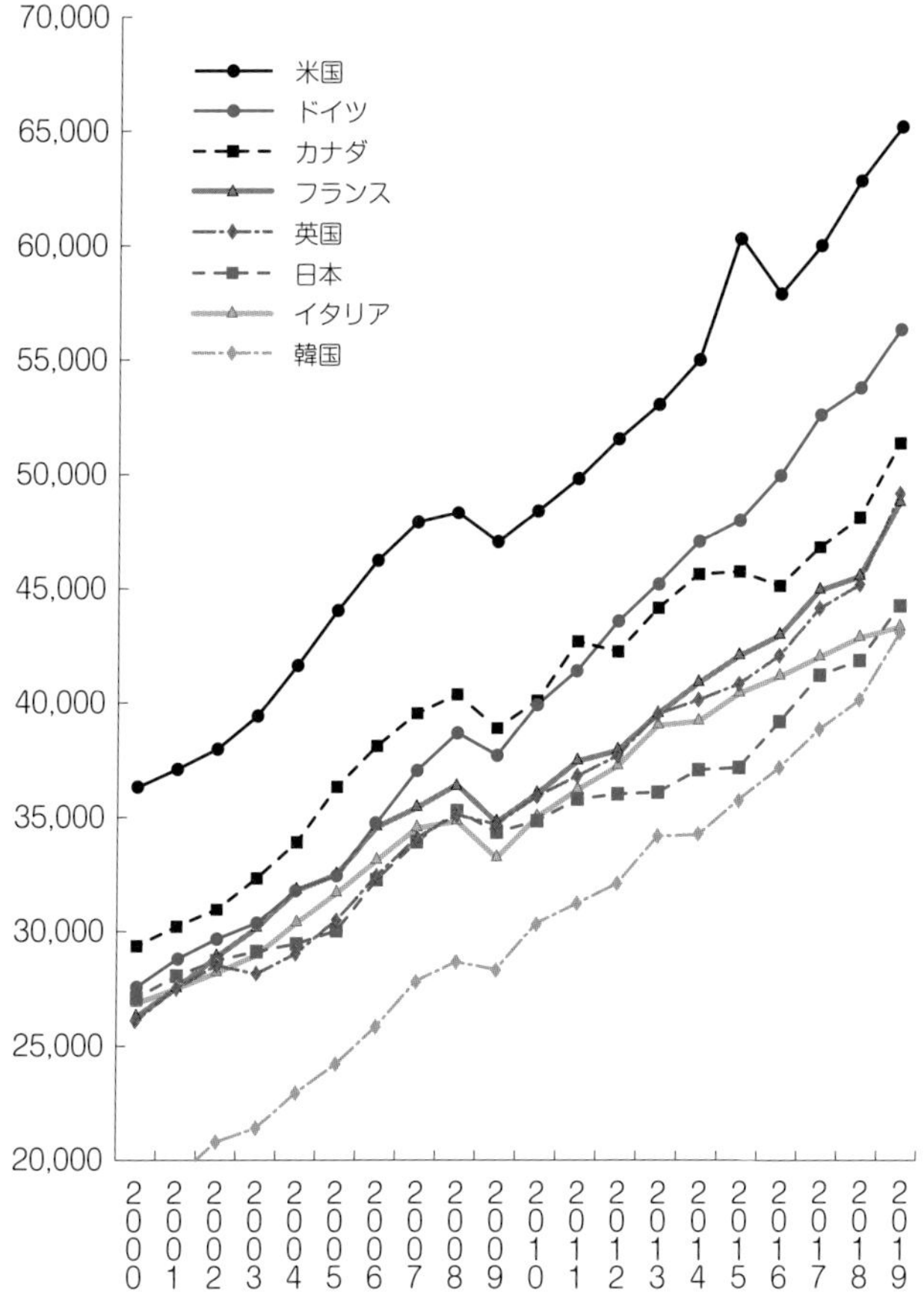

「労働生産性の国際比較」（公益財団法人日本生産性本部）より作成

解答例

日本の経済が低迷している。原因は、新産業の立ち遅れにある。日本において、新産業を飛躍させるには、従来の大企業が、新企業を創設して、独立運営させる方法が効果的と考える。

註：ここが要約です。この文章は、ビジネス文章ではなく、小論文です。そこで、背景などは述べずにポイントだけを簡単にまとめます。

過去20～30年、日本の経済力は、世界比較で低下の一途をたどっている。世界の時価総額トップ企業を1992年と2019年で比較してみると、トップ20社にランクインした日本企業は、1992年には8社あったが、2019年には1社もなくなった（表1参照）。また、国民一人あたりのGDPを見ると、日本は、2000年には米国に続く2位集団を堅持していたが、2019年には、ドイツやカナダ、フランス、英国に差を広げられ、第三グループに転落している（表3参照）。早晩、韓国にも抜かれることだろう。

註：各論は5つのパラグラフを目安にロジックを組んでいきます。今回は、6つのパラグラフを使っています。ロジックの流れは、パラグラフの先頭文（トピックセンテンス）だけを拾い読みすれば分かるようにまとめます。

この経済力低下の原因は、ネット産業などの新しい産業の立ち遅れにある。近年、新しい産業が、世界の時価総額トップ企業に名を連ねるようになった（表1参照）。新しい産業とはGAFAと呼ばれるネット関連産業や、バークシャーハサウェイに代表される投資産業である。

この流れに対して、日本の時価総額トップ企業を1992年と2019年で比較してみると、新産業は数えるほどしかない（表2参照）。日本企業で新陳代謝が進んでいないことが、経済力低下の原因である。

註：各論の5つのパラグラフはすべて縦につながっています。5つのパラグラフのトピックセンテンスが、A—B、B—C、C—Dとつながっていることに注意しましょう。

しかし、新産業の育成は、従来の大企業では難しい。なぜなら、従来の大企業のトップは、従来のやり方でトップについたからである。新しいやり方を受け入れるのは自己否定につながりかねない。今のトップは、どうしても従来の成功体験にしがみつきがちだ。新産業の育成が、従来の大企業では難しいのは、アメリカでも見て取れる。世界の時価総額トップ企業を1992年と2019年で比較してみると、アメリカ企業でも従来型の大企業が成功していないことが分かる（表1参照）。トップ企業の多くが新興企業だ。また、1992年にランクインしていた企業で、2019年に順位を上げたのはP&G社しかない。世界共通で、従来の大企業では、新産業の育成は難しい。

註：各論のパラグラフはすべて、PREP法で説明します。最初にP（Point）であるトピックセンテンスを述べ、その後、R（Reason）やE（Example, Evidence,

Explanation）を述べます。そこで、与えられた表などの資料をEvidenceとして参照しながらまとめます。特に、Evidenceとして図やグラフ、表などを引用すると論理性が高まります。

新しい産業には、従来企業ではない、新しい産業に合った器が必要となる。なぜなら、新産業を飛躍させるには、新しいビジネスモデルだけではなく、新しい経営、新しい体制、新しい人事制度、新しい人材が必要だからだ。たとえば、新しい人材として、人工知能やデータサイエンスに優れた人材が必要でも、従来の人事制度（特に賃金）では採用できない。採用できても従来の組織では管理も活用もできない。全く新しい組織が必要となる。従来企業の延長ではなく、新しく創業する必要がある。

しかし、新しい産業に合った器が必要といっても、日本では、ベンチャー企業が大きく育つことがほとんどない。なぜなら、日本は先進国の中で、起業活動者が成人人口に占める割合（総合起業活動指数）もベンチャー企業への投資額も際だって低いからである。総合起業活動指数は、アメリカが15・6％、中国が10・4％、英国が8・2％に対して、日本は5・3％弱しかない（2020年版「中小企業白書」）。また、ベンチャーキャピタル投資額の対GDP比率は、中国が0・791％、アメリカが0・400％に対して、日本は0・030％と1／10以下である。

ベンチャーの創業が難しいなら、従来の大企業が、新企業を創設して、独立運営させる方法

が考えられる。従来企業は、資金、運営に必要な最低限の人材、社屋などの設備、有益な情報といった経営資源だけを用意する。あとの運営は、新企業に任せるのだ。従来企業は、トップ人材を新企業に派遣してはならない。トップ人材は外から連れてくるようにする。もちろん経営にも口を出してはならない。この方法は、ベンチャー創業に後ろ向きである日本文化に適した新産業創業である。

新産業の立ち遅れで日本経済が低迷している。新産業を飛躍させ、再び経済を活性化するために、大企業による、独立運営の新企業創設が待たれる。

註：最後に、まとめ（=結論）を述べます。これまで述べてきた内容をまとめます。したがって、まとめの内容は、要約と同じです。重要な情報が最初と最後で変わることはありません。

あとがき

本書を書くきっかけは、人の説明を読んだり聞いたりしたとき、ロジックが分からないからでした。説明の詳細部分は、おおむね理解できるのです。しかし、全体としての流れが分からないのです。どんな論理立てをしているのかが頭に入らないのです。

たとえば、ビジネス書です。目次立てを見ても、論理立てが分かりません。思いついたトピックを、適当にグループ化して並べているような印象です。論理を立てて説明しようという意図を感じません。

あるいは、講演やビジネスのプレゼンテーションです。筆者は、本書を執筆中、2つの大学院に在籍していました。授業の多くは、PowerPointやKeynoteを使ったプレゼンテーション形式です。数十枚のスライドを、階層構造もなく並べて、次々に説明していきます。各スライドは理解できても、全体の論理立てが分かりません。

論理立てだけではなく、詳細説明も分かりにくいです。まず、要約がありません。パラグラフにもなっていません。まして、トピックセンテンスなどあるはずもありません。分かりにくい説明なのに、情報の非対称性にだまされて、分かりにくさを分かっていないのです。
本書が、そんな現状を変える一助になれば幸いです。

2021年8月

倉島保美

著者紹介

倉島 保美（くらしま・やすみ）

1961年生まれ。85年東京大学工学部卒業。同年NEC入社。92年よりライティングの指導を開始。03年NECエレクトロニクスを退職。現在、有限会社ロジカルスキル研究所代表取締役。

英語、日本語のライティング、プレゼンテーション、ディベート、論理的思考法についての指導を企業や自治体、大学などで年間150回以上行っている。

法政大学大学院イノベーション・マネジメント研究科経営情報修士（MBA）取得。

2021年現在、有限会社ロジカルスキル研究所代表として研修講師をしつつ、立教大学人工知能科学研究科にて人工知能について学習・研究中。著書に『改訂新版　書く技術・伝える技術』（あさ出版）などがある。

●ロジカルスキル研究所
http://www.logicalskill.co.jp/

スーパー・ラーニング
ロジック構築《こうちく》の技術《ぎじゅつ》

〈検印省略〉

2021年　9　月　16　日　第　1　刷発行

著　者――倉島 保美（くらしま・やすみ）
発行者――佐藤 和夫

発行所――株式会社あさ出版
〒171-0022 東京都豊島区南池袋 2-9-9 第一池袋ホワイトビル 6F
電　話　03 (3983) 3225（販売）
　　　　03 (3983) 3227（編集）
F A X　03 (3983) 3226
U R L　http://www.asa21.com/
E-mail　info@asa21.com
印刷・製本　神谷印刷（株）

note　http://note.com/asapublishing/
facebook　http://www.facebook.com/asapublishing
twitter　http://twitter.com/asapublishing

ISBN978-4-86667-305-9 C2034

スーパー・ラーニングシリーズ
好評既刊!

改訂新版

書く技術・伝える技術

倉島保美 著

A5判　定価1980円　⑩

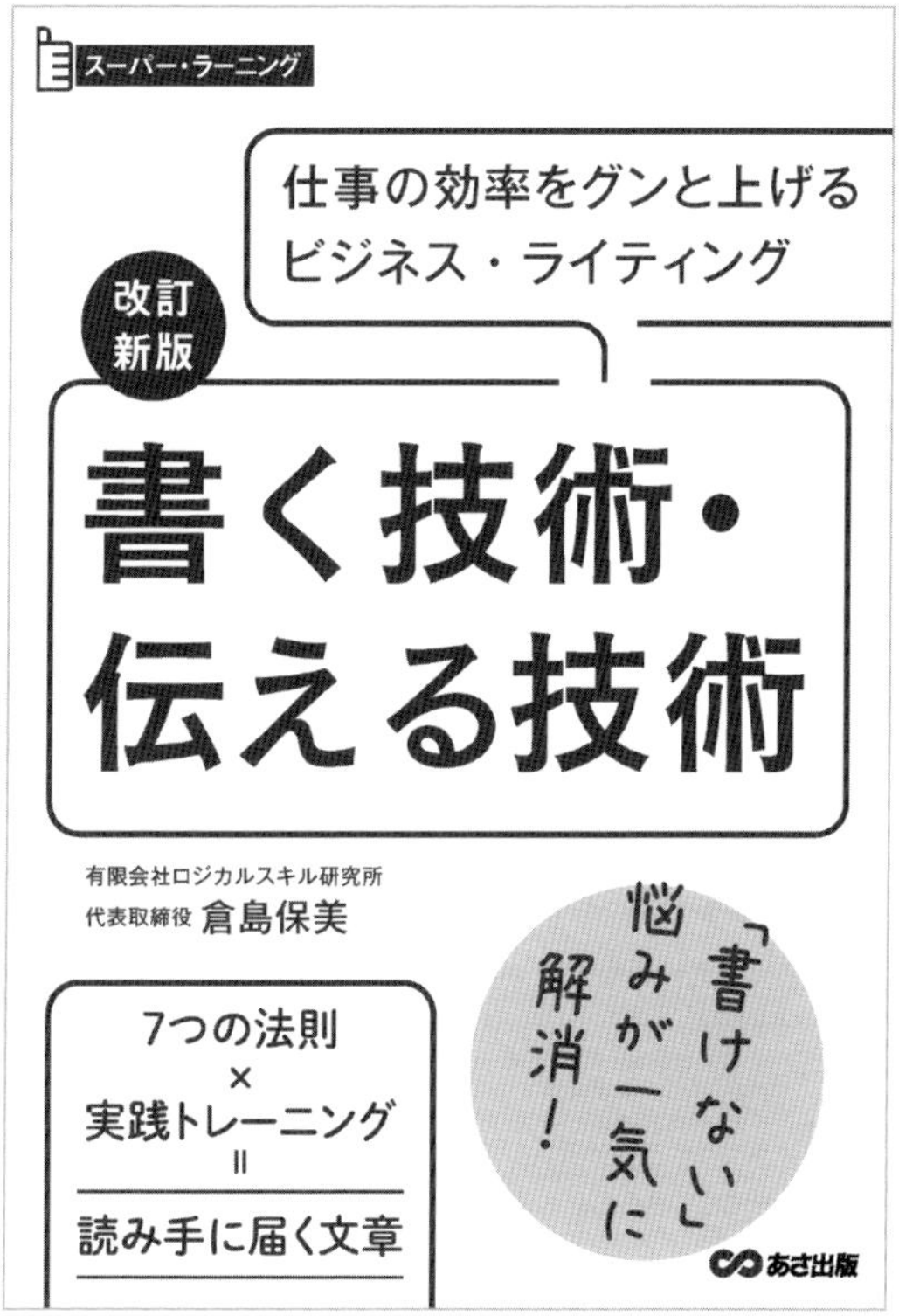